D1920576

DUMONT

FSC
www.fsc.org
MIX
Papier | Fördert gute Waldnutzung
FSC® C018236

1. Auflage 2025
© 2025 für die deutschsprachige Ausgabe: MAIRDUMONT, Marco-Polo-Straße 1, 73760 Ostfildern
Alle Rechte vorbehalten

Die englische Originalausgabe ist 2024 unter dem Titel »Enchanted Islands: A Mediterranean Odyssey – A Memoir of Travels Through Love, Grief and Mythology« bei Summersdale Publishers Ltd. erschienen.
Copyright © L J Coffey, 2024
Published by arrangement with Summersdale Publishers Ltd.

Übersetzung: Sabine Thiele
Lektorat: Christin Ullmann
Umschlaggestaltung: Birgit Kohlhaas unter Verwendung von Illustrationen von Marzolino/shutterstock (Vulkan), Hafid Firman/shutterstock (Wolken), Victoria Novak/shutterstock (Zitronen) und Hoika Mikhail/shutterstock (Odysseus)
Satz: typopoint GbR, Ostfildern
Foto Umschlagklappe: privat

Printed in Poland

ISBN 978-3-616-03515-4

DUMONT

www.dumontreise.de

LAURA COFFEY

Odysseus und ich

Aus dem Englischen von Sabine Thiele

Für Theo

Inhalt

»Meine Ruhelosigkeit war der Ausdruck dafür, nicht zu zeigen, dass ich keine Luft zum Atmen hatte.«

Tennessee Williams

»Du denkst daran, im Meer zu schwimmen – dicht wie Samt, weich und glatt wie ein wildes Tier. Du denkst daran, nackt zu schwimmen, in der Nacht, mit den Sternen und einem Freund. Schwimmt, bis ihr ganz weit weg seid von der Welt, atmet zusammen im selben Rhythmus, befreit von allem.«

Albert Camus

VORBEMERKUNG

Die Ereignisse in diesem Buch entsprechen der Wahrheit, auch wenn ich gelegentlich den zeitlichen Ablauf und die Orte verändert sowie manches komprimiert dargestellt habe. Zum Beispiel habe ich zwei Brüder, spreche aber verkürzt nur von »meinem Bruder«.

Um die Identität einiger Personen in diesem Buch zu schützen, habe ich ihren Namen und ihr Aussehen verändert und auch einige Stellvertreter geschaffen, wie der Freund, der aus diversen Männern besteht, mit denen ich zusammen war. Auch die beschriebene Trennung vereint verschiedene Erfahrungen in meinem Leben. Andere Personen haben mir großzügigerweise erlaubt, ihre richtigen Namen zu verwenden und ihre Geschichten zu erzählen.

Die Reisen haben gemäß den Einreisebestimmungen der jeweiligen Länder und den Risikoeinschätzungen der betreffenden Regierungen stattgefunden. Ich hatte großes Glück, reisen zu können, und war mir des Privilegs, aber auch der Risiken für mich und andere Menschen nur allzu bewusst. Ich habe mich bemüht, diese zu minimieren, indem ich mich an die örtlich geltenden Vorschriften gehalten habe.

Nahezu alles, was ich in diesem Buch schildere, hat im Freien stattgefunden, auch die Mahlzeiten. Die Menschen trugen Masken, desinfizierten sich die Hände. Die getroffenen Vorsichtsmaßnahmen oder die Pandemie generell habe ich nicht jedes Mal extra erwähnt, da dies irgendwann ermüdend geworden wäre. Sie bilden aber den Hintergrund der Ereignisse. Mehr dazu im Nachwort dieses Buches.

Muse, erzähl mir vom Manne, dem wandlungsreichen, den oft es
abtrieb vom Wege, seit Trojas heilige Burg er verheerte.
Vieler Menschen Städte sah er und lernte ihr Denken
kennen und litt auf dem Meer viel Qual in seinem Gemüte,
trachtend, sein Leben zu sichern und seinen Gefährten die Heimkehr.
Gleichwohl rettete er sie nicht, wie sehr er es wünschte;
denn sie gingen durch eigene Freveltaten zugrunde,
Narren, die des Hyperion-Sohnes, des Helios, Rinder
in sich stopften; doch der nahm ihnen den Tag ihrer Heimkehr.
Davon berichte – beginn, wo du willst –, Zeus' Tochter, auch uns nun!

***Odyssee*, Anrufung der Muse durch den Dichter**

KAPITEL EINS

Finde den Anfang

London, England

KAPITEL EINS

Wie immer fing alles mit einem Mann an. Vermutlich wäre ich sonst in London geblieben und hätte mir nie eine Ausgabe der *Odyssee* gekauft. Er hatte einen Einser-Abschluss in englischer Literatur von einer angesehenen Universität, und ich wollte ihn beeindrucken. Rückblickend waren seine Noten das Erste, was er mir überhaupt über sich erzählt hatte, und das hätte mir eine Warnung sein sollen. Dass er mir, obwohl der Abschluss bereits über zwei Jahrzehnte zurücklag, immer noch unbedingt demonstrieren musste, wie schlau er war, auf welchem Niveau er sich bewegte. Doch das war ganz am Anfang, ich war noch verzaubert und schob alle Zweifel beiseite. Außerdem war er ein hervorragender Koch, der Essen für mich zauberte, und ich hatte großen Hunger.

Emily Wilson würde sich mit derartiger Anmaßung nicht abgeben. Sie ist Professorin an der University of Pennsylvania, und ihre neue, kraftvolle Übertragung der *Odyssee* hat viel Lob bekommen. Es ist die erste Übersetzung ins Englische von einer Frau, und ihre Version entledigt sich der übertriebenen Selbstherrlichkeit männlicher Dichter des neunzehnten Jahrhunderts, um die Sprache durch Einfachheit und Klarheit zum Strahlen zu bringen. Sie wollte dem Epos seinen ursprünglichen Klang zurückgeben, das Tempo und den Rhythmus wiederherstellen, es verdichten und spannender machen. Zwei Monate nach jenem ersten Abendessen mit dem Mann stöberte ich in einem Buchladen und entdeckte Emilys Übersetzung mit dem goldgeprägten Cover auf einem Tisch. Spontan nahm ich sie in die Hand und tat damit genau das, wozu einen die Leute, die solche Tische bestückten, verleiten wollten. Ich dachte wohl, ich könnte so versuchen, mich auf seinen Stand zu bringen oder durch die Lektüre zumindest etwas Interessantes über ein Fach zu sagen, über das ich absolut nichts wusste. Vielleicht wollte ich auch einfach eine engere Bindung zu ihm aufbauen. Das Buch war erschreckend dick, und ich fragte die Buchhändlerin, ob man es überhaupt lesen könne. Sie strahlte. »Eine wunderbare Lektüre«, sagte sie. »Kaufen Sie es einfach.« Ich vertraute dem Urteil der Frau, nachdem sie mir früher schon einige wirklich großartige und besondere Bücher ans Herz gelegt hatte. Und so kaufte ich die Ausgabe, die schwer in meiner Tasche lag. Als ich sie zu Hause aufschlug, sah ich zu meiner Beruhigung, dass der eigentliche Text nicht allzu lang war. Der Mann war vermutlich so schlau, es im Original auf Altgriechisch lesen zu können, aber ich würde doch bestimmt mit einer Übersetzung zurechtkommen. Ich legte es auf den Stapel ungelesener Bücher auf meinem Nachttisch, wo ich es erst einmal vergaß.

Bei einem unserer ersten Dates schlug ich ihm vor, nach Hampstead Heath zu fahren und dort in den Seen schwimmen zu gehen. Angesichts dieser englischen Verrücktheit hob er eine Augenbraue, kam dann aber doch mit. Es war furchtbar kalt, und er tat so, als mache es ihm nichts aus, und ich tat so, als wüsste ich nicht, wie viel es ihm ausmachte. Immer wieder schwamm er mit mir. Wollte es mit diesem entschlossenen, amerikanischen Enthusiasmus mögen.

Ich musste operiert werden – bei der Entfernung eines Weisheitszahns hatte der Zahnarzt einen Knochen in meinem Gesicht gebrochen, was sich entzündete und sehr schmerzhaft war und eine Notoperation unter Vollnarkose zur Folge hatte. Als ich aus dem Krankenhaus kam, war mein Gesicht geschwollen, und über die Innenseite meiner Wange zogen sich spinnennetzartige Nähte. Sanft berührte er meinen Kiefer, schob die Hand in meine Haare und hielt mein Gesicht hauchzart.

»Du weißt, dass ich gern mit dir zusammen bin«, sagte er.

»Nein, das weiß ich nicht.« Ich wollte Bestätigung.

»Komm schon – wegen dir bin ich in einem eiskalten Teich geschwommen«, sagte er.

»Was magst du an mir?«

»Wie weich deine Haut ist.« Er blieb oberflächlich, wie ein Stein, den er übers Wasser hüpfen ließ. »Deinen Mund.«

Sechs Monate später gingen wir mit seinem Hund an einer stillgelegten Eisenbahnstrecke in Nordlondon spazieren. Sie führte durch ein Naturschutzgebiet, und überall grünte und blühte es, Vögel raschelten in den Bäumen am Wegesrand. Die Stadt befand sich in einem unsicheren Übergangszustand, vielleicht gab es bald eine Ausgangssperre, wir hatten keine Ahnung, was uns erwartete. Man bekam kaum noch irgendwo einen Kaffee – viele Läden waren den offiziellen Regierungsvorgaben, die zu diesem Zeitpunkt noch ungenau und schwer zu durchschauen waren, zuvorgekommen und hatten geschlossen. Doch der Himmel war weit und blau, Frühling lag in der kalten Luft, und bei allem Unbehagen herrschte auch ein gewisser Optimismus. Ich trug einen hellblauen Mantel und eine Sonnenbrille, und die Bewegung, neben ihm herzugehen, ein Ziel zu haben, half gegen meine Angst. Er schlug sich in die Büsche, um zu pinkeln, und als er zurückkam, erschien er mir wunderschön, und einen Moment durchzuckte mich in der kalten Frühlingssonne ein intensives Gefühl.

Im Supermarkt kauften wir zwischen den Lücken in den Regalen ein, weil die Leute panisch Klopapier und Seife nach Hause geschleppt hatten. Er sortierte die Eier aus zwei Kartons, sodass in unserem schließlich die größten steckten – was mir im Leben nicht eingefallen wäre. Allerdings ließ er dabei zwei Eier fallen und lief knallrot an, als ein Mitarbeiter mit dem gelben Rutschgefahr-Warnschild zu uns kam. Ich lachte über seine Verlegenheit, auch wenn mir das eindeutig zu viel war. Das Höchste der Gefühle für mich war, die Eier in einem Karton auf Bruchstellen zu überprüfen, bevor ich ihn in meinen Einkaufswagen stellte, und selbst das vergaß ich meistens.

In seinem kleinen Hinterhaus kochten wir stundenlang. Mir gefiel das Gemütliche, Häusliche, nur wir zwei. Der Hund und ich fühlten uns bereits wie eine Familie. Ich hackte Knoblauch, machte dabei aber irgendetwas nicht richtig und wurde zum Weinöffnen degradiert. Ich bewunderte seine Präzision in der Küche, sein Beharren auf methodischem Arbeiten, während ich selbst so gut wie keine Disziplin hatte. Wie beruhigend es doch war, zu hacken und zu rühren, abzuschmecken und zu würzen, während da draußen alles in Aufruhr war. Ich fühlte mich wie eine Fast-Ehefrau, auch wenn wir erst sechs Monate zusammen waren.

Wir aßen und schauten die Nachrichten, die uns keine klaren Auskünfte geben konnten. Dann küssten wir uns, langsam und zärtlich.

»Ich will alles.«

»Ach ja?« Er bewegte sich nach unten.

»Ist das schön?«

»Ja, ist es für dich auch schön?«

Danach legte ich meine Hand auf seine Brust, und er hielt sie mit seinen Händen fest, während er einschlief.

Am nächsten Morgen versuchte ich eine andere Gestalt anzunehmen, mich unsichtbar zu machen, weil ich ihn nicht im Homeoffice stören wollte, aber auch nicht wollte, dass er mich bat zu gehen. Zu seiner Arbeit schienen endlose Telefonkonferenzen wegen des Private-Equity-Fonds zu gehören, für den er tätig war. Ich selbst hatte gerade meinen Job gekündigt. Unfassbar schlechtes Timing, ich weiß. Ich überlegte vage, erst einmal eine Pause einzulegen, in Chile wandern zu gehen und zur Ruhe zu kommen, bevor ich eine neue Stelle suchte. Das sollte sich natürlich als einer meiner schlechtesten Pläne überhaupt herausstellen, aber das war zu dem Zeitpunkt noch nicht abzusehen.

Ich setzte mich, in eine Decke gewickelt, in die Hängematte in seinem Garten. Die Sonne schien, über mir erstreckten sich die üppig rosa blühenden Äste des Apfelbaums. Hin und wieder rieselten Blütenblätter auf mich herab und legten sich wie Hochzeitskonfetti auf meine Haare. Mit einem Auge beobachtete ich ihn durch die Glastür, während ich Emilys Einleitung der *Odyssee* und darin von den Diskussionen über die Urheberschaft des Epos las – vermutlich hatte es keinen einzelnen Mann namens »Homer« gegeben, sondern diverse Leute hatten den Text verfasst. Selbst der Entstehungszeitpunkt wurde diskutiert, und man konnte sich nur darauf einigen, dass es irgendwann zwischen dem späten achten und dem späten siebten Jahrhundert vor Christus entstanden sein musste, was nicht besonders genau ist.

In der ersten Frühlingswärme verweilten wir in unserem Kokon, während die Stadt um uns herum zum Stillstand kam und sich der Lockdown anbahnte. Die Tage glichen einer Zeitschleife aus Wiederholungen. Wir blieben lange auf, tranken Wein und warteten auf die Nachrichten. Darauf folgten langsame Küsse, seine Hände in meinen Haaren, und danach schliefen wir eng umschlungen ein. Die Zeit zog sich zusammen und auseinander wie eine Konzertina, ein Wochenende wurde zu einer Woche. Schließlich dachte ich, ich sollte mal nach meiner Wohnung auf der anderen Seite der Stadt sehen. Zum Abschied fragte ich noch schnell, unsicher: »Sehen wir uns bald wieder?«

»Ja.« Er sprach fast mit kindlicher Begeisterung, dann fügte er hinzu: »Ich meine, sonst kann man ja nichts tun.«

»Charmant.«

»Nein, so habe ich es nicht gemeint. Ich wollte sagen, dass ich nichts anderes vorhabe.«

»Noch charmanter.« Doch ich lächelte, während ich mit dem Rad zurück durch die leere Stadt fuhr.

~

Ich saß in dem gemeinsam genutzten Hof hinter meiner Wohnung, mit der *Odyssee* und einer Tasse Kaffee. Es war strahlendes Wetter, ein herrlicher Frühling trotz der zunehmenden Dunkelheit in der Welt. Niemand konnte sich an einen schöneren Frühling erinnern, alle waren dankbar für das Wetter und versicherten sich gegenseitig über den zu haltenden Abstand hinweg: Was haben wir doch für ein Glück, nicht wahr? Das wiederholten wir in verschiedenen Nachbarskonstellationen, wie ein Dialog in einem schlecht improvisierten Theaterstück.

In einem weiteren Abschnitt ihrer eleganten Einleitung erklärte Emily, dass Homers Epos »geringes Interesse daran hat, die geografischen Gegebenheiten korrekt darzustellen«, und sie gab wenig auf die Gelehrten und Leser, die im Lauf der Zeit die fiktive Welt des Epos auf der realen Landkarte verorten wollten, doch mir gefiel die Vorstellung. Für mich hatte es etwas Verlockendes, Mythen und Mystik in die Realität zu tragen, ein Hauch von Poesie in dem Versuch, das Unwirkliche im Wirklichen zu verankern. Ich betrachtete lange die gezeichneten Landkarten in Emilys Übersetzung und blätterte zwischen der Welt der Erzählung und der heutigen hin und her. Mir gefielen die Theorien der damaligen Gelehrten, die wild darüber diskutierten, welche der Inseln aus der *Odyssee* wohl das reale Sizilien sein könnte, welche der heutigen Äolischen Inseln vor der italienischen Küste das Vorbild für die schwimmende Inselheimat von Äolus, dem Hüter der Winde. Ich sah nach, wo auf der Karte Kalypsos Insel verortet war, auf der Odysseus sieben lange, sinnliche Jahre gefangen ist und gezwungen wird, ein Verhältnis mit einer verführerischen

Göttin einzugehen. Es gab unzählige Theorien, und die literarischen Inseln wanderten über die Meere, abhängig davon, wen man gerade befragte. Die einen behaupteten, sie befänden sich im heutigen Griechenland, die anderen verorteten sie weit abgelegen auf der anderen Seite des Mittelmeers, wenn nicht sogar an der Nordküste Afrikas. Nachdem ich mich den Karten ausgiebig gewidmet hatte, begann ich mit der Lektüre des eigentlichen Epos, das gar nicht so langweilig war, wie man vielleicht glauben konnte.

Gelegentlich überprüfte ich mein Handy auf neue Nachrichten, doch das Display blieb dunkel und stumm. So viel an einer noch nicht ganz eindeutig definierten Beziehung besteht aus Warten, wie bei den Frauen in den klassischen Märchen (nicht die feministischen Neuinterpretationen). Warten, Gleichgültigkeit vortäuschen, eine passive Haltung einnehmen, hoffen, dass sich der Prinz als nicht allzu großer Idiot entpuppt. Eine tiefere, persönlichere Stille umfing mich, in der sprachlosen Schwebe, in der sich die Welt gerade befand. Eine Matrjoschka der Stille. Die kleinste Puppe war eine lang gezogene Pause: Es war über eine Woche her, dass ich mit dem Fahrrad von ihm zurückgefahren war, und er hatte sich noch nicht einmal erkundigt, ob ich gut nach Hause gekommen war. Er hatte sich seither überhaupt nicht gemeldet.

Diese stumme Woche verbrachte ich, wie jede vernünftige Frau es täte, entwarf Verschwörungstheorien, hypothetische Szenarien und wilde Vermutungen, die ich mit meiner besten Freundin Rachel diskutierte. Schier endlos skizzierte ich Eventualitäten, wurde Professorin für Kartografie, nahm Maß, zeichnete. Mit chirurgischer Akribie nahm ich alle Gespräche noch einmal auseinander, während Rachel mir die Instrumente dafür reichte. Zusammen untersuchten und prüften und kauterisierten wir alle Stellen und fanden nichts, was auch nur die geringste Erklärung bot. Zu beschäftigt konnte er nicht sein, es gab ja schließlich nichts zu tun. Alles war zum Stillstand gekommen, es herrschte tödliche Ruhe, durchbrochen von statischem Knistern. Irgendwann wurde die Stille zu laut und kompakt und belastend für mich. Die Coole hatte ich noch nie gut spielen können. Daher fragte ich ihn, und bei seiner Antwort fügte sich alles zusammen, auch wenn es nicht das war, was ich erwartet hatte.

Ich schrieb: *Länger nichts von dir gehört – ist alles in Ordnung?*

Seine Gründe waren natürlich banal und klischeehaft, wie immer. Es gab eine andere, für die er Gefühle hatte, sie lebte im Ausland, und er wusste nicht genau, ob sie seine Gefühle erwiderte, wollte es aber herausfinden.

Da hörte ich auf zu lesen und stellte sie mir vor. Eine Freundin im Ausland. Mit braungebrannten Beinen, geschmeidigen, effizienten Bewegungen, wie sie am Strand entlangspazierte und Muscheln sammelte. Ein halbes Jahr war vergangen, im Rhythmus einer romantischen Beziehung: gemeinsame Abendessen, Kinobesuche, Kurzurlaube, Blumen (die ich ihm oft in vertauschter feministischer Begeisterung mitgebracht hatte), eine von mir selbst gemachte Karte zum Valentinstag, die ihn zum Lachen bringen sollte.

Eine zweite Nachricht traf ein, in der er mir gnädig anbot, in der Zwischenzeit doch weiter »abzuhängen«. Daran fügte er das Symbol für einen Kuss. Oder gekreuzte Knochen.

Das Ganze entpuppte sich als weitere langweilige Variante des altbekannten Klassikers. Es begab sich einmal in einem fernen Land, dass die wahre Liebe in einem Turm gefangen war, was sie zweifellos noch anziehender machte. Als Schiffbrüchige in den Wogen der Pandemie entdeckte ich meine innere Emily Wilson und schickte Rachel meine Übersetzung der Ereignisse:

Verehrte Bewerberin,
wir müssen Ihnen leider mitteilen, dass die Stelle der neuen Freundin mit dem Bonuspaket »Liebe« bereits vergeben ist. Wir haben uns für eine perfekte internationale Kandidatin mit den passenden Voraussetzungen entschieden, die wir gerade an Land holen. Wir entschuldigen uns für jegliche Missverständnisse, die bei Ihnen entstanden sein könnten. Möglicherweise haben wir während des sechsmonatigen Bewerbungsprozesses nicht so deutlich ausgedrückt, wie es uns möglich gewesen wäre – dass wir nämlich während aller Team-Building-Aktivitäten und Home-Assignments eine andere Kandidatin im Blick hatten, zu der wir eine tiefe emotionale Bindung spürten. Für die Zwischendurchfreundin haben wir allerdings eine aufregende neue Position als Geliebte anzubieten. Es handelt sich dabei um eine Kurzzeitvertretung vor der Mutterschaft, bis die neue Freundin zu uns gezogen ist. Die Position wäre niedriger gestellt, und uns ist klar, dass Sie sich darauf nicht beworben haben. Auch das Bonuspaket sähe natürlich anders aus. Es gibt keine langfristigen Prämien (natürlich!), und die Aufgaben wären eher taktisch als strategisch. Wir würden uns freuen, wenn Sie dieses Angebot an-

> nehmen, sollten Sie jedoch ablehnen, ist es uns auch recht. Wir versuchen nur, nachträglich ehrlich zu sein und alle Karten auf den Tisch zu legen. Sie sehen hoffentlich, wie sehr wir Ihnen hier entgegenkommen. Wir verhalten uns einfühlsam und emotional reif (wenn wir auch nicht emotional involviert sind!), und wir gratulieren uns dafür, so ein toller Typ zu sein. Das Eingeständnis, dass die Stelle bereits vergeben ist, hat uns viel gekostet, und wir werden deshalb keine Schuldgefühle haben. Sollten Sie dieses freundliche Angebot ablehnen, behalten wir uns das Recht vor, Sie »verbittert« zu nennen und unseren Freunden zu erzählen, wie »gestört« Sie sind. Sehr wahrscheinlich ist sowieso alles Ihre Schuld, nachdem wir Ihnen ja einige wirklich eindeutige Signale gegeben haben. Eigentlich sind wir sogar richtiggehend wütend auf Sie. Allmählich stellen wir *Ihre* Kompetenz infrage. Vielleicht sollten *Sie* mal darüber nachdenken.

Rachel rief mich lachend an. Sie war endlich schwanger, nachdem sie es ewig versucht hatten, weshalb ich sie keinem Risiko aussetzen wollte, auch wenn wir uns theoretisch treffen durften. Es war noch am Anfang der Pandemie, als niemand genau wusste, wie das Virus übertragen wurde, und wir hatten alle Panik, dass wir aus Versehen Menschen töten würden, nur weil wir im Supermarkt einkaufen waren. Während ich das Handy in der verstummten Stadt ans Ohr hielt und mit ihr sprach, wurde mir bewusst, dass ich nicht einfach bei ihr vorbeischauen und mich dann besser fühlen konnte. Mir wurde klar, wie allein ich auf einmal war. Noch mehr schlechtes Timing, so kurz vor dem ersten brutalen Lockdown in Großbritannien. Er hatte das alles so lange verschwiegen, hätte er nicht noch eine Weile warten können, damit wir uns während der Apokalypse hätten Gesellschaft hätten leisten können?

Ich wohnte allein und war von einem Tag auf den anderen völlig isoliert – die perfekten Bedingungen, um sich in etwas hineinzusteigern, Worte auseinanderzunehmen, Schuldgefühle aufzubauen und zu verstoffwechseln. Ich bin ziemlich schlau, wo hatte ich denn Signale und versteckte Botschaften übersehen? Unlösbare Gleichungen: Warum wollte er eine halb mystische Frau, die im Ausland lebte, während ich real und in derselben Stadt wie er war, während die Welt gerade zusammenbrach? Warum hatte er sie nicht wenigstens zuvor mal erwähnt? Warum nennt man Männer nie manipulativ, Frauen aber dafür ständig? Was hatte ich noch geflissentlich ignoriert, um voll und ganz Teil meiner eigenen Täuschung zu sein?

In der allgemeinen Hysterie, die die Welt erfasst hatte, traute ich meinen Emotionen noch weniger als sonst. Wir waren wirklich nicht lange zusammen gewesen, es hatte keine Versprechen gegeben, auch wenn wir einmal ziemlich offen darüber gesprochen hatten, keine Zeit verschwenden zu wollen. Vielleicht hatte ich mir auch alles eingebildet, Tiger im Schatten gesehen, aus lockerem Daten eine Beziehung gemacht. Wie dumm von mir zu glauben, dass daraus mehr werden könnte, wie dumm, in Liebe und eine gemeinsame Zukunft investiert zu haben. Verblendet war ich gewesen, hatte überreagiert. Es war viel zu früh für Liebeskummer. Ich mochte ihn einfach nur wirklich gern, war nicht verliebt in ihn. Aber letztendlich machte ich mir etwas vor. Ich stürzte ab, denn es hatte sich nicht locker angefühlt, ich hatte ihm gesagt, dass ich nur etwas Festes wollte, er hatte mir das Gefühl gegeben, als wolle er das auch. Wir hatten über die Zukunft gesprochen. Er war mit mir schwimmen gewesen. Er hatte mich aus dem Krankenhaus abgeholt. Er lag falsch, nicht ich. Warum zweifelte ich an mir, ließ ihn alles verdrehen, behaupten, es sei ganz anders gewesen, obwohl es das nicht gewesen war? Warum ließ ich mich im Stich und nahm seine Version der Wahrheit an? Da war etwas zwischen uns, das spürte ich. Es hatte sich aufregend angefühlt, zart und wunderschön. Echt. Ich war traurig und wütend und verwirrt, und jedes dieser Gefühle hatte abwechselnd die Oberhand, und meine Gedanken drehten sich im Kreis. Auf die letzte Nachricht antwortete er nicht, und er wurde zu einem Geist, und ich drehte mich immer weiter, immer tiefer nach unten und konnte nicht anhalten.

Ich wusste, es hätte sich eher wie eine graudumpfe Enttäuschung anfühlen sollen, nur verschärft durch die vergebene Chance auf eine enge Zweierbeziehung, während die Welt stillstand. Doch es brach mir tatsächlich das Herz, wie ich meinem Journal anvertraute, durch dieses *Fast* und das *nicht ausgeschöpfte Potenzial*. Liebeskummer ist nicht rational, achtet nicht auf zeitliche Abläufe oder Datenpunkte, Liebeskummer ist pures Fühlen. Ich fühlte mich, als würde ich zersplittern. Ich schwamm in Homers »weindunklem Meer«, und mein Kopf schmerzte. Erschöpft schleppte ich mich ans Ufer, in meine Höhle und lag dort, starrte an die Decke, sehnte mich verzweifelt nach der grauäugigen, goldbeschlagenen Athene, nach Äolus, dem Herrscher der Winde, nach all den Trickster-Göttern, wollte unbedingt in ihre Dramen hineingezogen und verzaubert werden.

Während die reale Welt immer fremder und furchteinflößender wurde, immer neue Monster und Gefahren hinzukamen, tauchte ich tiefer in die Welt der *Odyssee* ein, flüchtete mich in die Erzählungen.

Ich las sogar die Fußnoten.

»Beginn, wo du willst«, bittet der Dichter die Muse am Anfang der Odyssee. Finde den Anfang, könnte man auch sagen. Der jedoch selten da ist, wo man ihn vermutet. Oft kann man ihn erst sehr viel später rekonstruieren, wenn man fast schon am Ende angekommen ist.

Die *Odyssee* beginnt in der Mitte und verkündet als Erstes, dass sie von einem »wandlungsreichen«, komplizierten Mann handelt. Er ist hinterlistig und manipulativ – aber auch sehr schlau –, und mit diesen Eigenschaften gewinnt er die Zuneigung von Athene, die ihn zu einem ihrer Schoßtiere macht. Nach dem Trojanischen Krieg versucht Odysseus, nach Hause zurückzukehren, auf eine Insel namens Ithaka. Er sehnt sich nach seiner Frau Penelope, die klug und rätselhaft ist, und seinem Sohn, der bei seiner Abreise noch ein Baby war und mittlerweile ein junger Mann ist. Doch er hat die rachsüchtigen Götter auf verschiedene Weise ernsthaft verärgert, weshalb sie seine Rückkehr verhindern und ihn kreuz und quer übers Meer schicken. Odysseus macht quasi sehr lange Inselhopping, nur dass seine Inseln voller Monster sind und das Meer voller Gefahren, er die Route nicht selbst bestimmen darf und schon etwa zehn Jahre unterwegs ist, als wir ihm das erste Mal begegnen. Auf Ithaka wartet Penelope, weist die Avancen von Verehrern, die eine reiche »Witwe« heiraten wollen, zurück, indem sie an ihrem Webstuhl sitzt (und heimlich Stücke wieder auftrennt) und ihnen sagt, sie werde erst über eine Heirat nachdenken, wenn ihre Arbeit fertiggestellt ist.

~

Als ich sagte, den Anfang zu definieren sei schwierig, meinte ich, dass das vielleicht nur eine romantisierte Fehlinterpretation war. Eine nicht verlässliche Erzählerin, ein Fehlstart. Möglicherweise hatte der tatsächliche Anfang doch nicht so viel mit dem Mann zu tun, sondern umso mehr mit mir. Vielleicht hatte er deutlich sein wollen, und ich hatte alles umgedeutet. Vielleicht fing alles an, als ich meinen hochkarätigen Job mit geradezu beängstigendem Timing kurz vor der Pandemie gekündigt hatte. Jetzt war ich arbeitslos und machte mir Sorgen um mein Einkommen und was ich mit meiner Zeit anfangen sollte, wenn ich das Haus nicht verlassen durfte. Der Markt war versteinert, niemand stellte neue Leute ein. Meine Zweizimmerwohnung, die ich so nah wie möglich am Herz der Stadt ausgewählt hatte, war jetzt erstickend klein und eng, als London sich im Lockdown befand und man sich nur in seinen eigenen vier Wänden aufhalten konnte. Wie sollte ich diese sich endlos hinziehenden Tage nur füllen, ohne Arbeit, harte Arbeit und viel davon? Ein Sinn im Leben ist wichtig, wie unsere Vorfahren auf ihre enervierend überlegene Art zu sagen pflegten. Ohne Ziel hatte ich nichts, worum meine Zeit kreisen konnte. Auch mein Selbstvertrauen litt, da Arbeit ein wichtiger Teil meiner Identität ist. Ich mochte meinen Job, ich war gut darin gewesen, und jetzt spürte ich die Leere. Ich vermisste mein Team, die Kontakte, Gespräche, die Konzentration und etwas auf die Beine zu stellen.

Ohne die Arbeit als Ablenkung wuchs meine Besessenheit noch, selbst als ich wusste, dass es gar nicht um ihn konkret ging, selbst als mir klar wurde, dass er für eine generelle Sehnsucht nach einer tiefen Bindung zu einem anderen Menschen stand. Ich ent- und verwarf Nachrichten, blieb bis spätnachts auf und las immer wieder das Drehbuch unserer Beziehung, von Anfang bis Ende, auf der Suche.

Jeden Morgen wachte ich müde und mit Augenringen auf. Ich hatte nichts zu tun. Mein Zuhause war zu einem Gefängnis und ich unsichtbar geworden. Alle zogen sich in ihre Kernfamilien zurück, verbarrikadierten sich im Überlebensmodus. Ich rief meine Freunde an, doch sie waren mit dem Homeschooling ihrer Kinder beschäftigt, mussten sich auf die Arbeit im Homeoffice einstellen und hatten keine Zeit, sich mit mir zu unterhalten. Die Tage waren endlos, der Monat zog sich in die Länge. Irgendetwas verhakte sich tief in meiner Kehle, erschwerte das Schlucken, das Essen noch mehr. Zum ersten Mal fühlte ich mich schmerzhaft einsam, haltlos. Und wenn es nicht schmerzte, fühlte ich mich wie ein algengrüner, mückenverseuchter Teich irgendwo tief in den Wäldern, stagnierend, gefährlich. Das Leben war weder privat noch beruflich irgendwie planbar. Vielleicht war die lächerliche Trennungsnachricht gar nicht der Beginn von irgendetwas. Vielleicht hatte ich nur alles aufgebauscht, so lange war es doch auch gar nicht gewesen, und ich war auch nicht verliebt, ich wollte es nur so gern sein, es wäre eben bequem und praktisch gewesen. Vielleicht war ich gar nicht so überrascht, mein Herz definitiv nicht so sehr gebrochen, es kam alles einfach nur so furchtbar ungelegen.

Wenn man schon keine Romantik haben kann, dann wenigstens Unterhaltung. Ich widmete mich wieder den Dating-Apps, um mich zu beschäftigen, und teilte damit mein Leben ein. Ich bewegte mich im Kreis, verbrachte meine Tage in einstündigen Abschnitten, in denen ich verschiedene Variationen nichtssagender Gespräche mit durchschnittlichen Männern führte, bei denen ich dankbar für die vorgeschriebenen zwei Meter Abstand war. Hauptsächlich sprachen sie, und ich hörte zu. Meistens waren meine Ansichten gar nicht erwünscht.

»Du bist ganz schön einschüchternd.«

War das ein Kompliment? Soll ich mich kleiner machen, damit du es in deiner Unzulänglichkeit bequemer hast? Dieser Wortwechsel war das genaue Gegenteil zu den eleganten edwardianischen Werbungsspaziergängen, für die der Victoria Park angelegt worden war, und exakt der Moment, an dem ich Dates unter pandemie-bedingtem Abstandsgebot aufgab. Ich wollte das allein durchstehen.

~

Ich spülte Essensverpackungen und dachte: Ist das wirklich wissenschaftlich nachgewiesen? Das Zersplittern der Welt, das Einschließen meiner Stadt, die zunehmende soziale Atomisierung, zu der ich vor langer Zeit ein todlangweiliges Soziologieseminar an der Uni besucht hatte, hyperbeschleunigte sich jetzt. Wir sagten uns gegenseitig, wie langweilig die Zombieapokalypse war und dass wir lieber gejagt und ausgeweidet werden, lieber vor ihnen davonlaufen, ihnen die Köpfe mit Schwertern abschlagen würden. Wir sind soziale Wesen, unsere kleinen warmen Körper von weicher, empfindsamer Haut überzogen. Voneinander getrennt zu sein war unnatürlich, schmerzhaft. Es hat einen Grund, dass Menschen sich in Städten sammeln, dass Einzelhaft die schlimmste aller Gefängnisstrafen ist. »Ein Verstoß gegen die Genfer Konventionen!«, verkündeten die Zeitungen aufgebracht. Das tiefe Loch in mir war schon immer da gewesen, doch jetzt wurde es größer, schimmerte. Meine Haut fühlte sich ganz grau an vom fehlenden Körperkontakt, den die Technikberührungen nicht ersetzen konnten. Mein Handy schmiegte sich an mich, bot mir flüsternd Weisheit und Verzweiflung.

Aus einem Monat wurden zwei. Meine Freundin Katharine richtete ein Corona-Testlabor ein, machte sich nützlich, rettete Leben, ich jedoch geriet in diesem Spalt in der Zeit, diesem Vakuum, ins Straucheln.

Ich saß draußen in der Sonne. Ich wusch mir nicht mehr die Haare. Ich versuchte, mich in der Badewanne zu entspannen, doch die ganzen teuren Badezusätze halfen nicht. Ich verlor mich selbst, löste mich im Wasser auf. Ich kaufte ein Minitrampolin und hopste darauf auf und ab, wollte unbedingt Endorphine erzeugen, wenn sie sich schon nicht natürlich bildeten. Ich machte Yoga und stellte die Welt im Handstand wiederholt auf den Kopf. Ich kochte Eier. Nichts half. Ich war mit der uralten Unterdrückung der Frauen konfrontiert, absolutem häuslichem Terror. Kochen und putzen, putzen und kochen. Irgendwann tat ich beides nicht mehr. Irgendwann tat ich gar nichts mehr. Es war erschreckend, wie viel Schmutz ich hier in meiner Zweizimmerwohnung ohne jede Beschäftigung produzierte. Ich saß. In der Sonne. Wartete. Meine Augen waren wie Pipilöcher im Schnee.

»Gib mir Mandragora zu trinken«, sagte Kleopatra, bettelte darum, betäubt zu werden, eingeschläfert, »dass ich die große Kluft der Zeit durchschlafe.«

»Tut mir leid, Liebes, Mandragora ist aus, aber es gibt immerhin wieder Toilettenpapier.«

~

»Finde den Anfang.« Vielleicht war das auch nicht der richtige Anfang. Ich versuche es mit einem anderen. Vielleicht begann alles mit einem Verlust. Nicht dem meines Jobs, sondern einem stechenderen, abgrundtiefen, einer langsamen Traurigkeit, die unter allem lag. Am Anfang war mein Vater, und er starb so langsam, wie er nur konnte. An Krebs, nicht an Corona.

Er war Arzt, Allgemeinarzt, und verstand natürlich alles. Der Krebs war nicht heilbar, konnte aber mit verschiedenen Behandlungen in Schach gehalten werden. Zu dem Zeitpunkt lag die Diagnose fünf Jahre zurück, und wenn die Therapien weiter anschlugen, hatte er noch viele gute Jahre vor sich. Antizipatorische Trauer nennt man es, wenn man weiß, dass eines Tages etwas Schlimmes passieren wird, die Trauer vor dem eigentlichen Verlust, wenn klar ist, dass der eigene Vater sterben wird. Nicht ganz allgemein, wie wir alle irgendwann sterben müssen, sondern sehr konkret, spezifisch. Im Laufe der Zeit hatte ich mit dem leisen Unbehagen hinter all dem zu leben gelernt: Mein Vater war in Gefahr, aber ich konnte nichts tun, außer Zeit mit ihm zu verbringen, mit ihm spazieren zu gehen, ihn zum Lachen zu bringen. Und jetzt konnte ich das alles nicht tun, ohne seine Gesundheit zu gefährden. Eine Corona-Infektion wäre für ihn wegen seines supprimierten Immunsystems eine echte Gefahr. Oft machte es mich wütend, dass er mit diesem Wissen leben musste. Ich dachte, für ihn wäre es besser, es nicht zu wissen. Ich wollte ihn davor beschützen, sich weiteren MRTs unterziehen zu müssen, mit radioaktiven Substanzen bestrahlt zu werden, sich mit verschiedenen Behandlungsmöglichkeiten auseinanderzusetzen. Während der Krebs mit der Zeit aggressiver wurde, wurde er diplomatischer, gelassener. Nach einer weiteren anstrengenden Behandlung saß ich an seinem Krankenhausbett und versuchte, ihn zum Lachen zu bringen. Da wusste ich nicht, dass ich ihn für sehr lange Zeit zum letzten Mal sehen würde.

In der Zeit davor ging ich mit ihm unsere übliche Spazierstrecke, nur etwas langsamer und sehr viel kürzer. Es war Anfang Februar, und die Bäume waren noch kahl. Ich tat so, als müsste ich unbedingt ein Foto machen, damit er sich einen Moment ausruhen konnte. Ich verabschiedete mich früh, um nach London zu fahren, um bekocht und belogen zu werden. Eine Entscheidung, die ich später bereute und an die ich oft dachte, die ich hin und her drehte, wie ein Messer im Bauch. Als sich das Virus ausbreitete, blieb mein Vater auf dem ruhigen grünen Land, wo ich aufgewachsen war, aus Angst, extra-extra-früh an Corona zu sterben und nicht an Krebs.

Ihm waren die Risiken klar, falls er sich infizieren sollte: Wenn die Gerüchte in den Zeitungen stimmten und die Ärzte auf den Intensivstationen entscheiden mussten, welcher Patient beatmet werden würde, hätte er keine besonders hohe Priorität. Daher verbannte er alle bis auf meine Mutter aus seinem Königreich und isolierte sich schon, bevor es offiziell vorgeschrieben war. Er bat mich und meinen Bruder, ihn um seiner Sicherheit willen nicht zu besuchen. In mein Elternhaus konnte ich also nicht zurück. Außerdem war ich jetzt sowieso erwachsen und musste das allein durchstehen. Wenn wir abends telefonierten, versuchte ich an die Menschen zu denken, denen es schlechter ging. Ich versuchte mir Leute vorzustellen, die irgendwo auf dem Eismeer auf Kreuzfahrtschiffen festsaßen, vor allem diejenigen, die lange für die einmalige Reise in die Antarktis gespart hatten und jetzt in ihren fensterlosen Kabinen bleiben mussten, bis auf eine Stunde pro Tag an Deck, denn sie durften nirgendwo anlegen und an Land gehen. Ich dachte an Teenager, die ohne Schule, ohne Freunde daheim eingesperrt waren, an verwirrte Menschen in Pflegeheimen. Ich stellte es mir so deutlich wie möglich vor, trotzdem half der Gedanke an diejenigen, die mehr litten als ich, nicht. Ich wusste, dass ich in vielerlei Hinsicht Glück hatte, doch das war nur ein schwacher Trost – ich war immer noch in meinem eigenen Leben eingeschlossen, allein in dieser schrecklichen Zeit. Ich konnte der Selbstmitleidfalle wegen meiner kleinen Probleme nicht entkommen: eine Trennung, kein Job und ein Vater, den ich nicht mehr treffen durfte – das alles schien sich in dieser weltumspannenden Krise nur noch zu verstärken, auch wenn mir das Widersprüchliche daran klar war. Wir sind alle so sehr mit uns selbst beschäftigt.

Dieser seltsam sonnige, optimistische Frühling voller Blumen und Vögel ging allmählich in einen strahlenden Sommer über. Meine Nachbarn hatten in unserem gemeinsamen Garten stress-gegärtnert. Sich um etwas Wachsendes zu kümmern, schien ihnen gutzutun, und jetzt blühte es überall um mich herum, stolze, starke weiße Calla-Lilien, frühe rosarote Rosen. Die illegalen Hunde, die eigentlich nicht in unserem Haus leben sollten, waren mit jedem Tag glücklicher und verwöhnter – ihre Erfahrung der Pandemie war das genaue Gegenteil, sie mussten nicht mehr einsam und allein den ganzen Tag warten, bis ihre Herrchen und Frauchen abends zurückkamen. Jetzt gehörten sie uns allen, hatten immer Gesellschaft. Im Gegensatz zu den Hunden hatte ich immer mehr das Gefühl zu ersticken, keine Luft zu bekommen, durchsichtig zu werden. Die Coronaregeln in London wurden strikter und erst gegen Ende des Sommers etwas gelockert.

Am Ende eines heißen Tages hörte ich plötzlich so lautes Geschrei auf der Straße, dass ich zum Fenster rannte.

Im Grunde war es ein normales Londoner Gespräch, nur lauter, nachdrücklicher, ungezügelter, wahrscheinlich wegen der aggressiven Atmosphäre. Ein Mann blies sich auf, zischte über den Abstand hinweg wie eine Schlange einen anderen Mann an, dessen Auto im Weg stand. Weitere Autos mussten stehen bleiben, Hupen mischte sich in den Chor aus Unzufriedenheit, und die Betonung war immer wieder anders. Fuck you. Nein, fuck *you. Fuck* you. *Fuck you.* Irgendwann gab einer nach, und als die beiden verfeindeten Autos aneinander vorbeifuhren, mit heruntergelassenen Fenstern, damit man besser Beschimpfungen austauschen konnte, spuckte einer der Männer mit einem Timing wie ein Balletttänzer und tödlicher Treffsicherheit den anderen an. Ein langer Strahl fand seinen Weg durch das offene Fenster und landete auf dem Gesicht des Gegners. Ein beeindruckender und gleichermaßen vernichtender Kommentar. Eine von einem Elitescharfschützen abgefeuerte Wasserpistole. Wegen einer kleinen Beeinträchtigung einen Fremden anspucken, inmitten einer Pandemie mit einem Virus, das über die Luft übertragen wird und das uns noch völlig unbekannt war. Schon zu normalen Zeiten einfach widerlich, jetzt eine vorsätzliche, nicht zu tolerierende Waffe. Was, wenn das jemand bei meinem Vater machen würde? Plötzlich verengte sich alles um mich herum, ich bekam kaum noch Luft. Warum wohnte ich hier? Die Gesellschaft war kaputt. Alles war kaputt. Ich musste raus aus dieser furchtbaren Stadt. Ich drehte mich weg, zu meinem Computer, verwandelte ihn in einen fliegenden Teppich.

Damals gab es zwischen Großbritannien und einigen anderen Ländern »Reisekorridore«, und manche Leute waren tatsächlich im Sommer weggefahren. Ich hatte ein paar Privilegien und etwas Geld gespart, und vielleicht war jetzt der richtige Zeitpunkt, darauf zurückzugreifen. Ich rief meinen Vater an, um ihn nach seiner Meinung zu fragen.

»Mach das«, sagte er, »du bist ja schließlich keine Ärztin oder irgendetwas anderes Nützliches.« So sprachen wir immer miteinander, direkt, manchmal auch streitlustig, meistens wollten wir einander aber zum Lachen bringen. Mein Bruder war Arzt, meine Mutter Krankenschwester, ich war die Ausnahme.

»Versprichst du mir, dich nicht zu infizieren, während ich unterwegs bin? Ich will mir keine Sorgen um dich machen müssen.«

»Ich bemühe mich. Fahr einfach – was sollst du sonst auch machen? Trübsal in deiner winzigen Wohnung blasen?«

Wahrscheinlich war das also der Anfang.

Italien stand auf der Liste der sicheren Länder, und ich besprach mit meiner Freundin Lara, wie man der Romantik am besten aus dem Weg ging. Ich hatte keine Lust auf braungebrannte Flitterwochenpärchen, die in weißer Leinenkleidung Hand in Hand am Strand entlangspazierten und sich gegenseitig mit im Sonnenlicht aufblitzenden protzigen Diamantringen blendeten, sondern wollte mir ansehen, was auch immer das Gegenteil der Amalfi-Küste war. Sie schlug mir eine Reihe kleiner vulkanischer Inseln vor Sizilien vor, und so fügte sich alles. Laut verschiedenen Theorien waren diese Inseln Inspiration für einen Teil der *Odyssee,* und ich würde nach Odysseus' Spuren in der realen Welt suchen – was, wie ich mir vorstellte, Emily Wilson vermutlich missfallen würde. Ich würde ihm zu seinen verzauberten Inseln folgen, vielleicht auch die launischen Götter finden, ausprobieren, ob ich Dichtung und Geografie in Einklang bringen könnte, und vielleicht auch herausfinden, was für Monster im Meer lauerten.

Die grauäugige Athene, Göttin der Weisheit und des Kampfes, hatte eine Schwäche für Odysseus. Außerdem hatte sie richtig tolle Schuhe. Zu Beginn des Epos bittet sie Zeus und die anderen Götter, Odysseus endlich nach Hause gehen zu lassen, genug sei genug. Als Erstes ringt sie den Göttern die Zustimmung zu einem Plan ab, ihn von Kalypsos Insel zu befreien, auf der er schon lange gefangen gehalten wird. Hermes, der Götterbote, wird entsandt, um Kalypso auf Trab zu bringen und ihn freizulassen. Athene

sprach's und band sich unter die Füße die schönen Sandalen,
göttliche, goldene, die sie trugen über die Feuchte
und das unendliche Land so schnell wie die Stöße des Windes

und eilt in eine andere Richtung davon, nach Ithaka, um Odysseus' unbeholfenen Teenagersohn dazu zu bringen, sich auf die Suche nach seinem Vater zu machen, dem Mann, der abreiste, als er selbst noch ein Baby gewesen war. Er ziert sich etwas, doch Athene kann ihn wachrütteln. Nachdem die »eulenäugige« Göttin alles ins Rollen gebracht hat, fliegt sie wie ein Vogel davon.

Im Gegensatz zu diesen ausgefeilten Plänen musste ich einfach nur einen Flug buchen. Ich packte genug alberne weiße Leinenkleidung für zwei Wochen in der sengenden italienischen Sonne ein und ließ die Angst und das starre Grau von London hinter mir.

Dann durch den Spiegel, hinunter in den Kaninchenbau und ins blaue Tyrrhenische Meer, wo ich das Gewicht und das juckende Salz auf der Haut spürte.

Und wir gelangten zur Aiolos-Insel; es wohnte dort aber
Aiolos, Sohn des Hippotes, ein Freund den unsterblichen Göttern,
auf dieser schwimmenden Insel …
… da schlug er's nicht ab und betrieb die Entsendung,
häutete ein neunjähriges Rind und gab dessen Haut mir;
in diese band er hinein die Pfade der tosenden Winde …
Mir aber ließ er wehen den Hauch des Westwinds, damit er
trage die Schiffe und uns selber, doch sollte sein Werk er
nicht vollenden.

Odysseus

KAPITEL ZWEI

Die schwimmende Insel des Äolus

Äolische Inseln, Sizilien, Italien

KAPITEL ZWEI

Zu den Äolischen oder auch Liparischen Inseln an der Nordküste Siziliens gehören sieben kleine vulkanische Inseln. Auf Italienisch heißen sie *Le isole Eolie*, und wenn Italiener es aussprechen, klingt es wie ein Meeresseufzen: »E-*ooh*-lie«. Oder wie das Rascheln des Windes in den Baumwipfeln. Was passend ist, denn sie sind das Königreich des Äolus, des Herrschers der Winde.

Odysseus landet auf der »schwimmenden Insel« des Äolus, tafelt einen Monat lang mit ihm und wird dann bei günstigem Wind mit einem Beutel voller Geschenke nach Hause geschickt. Während er schläft, öffnet seine neugierige Mannschaft den Beutel, weil sie auf Gold hofft, und entfesselt dabei unabsichtlich die darin eingeschlossenen Winde. Diese wehen das Schiff wieder aufs Meer hinaus, gerade als die Heimat in Sichtweite gekommen ist.

Heutzutage muss man nicht mehr auf den richtigen Wind in den Segeln warten, um auf die Inseln zu kommen, man nimmt einfach in der hässlichen Hafenstadt Milazzo das nächste Tragflügelboot hinaus aufs Wasser.

Lipari, die größte Insel, ist sanft und romantisch, mit schmalen Straßen, wunderschönen alten Laternen, die ihr Licht auf weiße Marmorplatten werfen, und Glockenläuten in der Luft, das von anderen Glocken erwidert wird. Auf mich wirkte sie überhaupt nicht wie ein Gefängnis, zu dem die Faschisten sie in den 1920ern gemacht und in das sie ihre politischen Gegner deportiert hatten.

Bei meiner Ankunft hatte ich das Gefühl, mich in einer Art umgekehrten Sommernachtstraumwelt zu befinden und mich zwischen den Welten zu bewegen, indem ich das angststarre London gegen diese helle und beinahe menschenleere Insel eingetauscht hatte. Im normalen Leben würden sich hier die Massen drängen, doch jetzt waren die Straßen und Strände nahezu verlassen. Man musste sich mit niemandem um die besten Sonnenschirme ganz vorn am Wasser streiten. Nachdem ich mein Gepäck in der Unterkunft abgestellt hatte, ging ich direkt zum Strand. Als ich mich das erste Mal ins Wasser warf, sein Gewicht spürte, die Wellen an meinem Körper, fühlte ich mich plötzlich wieder wie ich selbst, erkannte mich wieder. Etwas in mir erblühte im Meer, und ich nahm mir vor, jeden Tag schwimmen zu gehen und den Sonnenuntergang anzuschauen, so viele Inseln wie möglich zu besuchen, so viel italienisches Essen wie möglich zu essen. Ich war wieder begierig auf das Leben, wollte von allem etwas und noch viel mehr.

~

Ich ging in den Schreibwarenladen, wo ich lange überlegte, was untypisch für mich ist. Sie hatten die Stifte nicht, die ich mochte und bei meiner eiligen Abreise von zu Hause nicht eingepackt hatte, weshalb ich mir neue aussuchen musste. Die Brücke von meiner Hand zum Papier war essenziell für mich. Das Schreiben mit der Hand hat etwas Kinästhetisches an sich und offenbar auch eine neurologische Komponente – das Gehirn reagiert anders darauf als auf das Tippen auf einer Tastatur. Unter dem ernsten, eulenhaften Blick des zaundürren Ladenbesitzers probierte ich alle Stifte dahingehend aus, wie schnell ich mit ihnen schreiben konnte. Er spielte seine Rolle perfekt, sah mich nach jedem Test leicht besorgt an, wie ein Arzt, der die Medikamentendosierung einstellt. Für mich muss die Tinte beim Schreiben genauso schnell aufs Papier fließen wie meine Gedanken. Ich bin eine schlechte Schülerin von Julia Cameron und ihren »Morgenseiten« – sie empfiehlt, bei Tagesbeginn als Erstes drei ganze Seiten von Hand zu schreiben und den Gedanken dabei freien Lauf zu lassen – und von Natalie Goldbergs zeitlich begrenzten Schreibübungen. Gegen beide habe ich mich jahrelang gewehrt, doch als das erste Mal bei meinem Vater Krebs diagnostiziert wurde, fing ich ernsthaft mit dem Journaling an, das über das reine Tagebuchschreiben hinausgeht. Außerdem beschäftigte ich mich auf einmal mit Kristallen, übte intensiver Yoga und versuchte zu meditieren. Öffnete mich allem, was anderen Menschen geholfen hatte.

Schließlich entschied ich mich für ein paar Stifte, die der Ladenbesitzer sorgfältig in Papier einschlug. Dann begleitete er mich mit altmodischer Höflichkeit zur Tür.

»Wenn Sie sich für Geschichte interessieren«, sagte er langsam und als wolle er mir etwas ganz Besonderes mitteilen, »am Ende dieser alten Straße befindet sich das Haus, in dem Carlo Rosselli leben musste. Nicht wie im Gefängnis, sondern …« Er suchte nach dem richtigen Wort. »Verbannung, ja? Er durfte die Insel nicht verlassen. Kennen Sie Rosselli?«

Ich nickte, obwohl ich noch nie von dem Mann gehört hatte. Doch ich wollte diesen freundlichen und gewissenhaften alten Herrn nicht enttäuschen, der mir etwas erzählte, was für ihn von Bedeutung war und das nicht jeder Tourist auf der Insel wusste. Ich ging in die Richtung, in die er deutete, und recherchierte auf dem Weg.

Carlo Alberto Rosselli war ein italienischer Antifaschist und einer der Gründer einer Untergrundzeitung. 1926 half er einem anderen führenden Sozialisten bei der waghalsigen Flucht nach Frankreich und wurde dafür mit der Verbannung nach Lipari bestraft. Hier begann er *Socialismo liberale* zu schreiben, sein bekanntestes Werk, und wagte schließlich eine ebenso waghalsige Flucht, wie man das damals eben so machte, nach Frankreich und in die Freiheit. Das einfache weiße Haus, in dem er festgehalten worden war, stand in einer Kurve der Hauptstraße in der Nähe des Friedhofs. Eine Gedenktafel war daran angebracht, doch sie war klein und leicht zu übersehen. Mir war nicht klar, was ich eigentlich erwartet hatte. Vermutlich ist die Verbannung auf eine Insel längst nicht so romantisch, wie es klingt. Gut, dass ihm damals die Flucht gelungen war.

Auf der anderen Straßenseite befand sich der *cimitero,* für mich eines der schönsten Wörter im Italienischen. Es klingt so fröhlich, und die Aussprache erinnert mich irgendwie an Mary Poppins. Ich spazierte durch die schmiedeeisernen Tore mit den sich einander zuneigenden Engelsfiguren. Die Gräber waren in Reihen und mit Blick zum Meer angelegt. Man hatte die überirdischen Stromleitungen angezapft, was sehr abenteuerlich und gefährlich aussah, und Kabel führten zu den einzelnen Gräbern, die von kleinen Lampen beleuchtet waren. In die meisten Grabsteine waren Fotos eingelassen, was ich aus England nicht kannte. Manche Fotos zeigten die Verstorbenen kurz vor dem Tod, ausdruckslos oder stoisch und alt, auf anderen sah man sie in strahlendem jungem Glanz. Ich würde mich wahrscheinlich auch für ein Foto aus meiner blühenden Jugend entscheiden, ich wäre eine der rosawangigen, eitlen Toten: So sollt ihr mich in Erinnerung behalten.

Bevor der Tag vorbei war, wollte ich unbedingt noch schwimmen gehen. Überhaupt wollte ich so viel schwimmen wie nur irgend möglich. Nachdem ich so lange in meiner Wohnung in London festgesessen hatte, wollte ich wieder Raum in der Welt einnehmen. Ich erwischte den Bus zur Spiaggia di Canneto, dem nächstgelegenen Strand, gerade als die Sonne begann, über den Himmel zu fließen. Zu meinem Ärger rumpelte der Bus allerdings gemächlich dahin, ich war ungeduldig und wollte ans Meer. Dann verzögerte auch noch ein langes Telefonat wegen einiger Freelance-Aufträge meine Schwimmrunde, doch wenigstens würde ich das erste Mal nach Monaten wieder etwas verdienen. Angespannt, da ich die Arbeit brauchte, gleichzeitig aber ins Wasser wollte, trat ich von einem Fuß auf den anderen, während ich versuchte, das Gespräch zu beenden, und die Sonne immer mehr vom blauen Himmel verschwand. Als ich endlich ins Wasser stürmen konnte, war die Dämmerung fast schon heraufgezogen und das Meer herbstlich kalt. Erst schlug mir das Herz bis zum Hals, doch nachdem ich langsam bis hundert gezählt und gespürt hatte, wie das Brennen der Kälte über meinen Körper gewandert war, bis hinauf zu den Schlüsselbeinen und in die tiefen Falten meiner Ellbogen, war ich ruhig und entspannt. Allein in der zunehmenden Dämmerung im Meer zu schwimmen, unter dem dunkelblauen Himmel, war die ultimative meditative Freiheit. Mit genau der richtigen Prise Gefahr. Ich ließ mich auf dem Rücken treiben und sah zum Kiesstrand, zum Horizont, zu dem blauen Licht, das sich unter die vielen anderen Blautöne mischte. Ich liebe es, wenn die Grenze zwischen Meer und Himmel verwischt ist, wenn man zusehen kann, wie die Nacht ins Wasser gleitet. Schwimmen bei Nacht hat etwas Friedliches an sich, es fühlt sich wie eine Grenzüberschreitung an, niemand sonst ist am Strand oder im Wasser, das Meer, gerade noch durchsichtig, wird zu einer undurchdringlich wirkenden Masse. Ein abenteuerliches Gefühl. Ruhig und entspannt wippte ich auf den schmiegsamen Wellen, als mich plötzlich etwas peitschte.

Schmerz, Panik. Ich schluckte Salzwasser und strampelte Richtung Ufer, flüchtete instinktiv vor dem, was ich nicht sehen konnte, versuchte zu verstehen, wie ich im Wasser einen elektrischen Schlag bekommen konnte. Erst nach ein paar Sekunden war mein Gehirn fähig, an eine Qualle zu denken, und mir wurde erschreckend bewusst, dass ich am Strand niemand zu Hilfe rufen konnte, sollte es nötig sein. Am Ufer stapfte ich durch das niedrige Wasser und rannte zitternd über die Kiesel. Breite rote Striemen

zogen sich über meine Schulter. Mich hatte noch nie zuvor eine Qualle gestochen, und jetzt an der frischen Luft schmerzten die Stellen stärker, ein merkwürdig heißes, juckendes Brennen. Sollte ich die Stiche mit Urin behandeln? Eine kurze Handy-Recherche ergab, dass das nicht empfohlen wurde. Stattdessen sollte ich die Wunden mit der Kante einer Kreditkarte oder Ähnlichem abkratzen, um das Gift zu entfernen. Das tat ich, doch die Striemen schwollen trotzdem an, verfärbten sich dunkellila, und die Schmerzen wurden so stark, dass ich mir auf die Lippe beißen musste. Erst später merkte ich, dass ich in der Hektik, in die Stadt zurückzukommen, mein Badezeug am Strand vergessen hatte.
Zurück in meiner Unterkunft telefonierte ich per Videocall mit meinem vierjährigen Neffen Theo und erzählte ihm, dass mich eine Quelle gestochen hatte. Er war angemessen beeindruckt, als ich ihm die Striemen zeigte, und wir diskutierten, welcher Stich am meisten schmerzte, der einer Qualle, einer Biene oder von einem Busch Brennnesseln. »Aber dann würde ich ihn einfach mit Ampfer einreiben«, sagte er, »und dann würde es nicht mehr wehtun.« Er warf mir einen Luftkuss zu, und ich sagte, es ginge mir schon viel besser. Ich wünschte, es wäre so einfach.

Kurz darauf saß ich in einem Restaurant, und ein Kellner bemerkte die geschwollenen Striemen mit der Freundlichkeit eines Fremden und der Beiläufigkeit, mit der Italiener mit anderen Menschen in Kontakt kommen und die Londonern völlig fremd ist.

»Eine *medusa* hat Sie angegriffen.«

Ich hatte nicht gewusst, dass das italienische Wort für Qualle *medusa* war.

~

Medusa ist nicht offiziell Teil der *Odyssee,* auch wenn es eine schwache Verbindung über Athene gibt, die Göttin der Weisheit und des Kampfes, die Medusas abgetrennten Kopf auf ihrem Schild herumträgt. Von Medusa sind vor allem die Schlangenhaare bekannt, dass sie Männer zu Stein verwandelt und ein Ungeheuer ist. Doch sie ist viel mehr, tiefreligiös, eine Hohepriesterin in Ausbildung, eine Jungfrau. Eines Tages sieht sie vermutlich besonders hingebungsvoll aus, ihre Roben sind vielleicht auch ein wenig kürzer als sonst. Alles eine einzige Provokation, und natürlich vergewaltigt Poseidon sie. Direkt auf den Tempelstufen. Was blieb ihm auch anderes übrig? Sie hätte wohl kaum ja gesagt, wenn er sie gefragt hätte. Sie blutet, hat Schmerzen. Ein schreckliches, unverzeihliches Verbrechen wurde begangen: Medusa hat Athenes Tempel entweiht. Ganz klassisch wird hier Täter-Opfer-Umkehr betrieben, Medusa ist selbst schuld an ihrer Vergewaltigung, sie wird verflucht, ihre Haut giftig, und auf ihrem Kopf winden sich Schlangen statt Haare. Eine passende Strafe für ihr Trauma. Sie wird in ein Monster verwandelt, ausgestoßen und später getötet. Wie man das schon immer mit klugen Frauen getan hat. Ihre Quallen-Namensvetter, mit ihren langen, brennenden Tentakeln, erhalten die vereinfachte Version von Medusas Geschichte am Leben: Sie ist nur ein Ungeheuer, und man vergisst die ungeheure Art und Weise, wie sie dazu wurde.

Der Kellner nahm unsere Bestellung auf und ging. Ich war zum Essen mit einem Mann hier, den ich auf der Fähre kennengelernt hatte, was schnell passiert, wenn beide allein reisen. Er gab seine Dating-Katastrophen zum Besten und brachte mich damit zum Lachen, ich wollte meine aber lieber für mich behalten: der nicht ganz geschiedene Mann, der Typ, der einer Poly-Beziehung zugestimmt hatte, doch dann hatte ihn seine Freundin trotzdem verlassen, die ach so leidenden, unreifen Männer, die Sachen sagten wie »für Frauen ist es leichter« und »ich will einfach nur jemanden haben, der ehrlich ist«. Es wäre so einfach, daraus kleine Geschichten zur allgemeinen Erheiterung zu machen, und normalerweise hätte ich das auch, aber ich hatte keine Lust, mein Leben in Anekdoten und Aphorismen zu packen, um einen Fremden zu unterhalten. Ich wollte meinen Freund zurück, mit ihm hier an einem Tisch sitzen. Er war ein Genießer mit unbändigem Appetit, er würde überlegen, wie er die Speisen nachkochen könnte, und mich davon überzeugen, noch ein Gericht zu versuchen, während er sinnierte, welcher Wein wohl der köstlichste wäre.

Der Typ von der Fähre berührte mich irgendwann mehr als beiläufig, eine Hand auf meinem Knie, meinem Ellbogen, arbeitete auf etwas hin, das ich nicht wollte. An diesem Punkt der Pandemie wirkten Berührungen wie ein Regelverstoß, und ich verabschiedete mich abrupt. Im Mondlicht ging ich über weißen Marmor zurück zu meinem Apartment, während die Kirchturmuhren schlugen. Dabei entfernte ich mich vom Hafen, doch wenn ich aufmerksam lauschte, konnte ich immer noch das drängende Meer hören. Alles war still und zugleich erfüllt. Dieses Mal entschied ich mich für die Einsamkeit.

Ich saß im Mondschein auf den Stufen zu meinem Apartment und wollte nicht, dass der Abend zu Ende ging. Dann verdarb ich mir meine Zufriedenheit damit, dass ich den Mann, den ich zurückgelassen hatte, im Internet stalkte, und fand ein Foto von ihm in einer Hängematte über saphirblauem Wasser. Die Romantikerin in mir wollte, dass wir im selben Meer schwammen – vielleicht taten wir das ja auch? Ich betrachtete das Foto noch einmal, doch er schien sich auf einer kroatischen Insel zu befinden, an der Adria. Und ich war am Tyrrhenischen Meer. Meine Schulter juckte und brannte und stach, die vergiftete Haut verlangte nach Aufmerksamkeit und riss mich zurück in die Gegenwart. Ich strich mit der Hand über die geschwollenen Stellen, auf denen sich Blasen bildeten, und zwang meine Gedanken zu anderen Dingen, rief nach Äolus, dem Herrscher der Winde, und bat ihn, mich in eine andere Richtung zu wehen, an einen anderen Ort zu transportieren.

~

Urlaubstypisch verschwammen die Tage ineinander, vergingen wohltuend mit der Jagd nach kleinen Dingen. Eine bestimmte Postkartenaussicht. Alte Ruinen. Ein Vogel, der in der Luft seine Kreise zog, während sein Schatten unter ihm übers Gras glitt. Eine lange gelbe Kerze in der Kathedrale neben der Kirche anzünden, mich vor dem Gott meines Vaters verneigen, eine Ungläubige mit meinem holprigen, gemurmelten Gebet, meinem Rosenkranz aus Forderungen. Einen Moment saß ich im leeren Beichtstuhl und atmete den Weihrauch ein, den Geruch meiner Kindheit, das vertraute ängstliche Kribbeln im Nacken bei dem Gedanken an die eigenen Sünden – damals war es einfacher, Buße zu tun. Bei meiner Abreise von Lipari werde ich zu dem Schloss auf dem Hügel zurückblicken und wissen, dass sich neben dem Schloss diese Kirche befindet und in dieser Kirche eine Kerze gebrannt hat.

~

In der Pasticceria Pesaresi gab es die besten Brioches in Sizilien, oder zumindest behauptete sie das. Im Gegensatz zu ihren langweiligen französischen Cousins waren die hier riesig, luftig-leicht und köstlich mit Orangenblüten verfeinert. Den Zuckermengen rückte ich mit starken Espressi zu Leibe, die bitter meinen Mund auskleideten, meinen Geist schärften und irgendetwas vage Beunruhigendes mit meinem Herzschlag anstellten. Ich saß an einem Tisch im Freien und schrieb, während ich gleichzeitig versuchte, eine *cassatella* zu essen, ein Mürbteiggebäck mit dünnflüssiger Ricottafüllung. Doch der Ricotta lief heimtückisch auf den Teller. Wie schafften es italienische Frauen nur, so stilvoll zu essen?

Giuseppe La Greca (der überhaupt kein Grieche war, wie sich herausstellte) beobachtete mich sichtlich amüsiert vom Nachbartisch aus und sprach mich an, was mir immer passierte, wenn ich irgendwo in der Öffentlichkeit schrieb – als wäre es eine Einladung, was es in vielerlei Hinsicht ja auch war. Er setzte sich zu mir, nahm so leicht und ungezwungen Kontakt auf, wie es typisch für die Menschen hier ist. Giuseppe war ein Bär von einem Mann, Historiker und Gelehrter. Er hatte ein Buch über die Menschen geschrieben, die auf die Insel verbannt worden waren. Die Liste war lang. »Eine Kaiserin, die Mafia, Kriminelle, Liberale, Anarchisten, Sozialisten, alle möglichen Leute«, sagte er.

Ich sagte, ich wäre auf die Inseln gekommen, um das Meeresreich des Gottes Äolus zu finden.

»Aber Äolus war keine mythologische Figur oder ein Gott! Er war ein echter Prinz!«, erwiderte Giuseppe und fügte hinzu, dass er hier, auf Lipari, gelebt habe. Bei einem Blick auf meine lilafarbenen Striemen erzählte er mir von der Verbindung zwischen Medusa und Äolus, von der ich nichts gewusst hatte. »Du musst die Windrichtung bestimmen und dann auf der anderen Seite schwimmen. Wenn der Wind von Süden weht, schwimm an der Nordküste, so vermeidest du unangenehme Begegnungen.« Er zeigte mir, welche App ich herunterladen sollte. Mir war nie in den Sinn gekommen, dass Windrichtungen und Quallen in Bezug zueinander stehen könnten. Dass ich die Windrichtung überprüfen oder sie etwas bedeuten könnte. Ich sollte noch sehr viel mehr über die Wichtigkeit des Windes auf Inseln lernen, über Äolus' Kräfte.

Lipari war eine Insel für Liebende – ein Ort, an dem man Hand in Hand mit jemandem dahinschlendern, Küsse an Straßenecken austauschen, sich über weiße Tischdecken lehnen und einander Essen und Finger in den Mund stecken konnte. Man konnte Wein trinken, der die Lippen verfärbte, und barfuß durch die Straßen zurückspazieren, die hochhackigen Schuhe locker in der Hand baumelnd. Am Alleinreisen gefiel mir, wie selbstsüchtig ich die Tage verbringen konnte: Entscheidung anstatt Kompromiss. Es gefiel mir, wie viel leichter man so Leute kennenlernte. Gleichzeitig wollte ich, dass mein Ex-Freund hier und auch nicht mein Ex wäre. Ich war voller Widersprüche und Anspannung, konnte nichts dagegen tun – an diesem romantischen Ort fühlte ich mich noch einsamer. Ich wollte, dass er mit mir Brioches aß und mit Fremden über Götter und Könige redete.

Ich fuhr weiter zur nächsten Insel, nach Vulcano, während Äolus' Winde mit meinen Haaren spielten. Die Quallenstriemen schmerzten nicht mehr, würden aber noch wochenlang zu sehen sein.

~

»Was Sie da sagen, stimmt so nicht. Das ist nicht wissenschaftlich fundiert«, erwiderte der Wissenschaftler entschieden.

»Ich sage doch nur, dass ich mich hier oben magnetischer *fühle*«, erwiderte ich.

»Aber so funktionieren Magnetfelder nicht.« Er musterte mich leicht besorgt.

Der Vulkanologe und ich standen auf dem Gipfel des Vulkans auf der Insel, die einfallsreich »Vulcano« hieß, die südlichste der Äolischen Inseln. Ich hatte den Fossa in der Erwartung herrlicher Einsamkeit und völliger Stille erklommen, und natürlich traf ich einen echten Vulkanologen, und natürlich ließ er gerade eine laut surrende Drohne fliegen.

Aus der Kratermitte stiegen rülpsend gelbe Schwefeldämpfe zum sonnigen Himmel auf. Die ganze Insel stank danach, ein medizinisch anmutender Geruch, als wäre ich in einer mittelalterlichen Apotheke auf der Suche nach einer übel schmeckenden Arznei. Die alten Griechen schrieben Schwefel reinigende Eigenschaften zu und dass er negative Energien aufnehmen könne. Nachdem Odysseus es schlussendlich nach Hause geschafft hat, bringt er die Freier seiner Frau, die die reiche »Witwe« verführen wollten, der Reihe nach um. Danach ist alles voller Blut und Leichen, und Odysseus bittet eine Dienerin

> *Bringe mir Schwefel, Alte, den Heiler von Übeln, bring Feuer,*
> *dass ich die Halle durchschwefle.*

Unter unseren Füßen war der Vulkan grau und körnig und brüchig. Für mich schien er hauptsächlich aus Schotter zu bestehen und sah wie ein klassischer Vulkan aus, mit allem, was so dazugehörte: ein tiefer Kessel in der Mitte, eine Caldera, aus der gelbe Rauchwolken aufstiegen. Zwanghaft kratzte ich mich an den Mückenstichen an meinen Beinen. Die Mücken auf der Insel waren klein und extrem aggressiv, vielleicht wegen des ganzen Schwefels in der Luft. Mein Vulkanologe blickte in den Himmel zu seiner Drohne, mit der er Daten sammelte, um zu ermitteln, wann eventuell der nächste Ausbruch bevorstehen könnte. Er erzählte mir, dass die Forschergemeinschaft besorgt war, denn ein Ausbruch war längst überfällig. Laut ihrer Vorhersagen müsste er alle hundert Jahre ausbrechen, doch das letzte Mal war bereits 1890 gewesen, und niemand wusste, was hier eigentlich los war. In der kleinen Stadt unter uns am Fuß des Vulkans hingen überall bunte Plakate, die fröhlich zeigten, wie die Einwohner im Fall eines Ausbruchs ruhig und unkompliziert evakuiert und ganzbestimmt nicht bei lebendigem Leib von rot glühender Lava, die rasend schnell die Hänge hinunterfloss, geröstet werden würden. Sie strahlten denselben Enthusiasmus und Optimismus aus wie die Karten mit den Sicherheitshinweisen, die im Flugzeug in den

Sitztaschen stecken. Auf ihnen verwandeln sich die gelben aufblasbaren Rutschen wie von Zauberhand in Rettungsboote und würden uns bei einem Absturz alle retten. Oder besser gesagt, »im Fall einer Notwasserung«.

Ich nahm eine Kette und ein Paar Ohrringe aus meinem Rucksack und legte sie an den Kraterrand.

Er sah mich an.

»Was machen Sie da?«

»Ich lade meine Kristalle auf.«

Er verdrehte die Augen. »Die heben Sie mal besser wieder auf. Schwefel lässt Silber anlaufen. *Das* ist eine wissenschaftliche Tatsache.« Er lachte.

»Die Zeiten sind so komisch, da können wir alles gebrauchen, Wissenschaft, Kristalle, was auch immer.« Ich steckte den Schmuck wieder ein, während er mich angrinste. Ich bat ihn, die laut summende Drohne kurz anzuhalten, damit wir die Stille hier oben genießen konnten. Wir blickten aufs Meer, wo sich Lipari am Horizont erhob.

Abgesehen von herablassenden Wissenschaftlern gab es nicht viel auf der Insel zu tun. Die Landschaft war karg und kahl, fast schon mondartig. Vulcano ist bekannt für seine Heilschlammbäder, doch die Anlage wurde gerade renoviert, weshalb ich mir ein Fahrrad in einem Laden mietete, der hauptsächlich Roller verlieh, was mir eine Warnung hätte sein sollen. Ich radelte an die Nordostküste zum Valle dei Mostri (»Tal der Monster«). Die Fahrt war sehr viel anstrengender, als sie auf der Karte ausgesehen hatte, da es die meiste Zeit durch die karge Mondlandschaft bergauf ging. In der prallen Sonne. Oft musste ich absteigen und schieben, weil es so steil war, ich schwitzende Versagerin. Dann fand ich statt eines Tals eine grasbewachsene Ebene über ein paar Klippen am Meer vor, und Monster gab es auch keine, dafür riesige bizarre Gebilde aus erstarrter Lava.

Ich kletterte auf eine der größeren schwarzen Skulpturen und versuchte zu meditieren, blickte dann aber einfach aufs blaue Meer hinaus. Ich dachte an meinen Vater, wie er in der Küche saß und in den Garten hinaussah, um den sich meine Mutter während des Lockdowns geradezu obsessiv kümmerte. Überall blühten Blumen, und an den schlimmsten Tagen, den Tagen zwischen den Behandlungen, wenn er keine Energie für einen richtigen Spaziergang hatte, würde sie ihn sanft drängen, eine Runde im Garten zu drehen. »Frische Luft wird dir guttun«, war ihr Mantra. Ich wusste, wie viel Kraft sie beide das alles kostete. Ich sah vor mir, wie sie ihn auf bestimmte Blumen hinwies, auf das sprießende Gemüse, die Stille mit Reden füllte, während beide so taten, als hätte er keine Schmerzen.

Bevor ich zurückfuhr, stapelte ich ein paar kleinere Steine aufeinander, ein Dank an etwas, das ich nicht verstand, Dank dafür, dass ich wieder reisen durfte und der ganzen Traurigkeit in London entfliehen konnte.

~

Im Ristorante La Forgia Maurizio führte Maurizio höchstpersönlich – Besitzer, Koch, Redner – eine ausführliche Beratung an meinem Tisch durch, zu der auch eine Art psychologisches Profiling gehörte, und verkündete, er würde das Essen für mich auswählen, wie ein dominanter Verehrer bei einem der ersten Dates, basierend auf meinen Chakren oder welchen Schwingungen auch immer, die er an mir wahrzunehmen glaubte. Zuerst trafen kleine Vorspeisen ein, zwei saure Oliven, ein Stück Ricotta im Kräutermantel, ein winziges Stück Tortilla mit wildem Fenchel, ein Eierbecher mit dunkler Suppe aus schwarzen Linsen und Gerste. Dazu bekam ich einen Puppenlöffel und die Anweisung, Olivenöl und Schwarzkümmelsamen hinzuzufügen. Darauf folgte eine (angeblich halbe) riesige, köstliche Portion Meeresfrüchtepasta, die rosa von Tomaten war und im Mund zerging. Zuletzt bekam ich ein Schnapsglas mit süßem Malvasier zusammen mit einer Schachtel Mini-Biscotti zum Hineindippen. Wein und Zucker pulsierten angenehm warm in meinem Blut. Egal welcher magischen Kräfte er sich für die Auswahl meines Menüs bedient hatte, Maurizio hatte mit allem genau richtig gelegen. Das Essen war besser als alles, was ich mir an sizilianischer Küche ausgemalt hatte. MAƎЯᗡ wies mich die kleine Illy-Espressotasse weiß auf gelb an. Ich betrachtete die Buchstaben eine Weile, bis ich es kapierte. Motivierende Botschaften auf Geschirr konnte ich gerade wirklich nicht brauchen (und sonst auch nicht).

»Deine Gefühle? Du schreibst über deine Gefühle?« Nach dem Essen schrieb ich gerade in mein Journal, und ein wunderschöner Italiener versuchte mit mir zu flirten, und ich – sonst so selbstbewusst und kommunikativ – suchte nervös nach Worten. Außer Übung und errötend, gar nicht ich selbst. Er lächelte mich unbestimmt an. Ein Kontakt und doch nicht ganz.

Im Mondschein ging ich hinunter an den dunklen Strand, dachte daran, wie jemand meine Hand im Kino festhielt, über

Restauranttische hinweg, auf dem Sofa. Das Essen war besser gewesen als alles, was ich mir ausgemalt hatte, mein Ex-Freund hatte sich hingegen als negativer als in meiner Vorstellung entpuppt. Die Erkenntnis lastete schwer auf mir, ich war traurig und geißelte mich selbst. Wieso hatte ich es nicht gesehen? Und warum dachte ich immer noch an jemanden, der sich als unzulänglich, unzufriedenstellend, unbegreiflich erwiesen hatte? Ich wusste, dass ich meine Zeit vergeudete, so wie er sie vergeudet hatte, und trotzdem wollte ich ihn, überprüfte mein Handy immer noch auf Nachrichten von ihm. Ich war aufgewühlt und wütend, fühlte mich sehr klein und traurig. Alles zusammen. Ich zog meine Schuhe aus und lief im knöcheltiefen Wasser am Strand entlang.

Mein Handy piepte. Natürlich nicht wegen einer SMS von ihm. Das Handy war ein Meister psychologischer Folter. Ein Foto wurde mir angezeigt. *Heute vor zwei Jahren:* Mein Vater in Oxfordshire, er sah gesund aus und leicht amüsiert. Wie eine Katze in einem Zeichentrick blieb ich abrupt stehen, die Pfote absurd in der Luft eingefroren. Er sah aus wie er selbst – und ganz anders als jetzt. Ich hatte die schrittweisen Veränderungen nicht bemerkt. Ich war nicht aufmerksam genug gewesen.

Auf dem Foto wandern wir über typisch englisches grünes Gras zu den Ruinen einer römischen Villa. Sie versucht uns mit der Beständigkeit ihrer Vergänglichkeit einzuschüchtern, immer noch hier, wenn auch schwer angeschlagen. Wir ignorieren sie, zu sehr ins Gespräch vertieft.

»Könntest du dir deine Mutter mit jemand anderem vorstellen?«

»Nein, aber du musst das aufschreiben und ihr die Erlaubnis geben«, sage ich, »so etwas muss schriftlich festgehalten werden.« Eine lange Pause. So war er schon immer.

»Ich überlege, ob ich dich bitten soll, meine Hochzeitsrede zu schreiben«, sage ich zu seinem Rücken, und im selben Moment wird mir die Ironie klar. Ich bin keine Frau, die sich eine Hochzeit wünscht, einen Ring am Finger, Eheversprechen und all das, und war es auch noch nie. Konventionelle Dinge, nach denen ich mich sehnen soll, drehen mir den Magen um, setzen mich unter Druck, fühlen sich komisch und falsch an. Vielleicht liegt es nur an diesem bedeutsamen Vater-Tochter-Moment, dass ich es mir ausmale. Ich weiß, dass die Voraussetzungen kaum gegeben sind, die Verehrer stehen ja nicht gerade Schlange. Trotzdem wünsche ich es mir für eine Zukunft, die vielleicht eintreten wird, eine Zukunft, in der es ihn vielleicht nicht mehr gibt. Ich drücke Liebe in Sprache aus, schon immer, ich mag es, wie Worte uns wie Umhänge einhüllen. Auch er liebt den sprachlichen Ausdruck, arbeitet wochenlang akribisch an Texten. Dieses Mal ist es keine einfache Pause, sondern ein kompakteres, weicheres Schweigen. Mein Vater bleibt stehen und ich auch. Er dreht sich zu mir.

»Ja«, sagt er. »Das kann ich wohl machen.« Er hält die Faust wie ein Mikrofon vor den Mund und räuspert sich.

Über ihm ziehen die Vögel ihre Runden am Himmel, die Sonne scheint, und ich warte, dass er weiterspricht.

»Laura ist/war meine Tochter«, sagt mein Vater, »ihr Betragen war zufriedenstellend …« Er lächelt. »Meistens.« Und wir lachen, und das Gras ist sommergrün, und die Luft ist weich. Es ist nicht ganz das, was ich mir ausgemalt hatte, aber dieser Splitter ist besser als nichts.

Meine Frage, für die ich all meinen Mut zusammengenommen hatte, wurde zu einem Witz. Ist/war. Der Schrägstrich, zart und schmal im begrenzten Platz zu beiden Seiten. Die Gegenwart/Vergangenheit.

Das Handy piepte wieder, holte mich zurück: Ein Unternehmen bot mir einen befristeten Vertrag an. Ein Geschenk. Ich könnte komplett remote arbeiten und nach meiner Rückkehr anfangen. Die Anspannung in meinen Schultern löste sich.

~

Ich hatte gehört, dass Salina das Gegenteil von Vulcano sein sollte, üppig bewachsen und reich an Vegetation, und ich nahm die nächste Fähre. Meine Mückenstiche an den Beinen juckten immer noch, vorübergehende Makel, erhabene Erinnerungen an den Ort, an dem ich gewesen war. Die grünste Insel der Gruppe ist nach dem Salzsee benannt, dessen Geruch die Luft durchzog, während ich durch Santa Marina lief und nach einem Taxi suchte. Geradezu fanatisch stolz ist die Insel auf drei Dinge: Kapern, Malvasier und die Verbindung zum Kino. Der Oscar-gekrönte Film *Der Postmann* wurde unter anderem hier gedreht, womit die Einwohner immer noch angeben, dabei aber verschweigen, dass der berühmte Strand aus dem Film schon vor Jahren weggeschwemmt worden ist.

Ich gönnte mir ein elegantes Hotel: weißes Leinen, lange Terrassen mit Hängematten in gedeckten Farben und diesen lauschigen Himmelbetten mit luftig leichten Vorhängen an einem Infinity Pool. Ich hatte eigentlich gedacht, das Hotel wäre nur für Erwachsene, doch beim Einchecken sah ich zwei schreiende Kinder herumrennen. Es ist schon schrecklich genug, wenn man den Urlaub mit den Kindern anderer Menschen verbringen muss, unerträglich, wenn sie privilegiert und verzogen sind, nicht hinnehmbar, wenn sie gegen die Vorschriften verstoßen. Die Managerin zuckte die Schultern. Die betreffenden Gäste hatten nicht gesagt, dass sie ihre Kinder mitbringen würden. Was sollte sie da schon machen? Merke, immer das Kleingedruckte lesen: Das Hotel war »nur für Erwachsene« *und* akzeptierte ein Kind über zwölf pro Buchung. Das war gelinde gesagt verwirrend. Ich schaukelte in einer Hängematte und versuchte, das Kreischen und Plantschen zu ignorieren und mich in Akzeptanz zu üben. Es gelang mir nicht. Ich schrieb Rachel und beschwerte mich über die Kinder. Sie schickte ein Foto ihres Babybauchs zurück. Ihre Schwangerschaft war für mich völlig abstrakt, nicht greifbar – wegen des Lockdowns und ihrer Vorsicht hatte ich sie seit Monaten nicht gesehen.

Ich habe einige Bücher übers Elternwerden gelesen, schrieb sie. *Es ist geradezu toxisch, wie sehr auf einer natürlichen Geburt beharrt wird. Wie es Frauen vorgeworfen wird, wenn sie das nicht können. Wir lassen uns von patriarchalischen Vorstellungen von Qualen und natürlicher Bestimmung gefangen halten. Die ganze Frauenbefreiung dafür, dass jetzt Mutterschaft als das Coolste verklärt wird, was wir in unserem Leben tun können. Wahnsinn.* Sie fügte einen Augen verdrehenden Smiley hinzu, aber ich wusste, dass sie überglücklich über ihre Schwangerschaft war, nachdem sie es jahrelang erfolglos versucht hatten.

Solange du dein Baby nicht in Hotels für Erwachsene mitnimmst, antwortete ich, als das Kreischen ohrenbetäubend laut wurde.

Versprochen, schrieb sie zurück.

~

Die Spiaggia dello Scario lag einen kurzen Fußmarsch entfernt vom Hotel durch den kleinen Ort Malfa mit seinen gelben und rosa Häusern, den Rollern, Cafés, Kirchen und Weinbergen. Eine einfache Bucht mit großen weißen Kieseln um das jeansblaue Meer, das sich nahezu spiegelglatt vor mir erstreckte. Ich ging über die Steine und glitt in das dunkelblaue Wasser, als eine Frau schreiend ans Ufer rannte – ein Quallenfrühwarnsystem. Aus Furcht vor einer weiteren *medusa* eilte ich ebenfalls aus dem Wasser, erinnerte mich an Giuseppes Rat und fuhr zur anderen Küste.

Rinella ist ein Fischerdorf, in dem die Boote im Hafen auf und ab wippen, mit schwarzem Sandstrand und einfachem Leben. Theoretisch. Praktisch war es menschenleer, und der Strand wirkte ein wenig dystopisch. Pa.Pe.Rò., das bekannte Restaurant, war wegen einer privaten Veranstaltung geschlossen, doch nach einigem Betteln durfte ich ein Glas mit ihrem berühmten Ricotta-Kapern-Granita kaufen. Es klang widerlich und schmeckte sensationell. Vor meiner Reise hatte ich nicht gewusst, was Granita war: eine Mischung aus Eis und Sorbet und viel leckerer – der Ricotta verlieh dem Eis eine körnige Süße, und die Kapern waren in Honig und Thymian mariniert, sodass sie klebrig und weich waren.

Ein Tag am Meer und ein Eis dazu – was konnte es Schöneres geben? Es war nicht so sehr *la dolce vita,* sondern eher *dolce far niente* (das süße Nichtstun), das mir an diesen Inseln so gut gefiel. Nach dem letzten Mundvoll Eis marschierte ich über den schwarzen Sand direkt ins Meer, entgegen der alten Kindheitsregel, erst zu verdauen. Ich wollte meinen Körper eins mit dem Wasser werden lassen, mich strecken und spüren, wie sich mein Brustkorb weitete und zusammenzog, während ich auf den Horizont zuschwamm. Immer wieder drehte ich mich um die eigene Achse, bis mir schwindelig war, bis der Himmel zu Wasser und die felsigen Klippen flüssig wurden.

~

Über dem Meer herrschte Tiefdruck, und ein seltsamer heißer Wind kam auf, der die Luft um mich herum aufwirbelte, aber nicht abkühlte. Äolus herrscht über acht verschiedene Winde. Das hier war der *scirocco,* ein Südwind aus der Sahara, bei dem sich alles schwül und erstickend anfühlt. Schon bald wurde es glühend heiß, und die Hotelgäste lagen bewegungslos am Pool. Ich schlief zu tief und gleichzeitig unruhig, lernte, welche starke Wirkung Winde auf Inseln hatten. Dem *scirocco* wird allgemeines Unwohlsein und Gereiztheit zugeschrieben, vermutlich ist er auch für Schlaflosigkeit verantwortlich. Bei mir löste er alles auf einmal aus.

Salina konnte mich trotz des vielen hübschen Grüns und der niedlichen Kieselstrandbucht nicht überzeugen. Es war zu gepflegt, zu selbstbewusst, zu luxuriös. Ich wollte weiter. Nach der ganzen Stille und brüllenden Lähmung kam meine Energie zurück, allmählich fühlte ich mich wieder normal, wollte zu dem schnellen Tempo zurück, mit dem ich mich sonst durchs Leben bewegte.

Die Zeit reichte, um noch eine Insel zu besuchen. Ich ging wieder an Bord des Tragflächenboots und fuhr zu einer der wildesten und abgelegensten Inseln der Gruppe.

~

Vom Wasser aus wirkt Stromboli wie die Kinderzeichnung einer Insel, ein dreieckiger grüner Berg, der aus dem Meer ragt. Sie hat weniger als zwölf Quadratkilometer Fläche und etwa fünfhundert Einwohner und besteht hauptsächlich aus steilen Hängen. Aus jedem Blickwinkel dominiert der Vulkan, der sich fast tausend Meter hoch aus dem Meer erhebt und einer der aktivsten der Welt ist. Stromboli – irritierenderweise hießen sowohl die Insel als auch der Vulkan so, wobei das eine ja auch weitgehend dem anderen entspricht – ist in den letzten fünftausend Jahren regelmäßig ausgebrochen und sieht keinen Grund, damit jetzt aufzuhören.

Der antike griechische Geograf Strabon schrieb einst: »Hier, so sagt man, war die Heimat von Aeolus«, und vielleicht hatte er recht. Auf Stromboli lag eine ganz bestimmte Energie in der Luft, durch die ich mich frei und leicht fühlte. Ein Ort, an dem ein Gott leben könnte. Die Insel war so klein, dass ich das Meer überall hörte. So, wie ich den Vulkan von jedem Punkt aus sah. Eine wilde, ungezügelte Umgebung, elementar.

Das Rauschen der Wellen wiegte mich in meiner Pension in den Schlaf, und morgens wachte ich zu einer Bilderbuchaussicht auf den Vulkan vom Garten aus auf, eingerahmt von üppigen Orangenbäumen wie auf einem Gemälde von Cézanne. Ich frühstückte an einem blau gestrichenen Tisch unter Weinranken, genoss frisch gepressten Orangensaft aus Früchten von den Bäumen, aß selbstgebackenes Brot mit Marmelade und trank starken Kaffee. Nachdem ich einen stillen Dank dafür ausgesprochen hatte, mich im Land kulinarischer Köstlichkeiten zu befinden, ging ich hinunter zur Spiaggia Lunga, um zu schwimmen. Der Strand war mit seinem grobkörnigen grauen Sand nicht gerade verlockend. Stromboli war offenbar keine Insel zum Schwimmen und um das Meer zu genießen, sondern um in die Höhe zu streben. Eine Insel aus Luft, Feuer und Erde.

~

Als es am späten Nachmittag kühler wurde, machte ich mich an die Vulkanbesteigung. Gemächlich wanderte ich auf den unteren Hängen an Olivenbäumen und Oleander vorbei, während die Sonne langsam Richtung Horizont sank und den satt orangefarbenen Himmel in zartes Rosa tauchte. Es war eine lange Wanderung, insgesamt etwa sechs Stunden, doch ich ging langsam und betrachtete meine Umgebung aufmerksam. Der Geruch von *Cestrum nocturnum* lag in der Luft. Der Nachtjasmin wirkte auf mich wie das hingebungsvolle jüngste Kind des Vulkans mit seinen grün-weißen Blüten, die erst nach Sonnenuntergang blühen und ihren markanten Duft verbreiten. Unter mir schlugen die

Wellen gegen das massive Vulkangestein, das sich aus dem Wasser nach oben erhob. Von stiller Ehrfurcht erfüllt ging ich weiter. Ganz ruhig wurde ich innerlich, auch als mein Blick an den Bäumen und Blumen und dem Tanz des Meeres und dem schwindenden Licht hängen blieb, während der Nachmittag um mich herum zum Abend wurde.

Auf dem Gipfel legte ich mich auf den Rücken und schaute hinauf in den Himmel. Die Sternenkuppel erstreckte sich bis hinunter zum Meer, Sternschnuppen zuckten durch die Dunkelheit. Das einzige Geräusch war das Rauschen der Wellen tief unter mir. Wenn ich den Kopf nach links drehte, sah ich die Feuerpfeile, die der rastlose Stromboli nach oben schoss, und winzige Lichter tanzten über den Bergrücken – die Taschenlampen anderer Wanderer, die wie ich auf spiritueller Pilgerreise die kleinen Explosionen verfolgten. Es war so schön, dass mir Tränen übers Gesicht liefen, die zum Glück in der Dunkelheit niemand sehen konnte. Ich wusste nicht genau, warum ich weinte – wegen der Welt in ihrer ganzen Traurigkeit in diesen traurigen Zeiten, wegen der wilden Schönheit um mich herum, wegen meines Vaters, wegen mir, wegen der Liebe, wegen allem. »Those old saints bless us every chance they get«, schreibt der sterbende Pastor seinem jungen Sohn in *Gilead* von Marilynne Robinson, dem Buch, das ich zuletzt gelesen hatte. Der Satz war mir im Gedächtnis geblieben. Das hier war eine Gnade, ein Segen. Es gibt so viele Sterne, und man vergisst so leicht, dass sie immer bei uns sind, immer brennen, bis wir sie an einem klaren Himmel und in perfekter Dunkelheit leuchten sehen, zur Ruhe kommen und uns erinnern.

Ein Ex-Freund von mir glaubte fest daran, dass ein Mensch niemals etwas wiederholen solle. Seine Philosophie war, dass hervorragendes Essen in großartigen Restaurants und andere erhebende Erlebnisse bei einer Wiederholung niemals so gut wie beim ersten Mal sein könnten. Das ursprüngliche Gefühl sei nicht wieder heraufzubeschwören, der Genuss im besten Fall ein Echo, im schlimmsten eine Enttäuschung. An ihn musste ich denken, als ich den Vulkan am nächsten Tag wieder besteigen wollte. Ich dachte an ihn und vermisste, wie lieb er während unserer gesamten Beziehung zu mir gewesen war und auch nach unserer Trennung. Er hatte in vielen Dingen recht gehabt, doch dieses Mal konnte ich ihm nicht zustimmen. Die Wanderung war genauso schön, der Himmel von neuen rosablauen Streifen durchzogen, der Wind strich wieder sanft durch die Bäume, der Berg war genauso streng und unnachgiebig. An der Aussichtsplattform legte ich mich auf den Boden und rieb Erde in meinen Handflächen. Ganz nahe wollte ich ihr sein, wie ein Tier. Ich sandte diverse Gebete an diverse Götter, meistens Variationen von »Danke«, dass ich hier sein durfte, Dank für die Schönheit dieses Ortes, für das Staunen. Ich sah hinauf zu den dunklen Sternen und dachte, wie schnell sich alles ändern und wie lange alles gleich bleiben kann. Die Sterne funkelten nicht, sondern glühten in Sternbildern, die sich mosaikartig in der Dunkelheit ausbreiteten. Sternkarten am Himmel, die die Zukunft vorhersagten. Nicht, dass ich sie lesen oder die Muster entziffern konnte. Mir gefällt das Konzept von Astrologie, die sich drehenden Räder, die Häuser, die Sterne, die durch die Dunkelheit glitten und flüsternd unser Schicksal verkündeten, während Planeten sich verbinden. Die Vorstellung, dass Dinge vorhergesagt und gewusst werden können, dass das Leben sich im Handumdrehen wenden kann, wenn man die richtigen Karten zieht. Eine Wahrsagerin hat einmal zu mir gesagt, dass ich während eines balsamischen Mondes zur Welt gekommen sei, mit dem Bedürfnis, die Vergangenheit aufzuarbeiten und mich gleichzeitig auf die Zukunft vorzubereiten. Irgendetwas hatte mich daran angesprochen, aber diese Aussagen sind ja meistens allgemein gültig. Ich sah hinauf zu den Karten am Himmel, den Sternbildern, suchte nach Rückversicherung, dass es besser werden, das Leben sich wieder öffnen würde.

Am Tag darauf machte ich mich auf die Suche nach einem geheimen Friedhof, von dem mir Pasquale aus der Pension mit überraschend vagen Angaben erzählt hatte. Ich fand es schön, wie solche Missionen unstrukturierten Urlaubstagen einen Sinn verliehen, die Jagd nach verborgenen Dingen, das zu entdecken, was andere Menschen übersehen hatten. Ich wusste bereits, dass der allgemeine Friedhof sich am Hang über der Stadt befand, eine geordnete Anlage, die ich von meinen Wanderungen aus gesehen hatte. Wegen des alten Aberglaubens waren Pestopfer allerdings nicht dort beigesetzt worden. In Zeiten einer neuen Seuche erschien es mir passend, den Opfern der alten einen Besuch abzustatten. Doch auch nach Stunden hatte ich den Friedhof immer noch nicht gefunden, es war heiß, und ich schwitzte. Ich ging noch einmal den Weg zurück, der vom Berg herunterführte, um zu sehen, ob ich eine Abzweigung verpasst hatte, doch da war nur hohes gelbes Gras und drückende Hitze. Kein Weg. Ich beschloss, eine andere Route zu versuchen, vom Strand von Piscità aus.

Auf einer steinigen, grasüberwucherten Ebene, die mit zerbrochenen Bierflaschen übersät war, fand ich sechs kleine, halb von Sträuchern verdeckte und zum Meer hin ausgerichtete Gräber. Die Nachmittagssonne vergoldete das weiße Kreuz auf dem größten Grab und das hohe Gras hinter den Grabsteinen. Auf manchen Gräbern waren kleine Steine gestapelt, grünes Meerglas abgelegt, Fliesenscherben. Jemand kümmerte sich um sie. Irgendwo musste es einen Zugang geben, den ich übersehen hatte. Lange saß ich dort und genoss den Frieden, sah hinaus aufs Meer. Vor mir lag Strombolicchio, eine kleine unbewohnte, felsige Insel vor der Bucht, einst die stolze Spitze des Vulkans, bis sie bei einem Ausbruch weggeschleudert wurde. Die Sonne ging allmählich unter, und einen Ort musste ich noch finden.

Ich war mir nicht sicher, ob ich hier richtig war – dieses Mal eher eine praktische denn eine existenzielle Frage. Laut Karte stand ich bei der Grotte des Äolus. Es kam mir unwahrscheinlich vor, dass der Herrscher der Winde sich diesen unscheinbaren Ort ausgesucht haben sollte, eine simple dunkle Öffnung in einer Klippe, doch die Karte blieb beharrlich.

In der *Odyssee* hat Äolus ein »prächtiges Haus«, einen »Palast« hinter einer Wand aus Bronze, das genaue Gegenteil von dieser Höhle. Eine Weile saß ich auf den Felsen, während meine Gedanken zwanghaft wieder zum Anfang zurückkehrten, zu dem Mann, mit dem ich zusammen gewesen war. Ich las noch einmal seine vernichtende Nachricht und meine Antwort. Ich fand gut, wie ich meinen Standpunkt vertreten hatte, eine kleine Sache, aber immerhin. Ich wollte immer noch, dass er mich anrief, mir schrieb, mich mit einem Besuch hier überraschte, oh wie romantisch, was natürlich völlig abwegig war, da er überhaupt nicht wusste, wo ich mich befand. Der Wind fegte durch die Höhle und befahl mir loszulassen. Äolus hatte gut reden. Er war ein Gott, ich nur eine gewöhnliche Sterbliche.

Es war früher Abend, ich saß im Café am Wasser, die Stunde der Mücken, mein letzter Tag auf Stromboli war fast zu Ende. In ein paar Tagen ging mein Flug zurück nach Hause, und morgen musste ich von hier abreisen. Ich trank Wein und las *The Group* von Lara Feigel, ein Buch über eine Gruppe von Studienfreundinnen. Es war hervorragend geschrieben und weckte in mir die Sehnsucht nach damals, als ich Anfang zwanzig gewesen und mir alles wie die Ewigkeit vorgekommen war. Ein Satz machte mich wehmütig: »Er sagte, ich sehe meiner Freundin gern beim Schwimmen zu. Mir gefiel, dass er es so sagte, und es gefiel mir, dass er mir zusah, und im Sonnenschein war es so, als könnte ich vielleicht in Besitz genommen werden.« Wartete ich darauf, in Besitz genommen zu werden? Es war passiv, doch tief im Inneren wollte ich immer noch gerettet werden, wartete immer noch auf eine Nachricht. Aber es hatte keinen Sinn mehr, auf etwas zu warten. Ergreif die Initiative. Tu etwas. Schau nach vorn.

In meinem Journal listete ich alle Strände auf, an denen ich auf dieser Reise geschwommen war, ordnete sie nach widersprüchlichen Kriterien an, zählte all meine Fehler auf (davon hatte ich viele) sowie potenzielle Strategien (Meditation?). Der Wind fuhr zwischen die Seiten, blätterte sie auf, die Wellen nahmen ihn auf, verliehen der Luft Form und Gestalt, und plötzlich verspürte ich schmerzhafte Sehnsucht nach »dem weiten, endlosen Meer«, obwohl es doch genau hier war, die Wellen sich gegen die Felsen warfen, genau neben mir.

Diese vulkanischen windumtosten Inseln hatten mich wieder zu mir selbst zurückgebracht, eine Kur für sorgenvolle Zeiten: flüchtig, instabil, rätselhaft. Zwischen dem Wind und dem Wasser, zwischen Feuer und Erde fühlte ich mich elementar, wild, weniger angespannt, auch wenn die Welt weiterhin in Unsicherheit gefangen war, ein Pulverfass, eine Schneekugel aus Angst und Panik. Ich hatte die graue Erstarrung, die quälenden Grübeleien aus London abgeschüttelt. Mein Körper war durch das viele Wandern und Schwimmen gestärkt. Allmählich eroberte ich mir meine Kraft zurück.

Auf Stromboli hatte ich gefunden, wonach ich gesucht hatte, und ich wollte nicht abreisen. Doch bald ging mein Flug zurück nach Hause, weshalb ich zurück aufs Festland fuhr.

Helios aber stieg, die gar schöne See jetzt verlassend,
auf zum erzgefügten Himmel, zu leuchten den Göttern
und den sterblichen Menschen auf dinkelspendenden Fluren.

KAPITEL DREI

Die Insel des Sonnengottes

Sizilien, Italien

KAPITEL DREI

Ich nahm das Tragflächenboot zurück nach Sizilien, erwischte einen Zug, der langsam die Küste entlang nach Cefalù, einem alten Fischerort, rumpelte, und ging vom Bahnhof durch die engen mittelalterlichen Straßen, auf der Suche nach dem Agrodolce, was übersetzt »bittersüß« hieß, ein passender Name für diese seltsamen Zeiten.

Manche Gelehrten vertreten die Ansicht, Sizilien sei die reale Vorlage für die Insel des Sonnengottes in der *Odyssee* gewesen. Offenbar hat das Sonnenlicht hier tatsächlich eine wissenschaftlich einzigartige Qualität – die Kombination aus niedriger Luftfeuchtigkeit, der Lage der Insel und der atmosphärischen Klarheit bewirkt, dass das Licht hier weniger diffus ist. Kurz gesagt: Es ist gleißend hell. Sizilien hat mehr als zweitausend Sonnenstunden im Jahr, daher klingt es für mich durchaus plausibel, dass es Helios' Insel sein könnte.

Helios, der Sonnengott, mochte Rinder. Er hielt ganze Herden weißer Ochsen auf seiner Insel und liebte sie über alles. Die Zauberin Kirke und der Prophet Teiresias warnen Odysseus davor, die Insel zu betreten, doch seine erschöpfte Mannschaft überredet ihn, dort für die Nacht zu ankern. Zeus schickt einen »mächtigen Wirbelsturm«, das Schiff liegt wochenlang auf Grund, und allmählich gehen die Vorräte zur Neige. Odysseus entfernt sich ein Stück vom Schiff, um die Götter um Rat anzuflehen, und lässt seine hungernden Männer zurück (die *Harvard Business Review* hätte einiges an seinem Führungsstil zu bemängeln). Die Männer denken, es sei sicher in Ordnung, ein oder zwei Ochsen zu schlachten, sie könnten ja später immer noch Abbitte leisten und einen Tempel für Helios errichten, und außerdem wäre es besser, getötet zu werden, als zu verhungern. Rasch schlachten sie die Tiere und verspeisen gerade das köstlich gegrillte Fleisch, als Odysseus zurückkommt.

Helios ist zutiefst beleidigt, denn selbst bei Göttern ist fragile Männlichkeit ein Thema. Er droht damit, kein Licht mehr auf die Erde zu werfen, sollten die Übeltäter nicht bestraft werden. Die restlichen Götter verstehen zwar nicht ganz, warum ihm die Rinder so wichtig sind, wollen aber auch nicht in Dunkelheit leben. Als Odysseus wieder in See sticht, schleudert Zeus daher ein paar seiner charakteristischen Blitze, zerstört das Schiff, und die Mannschaft geht entweder über Bord oder ertrinkt in einem Strudel, umstürzende Masten schlagen ihnen die Schädel ein, oder sie werden von einem Seeungeheuer verschlungen. Durch eine unerwartete Wendung bleibt Odysseus allein zurück, läuft panisch an Deck auf und ab und überlegt, wie er einen Strudel auf der einen und ein ausgehungertes Seeungeheuer auf der anderen Seite überleben soll. Die Antwort ist, wie so oft im Leben, sich an einem Feigenbaum festzuklammern.

~

Das Agrodolce war ein Boutique-Hotel im obersten Stockwerk eines alten Gebäudes ohne Aufzug. Schwitzend stieg ich nach oben und schleppte meinen roten Koffer hinter mir her, während Rita mich lachend auf dem Treppenabsatz erwartete. Sie war klein und kurvig mit dunklen Haaren und warmherziger Ausstrahlung. Als Architektin hatte sie die Räume selbst renoviert und sogar die blau-gelben Fliesen in der Küche im Gemeinschaftsbereich selbst bemalt. Rita machte alles, backte sogar jeden Morgen frische *crostate di marmalata* zum Frühstück, flache Tartes mit Teiggitter, das jeden Tag anders aussah. Auch die Marmelade wechselte sie immer wieder. Ich aß sie auf der schmalen *terrazza* inmitten von gefährlich platzierten Kakteen. Rita drängte mich ständig, zu viel Kuchen zu essen, zu viel Espresso zu trinken.

So schön das Hotel auch war, ich wollte nicht zurück auf dem Festland sein – auch wenn Sizilien natürlich streng genommen eine Insel und der lang gezogene Strand nur ein paar Meter entfernt war –, weil es bedeutete, dass bald alles vorbei sein würde. Mit Abschieden hatte ich mich schon immer schwer getan, und dieses Mal war es noch schlimmer. Die Vorstellung, in ein paar Tagen nach Hause zurückkehren zu müssen, erstickte mich, noch schlimmer als das sonstige Grauen vor dem Ende eines Urlaubs. Ich hatte das Gefühl, mich nach erfolgreicher Flucht nun wieder selbst auszuliefern. Die Infektionszahlen waren in London gefährlich hoch, und ich hatte Angst, wieder allein in einem Lockdown gefangen zu sein, Freiheit gegen Gefangenschaft einzutauschen. Ich fürchtete, wieder in diese ganz bestimmte Traurigkeit zu verfallen, mich außerdem sehr wahrscheinlich zu infizieren und krank zu werden. Ich hatte die Götter verloren, fühlte mich nicht mehr leicht und luftig, sondern wieder schwer und an den Boden gefesselt. Während ich durch die Straßen schlenderte, schob ich diese Gedanken ganz weit weg.

Cefalù ist voller arabisch-normannischer Architektur und hatte wie die meisten italienischen Städte zu viele wunderschöne alte Gebäude, herrliche Kirchen und außergewöhnliche architektonische Wunder, um sie alle zu erfassen.

Die Kathedrale am zentralen Platz war wegen eines Handels mit Jesus erbaut worden. Roger II., König von Sizilien, wurde auf dem Meer von einem schweren Sturm überrascht, flehte Gott um seine Rettung an und versprach dafür, nach seiner Rückkehr auf die Insel ihm zu Ehren eine Kirche zu bauen. Statt im Meer zu ertrinken, wurde er am weichen Strand von Cefalù angespült, worauf er sein Wort hielt, den Bau beginnen ließ und Künstler aus Konstantinopel dazu bewegte, nach Sizilien zu reisen und ein kompliziertes byzantinisches Goldmosaik in der Apsis zu verlegen. Ich sah zu Christus Pantokrator auf (die Darstellung von Christus als Weltenherrscher), einem der schönsten Mosaike in Sizilien. Jesus hatte die Haare schön, trug einen Hipsterbart und offenbar den blauen Umhang seiner Mutter. Nach fast neunhundert Jahren glänzten die goldenen Fliesen immer noch. Jesus blickte zu mir herab, so ernst und strahlend wie eh und je. Ich kaufte eine Postkarte für meinen Vater, vergaß dann aber, sie abzuschicken.

Später fand ich sie in einem Buch. Jesus sah mich wieder ruhig an, die Finger in einer komplizierten Haltung, die auf der Postkarte irgendwie auffälliger war als in der Kirche. Der Daumen berührte den kleinen und den Ringfinger und bildete mit ihnen einen Kreis. Der Mittelfinger war leicht gekrümmt, der Zeigefinger nach oben gestreckt, Symbole für die Buchstaben IC, X und C für das Christogramm ICXC, also »Jesus Christus«. Nur falls es da Unklarheiten geben sollte.

Meine Familie ist irisch-katholisch, und bis ich sieben war, ging ich in die Kirche. Meinen Glauben verlor ich bei der »Transsubstantiation«, dem Mysterium und weniger der Symbolik von Brot und Wein. Dass daraus ein Mensch aus Fleisch und Blut werden sollte, leuchtete mir nicht ein, weshalb ich nicht mehr zum Gottesdienst ging und lieber das außergewöhnliche Gefühl genoss, allein in einem ruhigen Haus zu sein. Bis dahin hatte mir an der katholischen Messe am besten gefallen, wenn alle aufstanden, sich gegenseitig die Hände schüttelten und einander Frieden wünschten. Ein Ritual mit vorgeschriebenen Versen, »Und auch mit dir« der Refrain. Daran dachte ich, als ich meine Finger wie Christus Pantokrator arrangierte und sie der Postkarte hinhielt. »Friede sei mit dir«, flüsterte ich. Jesus schwieg.

Das Göttliche und das Alltägliche sind nicht weit voneinander entfernt. Von der Kathedrale ging ich zum Lavatoio Medievale (einem mittelalterlichen Waschhaus). Eine Steintreppe führte von der Straße hinunter zu einer Reihe flacher Steinbecken mit einer höheren Platte am Kopfende, an der man die eingeweichten Kleider scheuern konnte. Ich spürte die jahrhundertelange Unterdrückung der Frauen, während ich um die Becken herumging und meine Schuhe nass wurden. Laut der Legende entstand der Fluss Cefalino, der hier hindurchfließt und die Becken füllt, bevor er im Meer mündet, aus den Tränen einer Nymphe, die unbeabsichtigt ihren Geliebten umgebracht hatte.

Am Kopf der Treppe befand sich eine lateinische Inschrift. *Hier fließt der Cefalino … reiner als Silber, kälter als Schnee*, lautete die Übersetzung. Reiner als Silber, kälter als Schnee. Ich liebte das Märchenhafte, den Rhythmus, auch wenn es letztendlich um profane Häuslichkeit ging.

Ich hängte gerade meine Wäsche zum Trocknen auf Ritas Dachterrasse, *wie eine echte Italienerin*, dachte ich, als mir eine Socke aus der Hand fiel und auf dem roten Terrakotta-Dach unter mir landete, *überhaupt nicht wie eine echte Italienerin*. Es führte kein Weg nach unten, weshalb ich die Socke innerlich schon ins Königreich der Einzelsocken verabschiedete, doch Rita wollte davon nichts hören.

»Wir nehmen etwas, das Santina, meine Großmutter, gemacht hat«, meinte sie kryptisch und holte aus einem Schrank hinter der Rezeption ein großes Stück Karton. »*Allora*, wir gehen angeln. *Attenzione!* Sei vorsichtig!«

Sie drückte mir einen Mini-Streitkolben in die Hand. Santina hatte vier verschiedene, gefährlich aussehende Angelhaken an ein schweres Bleigewicht an einer Angelleine geklebt und den Karton darum befestigt, damit sich die Haken nirgendwo verfingen. Sie war ganz sicher nicht die Frau gewesen, die Wäsche hatte entkommen lassen. Ich ließ den Streitkolben an der Leine auf das Dach hinunter, während Rita mich mit ihrem Handy filmte.

»Lao-ra, was machst du da gerade?«

Im Video sieht man meine nackten Füße auf der Marmorterrasse, die Terrakottaziegel heben sich hellrot vom blauen Himmel ab. Meine Beine sind weiß, mein rosa Rock bewegt sich im Wind. Die Kamera bewegt sich hinauf zu meinem Gesicht.

Ich trage eine Maske, aber man sieht, wie ich lächele.

»Wir angeln nach Socken.«

Durch die Gnade eines niederen italienischen Gottes oder eher dank der Führung des Geistes der seligen Santina gelang es mir auf wundersame Weise, die abtrünnige Socke beim ersten Versuch an den Haken zu bekommen, unter Ritas begeistertem Jubel, die alles wie ein Fußballreporter mit der sprudelnden Überschwänglichkeit kommentiert hatte, die ich an Italienern so sehr liebte. Für mich klang es so, als sprächen sie immer kursiv.

»Brava, Lao-ra! Brava! Il primo tentativo! Va bene!« Man hört Rita hinter der Kamera lachen.

Ich schickte meinem Vater das Video, weil ich dachte, er würde es vielleicht lustig finden, doch er antwortete nicht, was ungewöhnlich war. Dafür schrieb mir meine Mutter, dass es ihm mit den neuen Medikamenten nicht so gut ginge. Meine Eltern hatten sich als Studenten auf dem Ball der Ärzte und Schwestern kennengelernt und waren seit vierzig Jahren verheiratet. Mittlerweile war sie seine Beschützerin und auch gelegentliche Sprecherin, und ich wusste, dass das Leben unter seinem totalitären Corona-Regime an ihr zehrte. Er hatte schreckliche Angst, sich anzustecken, und strengere Regeln als die Regierung eingeführt. Es war hart für sie, meinen Bruder nicht sehen oder meinen kleinen Neffen Theo nicht umarmen zu dürfen. Sie liebte Kochen, und ich wollte sie aufmuntern, weshalb ich Rita überredete, mir das Rezept für die köstlichen Marmeladentartes aufzuschreiben, das ich ihr zusammen mit einem Foto schickte.

~

In einer Welt ohne Hotels musste Odysseus sich auf eine ungeschriebene Regel der Gastfreundschaft namens *xenia* verlassen, wie Emily Wilson erklärt. In der *Odyssee* werden Gäste normalerweise überaus gut behandelt, man richtet ihnen ein heißes Bad, massiert sie mit Öl, bewirtet sie mit einem Festessen und gibt ihnen großzügige Geschenke mit auf den Weg. Als Gegenleistung bieten die Gäste beim Essen Unterhaltung und Geschichten. Gegen diese ungeschriebenen Regeln kann man allerdings auch auf vielfältige Weise verstoßen, sei es, dass die Gäste sich ungebührlich benehmen oder die Gastgeber die Mannschaft gefangen nehmen, sie mit Zaubersprüchen belegen und sie in manchen Fällen sogar verspeisen.

Ich verstieß gegen das ungeschriebene Gastgesetz und bat Rita um ein Badetuch, was sie zum Stereotyp jeder überbehütenden italienischen Mutter werden ließ. Sie weigerte sich nämlich strikt, mir eins zu geben. Warum wollte ich überhaupt ein Badetuch? Es war *ottobre* und viel zu kalt. Sie verbot es mir. Ich durfte nicht schwimmen gehen. Ich würde mich erkälten oder mit Corona anstecken oder noch Schlimmeres. Schließlich überredete ich sie, und sie warf mir theatralisch ein orangefarbenes Handtuch entgegen. Was aber nicht bedeutete, dass sie meine Ausflüge guthieß. Jedes Mal, wenn ich mit salznassen Haaren vom rauen, fordernden Meer zurückkehrte, kommentierte sie das mit missbilligenden Geräuschen, nur um mich gleich darauf strahlend anzulächeln.

Grundsätzlich habe ich Glück mit meinem Körper. Ich war immer ziemlich ausgeglichen, mache oft Sport, und ich kann mich auf meinen Körper verlassen. Ich verstehe, wie er zu mir spricht, erkenne die Warnzeichen, allerdings war mir nicht klar gewesen, dass er so viel Licht benötigte. Meine Nägel und meine Haare wurden stärker, wuchsen schneller, mein Geist schien sich nach den angespannten Gedankenkarussellen während des Lockdowns zu klären und fokussierter zu werden. Energie vibrierte wieder in mir, die nicht nur von dem starken italienischen Kaffee herrührte, sondern vor allem von diesem durchdringenden, gleißenden, wunderschönen Sonnenlicht.

~

Mit dem Bus fuhr ich den Berg nach Castelbuono hinauf, ein kleiner Ort mit einem rosa Kastell, das mich an die Schmuckkästchen erinnerte, in denen Musik spielte und eine Ballerina sich drehte, wenn man sie mit einem Schlüssel aufzog, und die ich mir als Kind so sehr gewünscht hatte. Ich war hierhergekommen, um mir die Cappella di Sant' Anna anzusehen, die sich im Kastell befand, eine Barockkapelle mit weißen Stucktieren und -engeln, mythologischen Wesen und grotesken Figuren an den goldfarbenen Wänden. Das sah aus wie eine dreidimensionale Tapete, wie man sie vielleicht in der Villa eines Geld waschenden Milliardärs finden konnte. Die Wesen tollten kichernd und grimassierend über die Wände, während der Schädel der heiligen Anna mit leeren Augenhöhlen von ihrem Silberkäfig hinter dem Altar alles überwachte. Frommer ging es nicht. Es war so albern, dass es schon wieder schön war.

Im Reiseführer hatte ich etwas von Fresken in einer Krypta in der Kirche Maria Santissima Assunta bei der zentralen Piazza gelesen. Ich ging die kleinen Steinstufen hinter dem Altar hinunter, fand aber keinen Lichtschalter, weshalb ich mir die geheimen Wandmalereien mit der Taschenlampe meines Handys ansah. Sie stammten aus dem Mittelalter, und die größte zeigte eine dörfliche Szene mit Skeletten, die aus ihren Särgen entstiegen. Vermutlich eine Darstellung des Jüngsten Tages, die tröstlich und hoffnungsvoll sein sollte, aber – insbesondere im Taschenlampenlicht – vor allem gruselig war. Laut der Legende war das hier ein Ort der Wunder, weshalb ich ein Gebet für meinen Vater murmelte, der an den Katholizismus glaubte, an die weihrauchgeschwängerte Mystik, die heiligen Symbole. Ich bat seinen Gott immer um dasselbe, um mehr Zeit und dass die Therapien so gut wie möglich anschlugen. Um Heilung bat ich nie. Selbst Götter haben ihre Grenzen. In der Krypta war es feucht und kalt, und ich war froh, als ich wieder in die Sonne trat. Ich setzte mich auf die Kirchentreppe und beobachtete die Müllabfuhr-Esel, die die engen Straßen auf und ab geführt wurden und den aufgesammelten Müll trugen. Sie wirkten nicht sonderlich begeistert.

~

Ich hatte mit meiner Abneigung gegen Pilze nicht hinter dem Berg gehalten, und der Kellner hatte mich sofort an Giuseppe verraten, den Besitzer des Nangalarruni, der zu meinem Tisch im Freien stürzte und schon entsetzt die Hände hochriss, bevor wir ein Wort gewechselt hatten. Wenn ich erst einmal seine Pasta gegessen hätte, rief er, würde ich demütig auf Knien um Verzeihung bitten, meinen Irrtum eingestehen und ihn um die Vergebung meiner Sünden anflehen. Ich lächelte und war mir ziemlich sicher, dass es andersherum ablaufen würde. Aber ich ließ mich darauf ein.

»*Va bene,* ich werde Ihnen ein Gericht aussuchen. Pasta.«

»*Sì.* Mit Pilzen?«

»Ja.«

»Aber ich mag keine Pilze.«

»Unmöglich. Sie werden schon sehen!«

»Lassen Sie ein Schwein danach suchen?«

»Ein Schwein?« Er wirkte angewidert. Ich hatte ihn schon wieder beleidigt. »Das machen nur die Franzosen. Für mich sucht natürlich nur ein Hund!«

Er kam mit einem Teller *spaghetti cacio, pepe e funghi di bosco* zurück, genauer gesagt *mazza di tamburo*, was mein Handy mit »Riesenschirmpilz« und »einer der auffälligsten, bekanntesten und beliebtesten Speisepilze« übersetzte. Ich durfte auch mein Getränk nicht selbst wählen. Giuseppe brachte mir ein Glas Wein und knallte es auf den Tisch, während er mit finsterem Blick beobachtete, wie ich Spaghetti auf meine Gabel wickelte und sie mir in den Mund schob.

»*Allora.* Und?«

Ein Bissen Pasta löschte eine lebenslange Abneigung aus. So etwas wie diese Pilze hatte ich noch nie gegessen. Sie waren köstlich, schmeckten nach den Tiefen des Waldes. Die Spaghetti waren seidig, nicht weich. Ich hatte unrecht gehabt. Es tat mir leid. Giuseppe nickte seinen Segen.

Besänftigt brachte er eine große Silberplatte mit verschiedenen Pilzen aus der Küche, setzte sich zu mir, hielt jeden zärtlich hoch, erklärte mir die Namen, wo man sie im Wald finden konnte und was sie kosteten. Vorsichtig wickelte er wertvolle seltene Trüffel aus ihrer Musselinumhüllung, als wären sie schlafende Babys. Bei dem starken Geruch rümpfte ich die Nase.

»Machen Sie ein Foto von mir mit den Pilzen, Giuseppe?«

»*Va bene.*«

Ich trage den Panamahut meines Vaters in einem kecken Winkel, einen türkisfarbenen Pullover, meine langen dunklen Haare fallen über meine linke Schulter. Vor mir steht eine riesige Platte mit Pilzen, und ich halte Messer und Gabel, als wolle ich sie gleich verspeisen.

Ich schickte das Bild meinem Vater, und er rief zurück.

»Ciao, Pietro!« Offenbar hatte ich einen neuen Spitznamen und auch gleich noch ein neues Geschlecht bekommen. »*Come stai?*«

Er sprach den Mittelteil gedehnt, wie es sich gehörte, verstärkte die Betonung noch mit dem bebenden Ausrufezeichen, das die Italiener so oft anstelle eines Fragezeichens verwendeten und damit Fragen in Forderungen verwandelten. *Có-me-stài!*

Sprachen, Akzente und Rollen hatte er schon immer gut gekonnt.

»*Bene, bene. Tutto bene!*«

Nachdem unsere Italienischkenntnisse erschöpft waren, wechselten wir zu Englisch.

»Du solltest das alles in Artikeln verarbeiten. Alle meine Freunde finden es toll, dass du Sizilien bereist.«

»Ich weiß aber nicht, wie«, antwortete ich. »Es gibt schon so viele Blogs. Das würde doch niemanden interessieren.«

Trotzdem ließ mich der Gedanke nicht mehr los.

Unterstützt von Giuseppe, bestellte ich hemmungslos. Ich wollte das Wildschweinfilet in Mandeln, Pistazien und Manna probieren, was laut ihm eine Art Rindensaft war. Als ich sagte, dass ich kein Dessert mehr schaffen würde, sah er mich traurig an. Aber hätte ich denn schon mal eine *fico d'india* gegessen, eine Kaktusfeige? Nein? Na dann! Ich müsse sie unbedingt probieren! Giuseppe schnitt das Fruchtfleisch aus der stachligen Schale, es war rot und schmeckte nach Wasser und Wüste, ein bisschen wie Drachenfrucht, zart und fest zugleich. Ich habe noch nie verstanden, warum manche Menschen Angst davor haben, allein essen zu gehen. So hat man die Gelegenheit zur Improvisation, lernt eventuell Leute kennen, und wenn man Glück hat, bekommt man einen Tisch mit Pilzen und Geschichten.

Auf dem Weg zurück in die Stadt bat ich den Busfahrer, an der Cala Kalura am Rand von Cefalù anzuhalten, damit ich noch schwimmen gehen und die Pasta abtrainieren konnte. Die Dämmerung zog herauf, und der Himmel färbte sich zu einem leuchtenden, verwischten Indigoblau. Auf dem Pfad hinunter zur Bucht kam ich an einem Haus vorbei, das man mieten konnte. *Atemberaubender Ausblick* stand auf dem Schild. Der Strand bestand aus kleinen braunen Kieseln, die im Dämmerlicht glänzten. Zwischen den Felsen waren zwei Metallleitern angebracht, über die man ins Wasser steigen konnte und die das Meer wie einen riesigen Swimmingpool wirken ließen.

Ich schwamm gerade auf einen Felsen weiter draußen zu, als wie aus dem Nichts zwei Eisvögel an mir vorbeischossen, erst der eine, dann der andere, blaumetallische Blitze über den dunklen Wellen. In solchen Momenten, wenn die Welt auf einen Punkt schrumpft, wollte ich alles mit meinem Ex-Freund – »Hast du das gesehen?« – bewundern.

Ich wollte den Vögeln zurufen, den Schlagsahnewolken, durch die die Sonne langsam sank, wollte die nur allzu flüchtige Schönheit mit jemandem teilen, doch ich war allein in dem blauen Dämmerlichtwasser und blickte den Vögeln verzückt lächelnd nach. Ich war auf dem Land in der Nähe eines grünen Flusses aufgewachsen, und obwohl ich oft am Ufer entlangspaziert war und Ausschau gehalten hatte, hatte ich noch nie einen Eisvogel gesehen. In dieser Bucht huschten sie so schnell und tief, so unbekümmert an mir vorbei, mit ihrem strahlend orangeblauen Gefieder. Ich hatte gar nicht gewusst, dass sie auch am Meer lebten und nicht nur an Flüssen.

Bei zunehmender Dunkelheit lief ich die Küstenstraße entlang in die Stadt, dachte an die Eisvögel und überlegte, was sie zu bedeuten haben könnten.

~

Das Vibrieren meines Handys riss mich aus dem Schlaf, das Display blendete mich. Großbritannien schloss den italienischen

»Reisekorridor«. Blinzelnd setzte ich mich auf. Ich könnte entweder zum Flughafen rasen, mir ein neues astronomisch teures Ticket kaufen und versuchen, vor dem Stichtag zurückzukommen, oder mich auf zwei Wochen Quarantäne nach meiner Rückkehr einstellen.

Panik pulsierte durch meinen Körper, trocknete meinen Mund aus, bereitete mir Übelkeit. Wild warf ich Kleider in den Koffer, wischte meine Kosmetikartikel von der Badezimmerablage direkt dazu, wie im Film. Ich klappte den Koffer zu und sah mich hektisch im Zimmer um, ob ich etwas vergessen hatte. Zog den Griff heraus und schob ihn wieder hinein. Was tat ich hier eigentlich?

Meinen Urlaub abbrechen und zurückhasten zu … ja, was? Einsamkeit und Isolation? Ich hatte vor meiner Abreise gewusst, dass ich ein Risiko einging, da diese »Korridore« zwischen sicheren Ländern je nach Neueinschätzung von Regierungen geöffnet und geschlossen wurden. Mir war heiß. Ich musste nachdenken. Quarantäne war noch strikter als Lockdown, ich würde die Wohnung nicht verlassen dürfen. Die Uhr tickte. Wenn ich abreisen wollte, musste ich sofort zum Flughafen.

Etwas in mir sperrte sich, wie ein Pferd, das man mit Gertenschlägen über eine wacklige Brücke zu treiben versuchte. Plötzlich wurde mir klar, dass ich nirgendwo hinmusste. Die Freelance-Arbeit konnte ich von überall erledigen. Ich könnte einfach hierbleiben. Niemand hinderte mich daran.

Doch was war mit meinem Vater? Was, wenn er sich mit Corona infizierte oder der Krebs aggressiver wurde? Was, wenn es ihm schlechter ging und ich nicht zu ihm konnte? Ich sollte nach England zurückfliegen. Jetzt, sofort, bevor es zu spät war.

Das hier war ein Notfall. Cortisol pulsierte durch meinen Körper. Ich musste mich entscheiden, die Zeit drängte, aber ich konnte nicht klar denken. Rote Blitze zuckten durch mein Gehirn, wie auf einem MRT. Irreversible Entscheidungen waren mir noch nie leichtgefallen, ich wollte immer einen Ausweg, eine Fluchtmöglichkeit. Der Strudel auf der einen, das Seeungeheuer auf der anderen Seite.

Wir klammern uns an eine Liane
am Klippenrand.
Tiger sind über
und unter uns

Tiger über und unter uns.

Ich rief meinen Vater an, redete zu schnell, zu abgehackt, zu durcheinander. Er hörte mir zu und sagte: Mach langsam. Bleib dort. Ich holte Luft, hielt inne. Er erklärte mir, dass er eine neue Behandlung bekommen würde, was zwei Wochen vollständige Isolation davor und danach bedeutete. Radioaktive Strahlen sollten die Krebszellen zerschmettern, und er durfte zu niemandem Kontakt haben, um die Radioaktivität nicht zu übertragen. So ist das bei unheilbarem Krebs, er verläuft nicht linear, sondern es kommt darauf an, wie jemand auf die verschiedenen Therapien reagiert. Manche Krebsarten können als chronische Erkrankung jahrelang mit Medikamenten in Schach gehalten werden. Bisher hatte mein Vater gut auf die Behandlungen angesprochen, zwar nie so langfristig, wie die Ärzte gehofft hatten, doch es gab immer noch etwas Neues, das man versuchen konnte.

Auch er war von Tigern umgeben.

»Aber was ist, wenn ich nach Hause kommen muss?«

»Dann wirst du einen Weg finden. Es wird immer ein Weg zurück nach Hause führen. Bleib in der Sonne, Pietro, du kannst doch von überall arbeiten, werde ein digitaler Nomade.«

»Aber was ist, wenn Italien in den Lockdown geht?«

»Dann wirst du eine Lösung finden. Du bist wie eine Katze, landest immer auf den Füßen. Das habe ich doch schon immer gesagt.«

Ich führte ein langes, sich wiederholendes Gespräch mit einer gelassenen Mitarbeiterin der Reiseagentur Trailfinders, die mir versicherte, dass ich im Notfall natürlich immer nach Hause zurückkehren könnte, ich könnte nach Hause fahren, wann immer ich wollte, ich würde dann nur in Quarantäne gehen müssen. Nachdem sie mir das einige Male wie einem Kind bestätigt hatte, rief ich Rachel an, die sagte, ich solle bleiben. Katharine hingegen sagte, ich solle zurückkommen. Ich unterdrückte den Impuls, meinen Ex-Freund anzurufen, und war plötzlich wütend, hatte das Gefühl, es wäre seine Schuld, dass ich diese Entscheidung jetzt allein treffen musste.

Vor Aufregung war mir heiß, und ich verließ das Zimmer. Rita sah mich, meinen wilden Blick, meine Panik, und zwang mich auf einen Stuhl. »Iss«, sagte sie und stellte ein Stück Kuchen vor mir ab. Manchmal ist es so einfach. Ich ging an den Strand, um mich abzukühlen. Es war windig. Die Wellen schlugen unermüdlich ans Ufer. Ich schwamm, bis meine Arme schmerzten. Ich würde bleiben. Ich würde schwimmen. Wenn sich die Bestimmungen änderten, würde ich mir etwas einfallen lassen. Ich wusste, wie viel Glück ich hatte, dass ich diese Entscheidung treffen durfte. Gleichzeitig fühlte ich mich allein in dieser instabilen Welt und schrecklich unsicher.

Ich ging den langen Weg vom Meer zurück zum Hotel, mit neu erwachter Bewunderung für das Bilderbuch-Italien um mich herum – läutende Kirchenglocken, kleine Altäre mit Heiligenfiguren an Straßenecken, in Mauern, auf Straßen, Gedenken an auf den ersten Blick unwichtigen Orten. »Unsere alten Heiligen segnen uns, wo sie nur können.« Daran war etwas Wahres. Oder zumindest war es tröstlich, daran zu glauben. Ich fühlte mich wieder wie befreit, doch auf der anderen Seite des übersprudelnden Glücks lauerte die Dunkelheit. Tief im Innern wusste ich, dass ein weiterer Lockdown allein mich kaputtmachen würde, und ich wusste nicht, wie lange ich ihm entkommen konnte, wohin sich die Welt als Nächstes verändern würde.

Doch jetzt war ich noch Kerouac, und alles lag vor mir. Ich war einigermaßen davon überzeugt, dass ich die richtige Entscheidung traf, aber trotzdem noch unsicher, voller Angst, ausgeschlossen zu werden, nicht schnell genug zurückkehren zu können. Ich war von Tigern, Strudeln und Seeungeheuern umgeben, aber auch voller Licht und Leichtigkeit, und etwas in mir löste sich. Als ich meinen Vater anrief und ihm erzählte, dass ich bleiben würde, lächelte er. Ich hörte es an seiner Stimme.

»*Va bene,* Pietro«, sagte er, »mach das Beste daraus.« Die orange glühende Sonne Siziliens erfüllte mich mit Optimismus.

In dieser Nacht schlief ich tief und fest, erschöpft von der Erschütterung des Tages. Der Morgen war dann wie ein Neuanfang. Odysseus und sein Irrweg hatten mich bereits zu den

Inseln des Äolus geführt. Mir kam eine Idee, und ich rief eine Karte auf dem Laptop auf. Das mythische Ithaka war nicht weit weg. Ich beschloss, nach Westen zu reisen und es zu suchen.

Ich war zu einem umgekehrten Odysseus geworden, der in die andere Richtung segelte, fort von zu Hause.

Da sann Athene auf andres, die funkeläugige Göttin.

KAPITEL VIER

Ein Mythos ist eine Landkarte

Tyrrhenisches Meer

KAPITEL VIER

Auf der Überfahrt blickte ich aufs Meer und dachte an Landkarten und wie man sich verirren konnte, an fiktive Inseln und die Orte, an denen Geografie und Mythologie zusammentreffen – und ob meine Flucht zu etwas anderem wurde, einer großen Reise.

Ich muss Stadtpläne immer drehen, wenn ich wissen will, wo ich bin, sehr zum Leidwesen meiner Schwägerin, die in Oxford Geografie studiert hat. Mein Gehirn hat ein Problem damit, eine Verbindung zwischen der Karte und der realen Welt herzustellen. Ich verirre mich oft und nehme in jeder Hinsicht falsche Abzweigungen. Wenn meine Mutter von Straßen und Flüssen spricht, schaue ich sie verständnislos an, und es will ihr nicht in den Kopf, weil ich doch mit ihnen aufgewachsen bin. Die offiziellen Namen von Dingen kann ich mir jedoch nie merken, ich weiß nie genau, wo Norden ist, und falle bei Tests zur räumlichen Wahrnehmung durch. Die Biegung des grünen Flusses, den ich so sehr liebe, sieht für mich überhaupt nicht so aus, wie sie auf der Karte eingezeichnet ist. Ich orientiere mich an der Landschaft und meinen Erinnerungen, an der Kurve einer bestimmten Straße, an der Form eines umgestürzten Baums, an den Dingen, die ich gesehen und getan, den Menschen, die ich geliebt habe. Die Straßen, Brücken und Innenhöfe von Cambridge sind immer noch voller gespenstischer Wegweiser, sodass ich es kaum ertragen kann, zurückzukehren und dort vorbeizugehen, wo ich mit meinem damaligen Freund in den Garten eines der Colleges eingestiegen bin und wir uns die ganze Nacht im dunklen Gras geküsst haben. Der Duft der Rosen an jenem Abend im heißen Hochsommer, wie jung wir beide waren.

Ich mag es nicht, wenn man mir sagt, was ich tun, aber ich mag es, wenn man mir zeigt, wo ich hingehen soll. Ich folge gerne einem Freund oder einer Freundin durch eine fremde Stadt, vertrauensvoll wie ein Kind, zu sehr mit Reden beschäftigt, um mir den Weg zu merken. Aber ich könnte alle Adressen aufzählen, an denen ich bei meinen Besuchen in New York gewohnt habe, was für eine Frau ich an jedem dieser Orte war und wie sie sich verändert hat. Ich könnte Ihnen eine Karte von mir in Städten geben, wenn Sie wollen, meine Version von London für Sie zeichnen. Es gäbe große, unscharfe Stellen, auf die ich nie achte, daneben wieder andere, die ich bis ins kleinste Detail wahrnehme – die Blumen in Rachels Garten, die Position der weißen Eisenbank oben auf der Böschung, von der aus wir den Sonnenuntergang über Greenwich verfolgen, ein bestimmter Baum im Victoria Park, von dem aus man am besten den Vollmond sehen kann, die

Lücke im Zaun, durch die man sich mit mir nachts zwängen kann. Ich könnte die besten Straßen im West End markieren, die man alleine nach einem Musical entlanglaufen kann, wenn man sich wehmütig, zerbrechlich und melancholisch fühlen möchte, das versteckte Haus im East End hinter Efeu und Weinreben, das oft für Filmaufnahmen genutzt wird. Eine Bank im Regent's Park, auf der ich mit fünfundzwanzig mit einem viel älteren Freund saß und dachte, ich wäre bohemehaft und draufgängerisch und erwachsen, obwohl ich in Wirklichkeit genau das tat, was er wollte. Die Bürgersteige, auf denen ich geblutet, die Brücken, auf denen ich geweint habe, das Kopfsteinpflaster in der South Molton Street, wo ich so leidenschaftlich geküsst wurde, dass ich mich verliebte, die Blumengärten im Hyde Park, wo ich ein Jahr später mit ihm Schluss machte. Die Stelle hinter Strand, der großen Hauptstraße entlang der Themse, wo man mich vom Fahrrad stieß und ich in den Schnee fiel und ein Jesuitenpriester meine Hände hielt und mich segnete, während meine Knie bluteten und es immer weiter schneite und das Fahrrad nicht mehr funktionierte.

Mein Vater mochte Landkarten, richtige, altmodische aus Papier. Er steckte sie in spezielle Plastikhüllen, die er sich bei langen Wanderungen um den Hals hängte, und bestand darauf, immer eine riesige gelbe Ausgabe des AA-Straßenatlas im Auto zu haben, obwohl sich das Navi längst als zuverlässig erwiesen hatte. Er konnte sich mühelos orientieren, hatte aber keinen Respekt vor Straßen, die auf der Karte oder in der echten Welt als privat gekennzeichnet waren – für ihn war das eine Einladung. Er liebte es über alles, fremdes Eigentum zu betreten und über die

Zäune und Tore des großen Anwesens in der Nähe unseres Hauses zu klettern. Ich weiß nicht, warum er das so gerne mochte, sonst achtete er Regeln und Vorschriften, soweit ich wusste. Vermutlich bedeutete es für ihn, mutig zu sein, ein Leben am Abgrund, wild und frei. Eines Tages, als er wieder einmal unbefugt irgendwo herumlief, wurde er von einem freundlichen Wildhüter sanft zurechtgewiesen, und auch Jahre danach war er nicht gut auf den Mann zu sprechen, den er »milchbärtigen Mörder« getauft hatte, und ich sollte nach ihm Ausschau halten, wenn wir zusammen unterwegs waren. Das hielt ihn – sonst ein in jeder Hinsicht respektabler Hausarzt aus der Mittelschicht Ende sechzig – aber nicht von seinen Gangstermärschen ab, wie er sie nannte.

Bevor es genaue Karten gab, versuchten Kartografen, die Grenzen der bekannten Welt zu zeichnen, und Mythen erweckten sie zum Leben. Eine Karte zu erstellen, ist nicht nur eine Frage von Technologie und Technik, Mathematik und Kompassen, sondern ebenso von Ästhetik – ein Entwurf, eine Illustration der Welt, reduziert auf zwei Dimensionen. Eine sowohl präzise als auch fantasievolle Tätigkeit, ebenso wie das Lesen einer Karte. Der Kartograf stellt sich vor, wie er die Realität am besten zeichnen kann, und dann müssen auch wir uns Dinge vorstellen und miteinander verbinden, um sie zu interpretieren. Wir legen quasi die Karte über das, was wir vor uns sehen. Ich male gerne auf Landkarten herum, markiere, wo ich gewesen bin, zeichne meine Wanderrouten nachträglich ein, färbe den Weg schwarz, den ich zum Berg genommen habe.

An den Rändern der Karten, über die bekannte Welt hinaus, kam die Vorstellungskraft der Kartografen zum Zug, schnitzte schreckliche, exotische Monster, verwandelte Meerestiere in Meerjungfrauen, prophezeite Gefahr und Untergang, Tapferkeit und Mut. Geschichten erzählen uns die Welt in mehr Dimensionen und Farben, als eine amtliche Vermessung jemals erfassen könnte. Mythen schaffen Sinn, zeigen uns, wie wir uns zurechtfinden, wenn wir verloren und allein sind und uns überhaupt nicht mutig fühlen. Sie geben uns Heldinnen und Verbündete und Gefahren und die immerwährende Hoffnung auf Erlösung, darauf, endlich wieder nach Hause zu finden und dort in Empfang genommen zu werden. Die Wissenschaft kann uns nichts über den Tod und das Danach sagen, Geschichten jedoch schon.

Mythen sind auch unsere frühesten und ältesten Geografielektionen, sie erklären uns die Form der Welt. Stürme, Unwetter und explodierende Vulkane sind der unvorhersehbare Zorn der Götter. Lange bevor Meteorologen Sonnenschein in mathematische Gleichungen gossen, um das Wetter vorherzusagen, erfanden die Griechen Helios. Ob er morgen scheinen würde, war unvorhersehbar und hing von seiner Laune ab, wenn er mit seinem Feuerwagen über den Himmel raste. Wenn Schiffe auf See verloren gingen, hatte jemand vergessen, Poseidon zu huldigen, und selbst wenn sie ihm ein Opfer dargebracht hatten, konnte man Todesfälle auf See dennoch damit erklären, dass der Gott des Meeres, wie alle anderen auch, nachtragend und kleinlich war.

Mythen lassen sich auch kartografisch darstellen – die Verbindung zwischen imaginären und realen Orten hat Menschen über Jahrhunderte hinweg beschäftigt. Wo genau spielt die Odyssee, wo liegt Ithaka, welche Inseln passen am besten zu den Beschreibungen wundersamer Länder in der Geschichte? Emily

Wilson sieht das pragmatisch und sagt: »Es gibt eine gewisse Übereinstimmung zwischen der Welt Homers und der realen Welt, auch wenn diese Beziehung bruchstückhaft und ungenau ist.« Das hat Generationen von Gelehrten allerdings nicht davon abgehalten, widerstreitende Theorien aufzustellen, die oft auf nicht viel mehr als Spekulationen und Fantasievorstellungen beruhen.

Den Anfang machten antike Gelehrte wie Strabo, der »Vater der Geografie«. Im neunzehnten Jahrhundert versuchte man dann, im Zuge der Wiederbelebung der Altertumswissenschaften und ausgedehnter Forschungsreisen fieberhaft herauszufinden, wo genau die mythischen Länder der *Odyssee* in der realen Welt verortet waren. Wissenschaftler vertieften sich in die Naturbeschreibungen in der Geschichte, die Lage einer Höhle, die Konstellation der Sterne und die Darstellung geologischer Formationen, um Entsprechungen zu tatsächlichen Inseln zu finden. Es gibt keinen Konsens, und die Theorien gehen auseinander und verändern sich. Einige sind sehr spezifisch: zum Beispiel, dass die Straße von Messina mit ihren tückischen Strömungen genau der Ort ist, an dem Odysseus zwischen dem Strudel und dem Seeungeheuer gefangen war. Andere vertreten allgemeinere Ansätze, etwa dass die Küste Süditaliens eine Inspiration für die wundersamen Länder gewesen sei und keine exakte Wiedergabe.

Etwas an diesem Versuch, das Imaginäre auf konkrete geografische Gegebenheiten zu übertragen, vielleicht seine Sinnlosigkeit, hat mich nicht mehr losgelassen. Ich neige dazu, etwas zu erfinden, die Lücken mit dem zu füllen, was ich glauben möchte, mir wilde Liebesgeschichten oder abgrundtiefe Tragödien zu erzählen, auch wenn die nüchternen Fakten etwas anderes vermuten lassen. Wenn Mythen uns dabei helfen, die Welt zu erklären, dann können Karten uns Halt geben und verstehen, wo wir uns im Gravitationsraum befinden. Ich brauchte beides.

Ich stellte mir die Männer aus dem neunzehnten Jahrhundert vor, wie sie Pfeife rauchten, mit den Fingern auf Textabschnitte zeigten, miteinander stritten und leidenschaftlich ihre Theorien verteidigten. Die Lücken zwischen ihren Karten faszinierten mich am meisten, sie eröffneten den Raum für vielfältige Interpretationen. In dieser seltsamen, auf den Kopf gestellten Welt ergaben ihre Kartierungsprojekte für mich auf eine verrückte Art Sinn. Angesichts der Gefahren und Ängste, die mich umgaben, brauchte ich eine andere Karte, einen Zugang zum Mythischen, um wieder an die Götter glauben zu können. Vielleicht würde ich meine Inselheimat finden, indem ich Odysseus zu seiner folgte.

~

Als einsames Kind lernte ich früh die Kraft der Fantasie kennen – Bücher eröffneten mir Welten, ließen mich reisen. Prosa und Logik sind gut und schön, aber gebt mir auch Poesie, gebt mir Romantik und Geschichten, erzählt mir, wie eine Nymphe so sehr um ihren Geliebten weinte, dass ihre Tränen zu einem kalten, klaren Fluss in Sizilien wurden, in dem Frauen Wäsche waschen. Erzählt mir, dass der Vulkan ein jähzorniger Berggott ist (das Patriarchat ist selbst in symbolischer Form nie zufrieden), nicht nur tektonische Platten, die tief unter Wasser langsam aneinanderstoßen. Zeigt mir, wie Wale melancholische Opern über die Vergiftung der Meere singen und eine Litanei für die Welt anstimmen. Wenn ich von Quallen gestochen werde, erinnert mich daran, dass Kraken sie fressen und ein Krake drei Herzen und blaues Blut hat. Läutet silberne Glocken in kleinen italienischen Städten zu ungewöhnlichen Zeiten, die durch die Luft rufen »schau, schau, schau«.

Die Welt war unsicher, es war unmöglich, einen Kurs festzulegen. Ich musste dem Schicksal vertrauen. Odysseus war der Spiegel, mein Zwilling, wir beide auf der Flucht vor Grauen – er vor Troja und ich vor Liebeskummer und einem kranken Vater inmitten einer Pandemie. Odysseus' Reise zu verfolgen wurde zu einem Anker, an dem ich mich in einer beunruhigenden Welt festhalten konnte, zu einer Art leitenden Kraft, die meinen Reisen Gestalt und dem Chaos einen Sinn verlieh. Doch während sein Ziel fest und klar war – nach Hause zurückzukehren –, war meines eher diffus: nicht nach Hause zurückzukehren.

Ich wurde aus meinen Gedanken gerissen, als Gischt gegen die Fenster spritzte. Das Boot schwankte heftig auf den Wellen, während wir uns der Insel näherten, Grün vor blauem Hintergrund. Eine Tasche fiel von der Gepäckablage hinter mir, und ein Hund bellte wild. Ich wollte der Brutalität der von Angst verseuchten realen Welt entfliehen, weg von ihrem Schmerz und Schrecken, ihrer Hysterie und ihren unsichtbaren Krankheitserregern, ihrem Krebs und Corona, hinein in das »weindunkle Meer«, wo Odysseus' Schiff auf den Wellen schaukelt, wo Götter Wutanfälle haben und Seeungeheuer lauern. Ich wollte die reuevollen Gedankenspiralen und die Last der Vergangenheit hinter mir lassen, weg von dem Wissen, wie schmal mein Fundament war, wie leicht ich den Halt verlieren konnte. Ich wollte mich in der Geschichte aufhalten, wollte an sie glauben und zusehen, wie Eos den Himmel in Disco-Farben erweckte, Rosa, Gelb und Orange, und sich ein neuer Tag voller Möglichkeiten vor mir auftat.

Für diese Pandemie gab es keine Karte, wir befanden uns am Rand der bekannten Welt und bemühten uns, in ihr zurechtzukommen. Was auch immer ich gerade tat, schien sich zu etwas anderem zu entwickeln, und ich hatte kein Wort dafür, nur ein altgriechisches Epos und einen halbfertigen Plan, ihm nachzureisen und die Orte zu finden, an denen imaginäre Länder und die reale Welt zusammenkommen. Erst später wurde mir klar, dass es zu einem Kompass geworden war.

Das Boot lief schwankend in den Hafen ein, ich stolperte die Gangway hinunter nach Marettimo und fragte mich, ob ich hier Ithaka finden würde.

Auf der weithin sichtbaren Ithaka wohn' ich.
Aber sie selbst liegt flach dort ganz zuoberst im Salzmeer
hin gegen Abend, rauh, aber gut.

Odysseus

KAPITEL FÜNF

Sonniges Ithaka

Marettimo, Ägadische Inseln, Sizilien, Italien

KAPITEL FÜNF

Marettimo heißt übersetzt »Meeresthymian«. Der Duft des Namensgebers erfüllte die Insel, doch es lag auch noch etwas anderes in der Luft. Bei meiner Ankunft war es bewölkt, und der Ort hatte etwas Mysteriöses, fast schon Unheilvolles an sich. Die Fähre legte im Hafen des größten Fischerdorfes an, das mit seinen quaderförmigen weißen Häusern und den blauen Fensterläden irgendwie griechisch aussah. Auf der Suche nach Kaffee ging ich durch die nahezu leeren Straßen. Die wenigen Einheimischen, denen ich begegnete, ignorierten mich und zeigten nichts von dem üblichen sizilianischen Charme. Die Inselbewohner sind bekannt für ihren Eigensinn und ihre Abneigung Touristen gegenüber, was vermutlich nicht überraschend ist, da Marettimo fünfundvierzig Kilometer westlich von Sizilien liegt – die abgelegenste der Ägadischen Inseln, dem Ruf nach ein rauer, wilder Ort, mit Bergen und Vögeln und voller Schönheit, aber auch hart und unerbittlich. Auf der Insel wohnen nur wenige Menschen, und es gibt keine Autos, weil es überall zu steil ist. Schließlich fand ich eine Bar, mit gleißendem Neonlicht, einem laut dröhnenden Fernseher und ein paar mürrischen Gästen, die vor der Tür saßen und rauchten. Ich befeuerte meinen Espresso mit viel Zucker und kippte ihn schnell hinunter.

Samuel Butler vertrat die Ansicht, Marettimo sei Odysseus' Insel Ithaka gewesen; der englische Autor war mit Satiren über die viktorianische Gesellschaft bekannt geworden und nach Neuseeland ausgewandert, um seinem religiösen Vater zu entkommen. Dort machte er ein Vermögen, und nach seiner Rückkehr nach England fertigte er eine Übersetzung der *Odyssee* an – offenbar mit wenig Mühen. »Nachdem Griechisch einfach ist, hatte ich wenig Probleme, das Gelesene zu verstehen.« Da er kein Gelehrter für Altgriechisch war und den Text mit »frischem Blick« las, entdeckte er, was andere übersehen hatten: Ithaka lag nicht in Griechenland, und Homer war das falsche Geschlecht zugesprochen worden.

Für ihn war es völlig klar, dass das Epos das Werk einer »brillanten, temperamentvollen Frau« war und diese »Dichterin« Marettimo vor Augen hatte, als sie über Ithaka schrieb. Diese Theorie, der Mangel an Beweisen dafür oder vielleicht auch die Arroganz, mit der sie vorgetragen wurde, missfiel seinen Zeitgenossen. In seinem Buch *The authoress of the Odyssey* behauptete Samuel auch, die »Dichterin« hätte sich als Nausikaa selbst in die Geschichte geschrieben, eine junge schöne Prinzessin, die der nackte Odysseus nach einem Schiffbruch um Kleidung anflehen muss. Alles ein bisschen peinlich, doch Nausikaa verzieht keine Miene, als ihr der schmutzige Nackedei gegenübersteht. Könnte die *Odyssee* wirklich die erste feministische Nacherzählung griechischer Mythologie sein? Emily Wilson hält das für sehr unwahrscheinlich, denn »leider haben wir keine Beweise dafür, dass Frauen in der Tradition altgriechischer Ependichtung eine Rolle als Verfasser gespielt hätten«. Sie geht sogar so weit, dass Samuels Theorie tatsächlich eine Beleidigung darstellt, nachdem er die seiner Ansicht nach unbeholfen geschriebenen Teile des Textes einer jungen, unverheirateten Frau als Autorin zuschreibt.

Das Konzept von »Zuhause« spielt eine enorme Rolle, die Rückkehr nach Hause ist das Einzige, was Odysseus durch all seine Prüfungen aufrecht hält. Was ist ein Zuhause? Mehr als ein physisches Haus, ein vertrauter Ort, eine geliebte Landschaft. Für mich scheint Zuhause ein Gefühl, eine Erwartung von Akzeptanz, Dazugehören, Gekannt- und Geliebtwerden zu sein. In den sieben Buchstaben schwingt idealisierte gegenseitige Zuneigung mit, eine Umarmung in den Worten »willkommen zu Hause«, was vielleicht nie vollständig eintritt – wir können nicht alle zu gemästeten Kälbern zurückkehren. Diese Insel mochte für Samuel das »sonnige Ithaka« gewesen sein, doch auf mich wirkte sie nicht besonders einladend.

Mein Plan war, den Küstenweg entlang über die Insel zu wandern, von dem schäbigen Dorf hinüber nach Punta Troia, einem Kastell an der Nordküste auf einer Halbinsel, die wie ein Drachenschwanz geformt war. Nach diversen Tagen am Schreibtisch, in denen ich meinen Freelance-Job angefangen hatte, und einem Tag Anreise von Cefalù, inklusive einer Nacht in Trapani, der Hafenstadt an der Westküste, musste ich mich bewegen und wollte außerdem ein Gefühl für die Insel bekommen. Ich musste mir einen Plan zurechtlegen, und laufen hilft mir immer beim Denken, die Gedanken fügen sich dann besser zusammen. Sobald sich mein Körper bewegt, wird mein Geist flüssig. Ich suchte nach einem Zuhause auf Zeit, und da war es sinnvoll, bei der Insel anzufangen, die man für das mythische Ithaka hielt.

Der Herbst hatte die Pflanzen am Wegrand in verschiedenen Flammenschattierungen gefärbt, auch wenn immer noch vieles grün war. Im Inselinneren wand sich der Weg durch Gebüsch und magere Bäume, und es flogen so viele Vögel herum, dass ich mich wie in Schneewittchens Wald fühlte. Marettimo ist ein beliebtes Ziel für Vogelbeobachter und Botaniker, was ich gut verstehen kann. Am Ende des Waldes zeigte ein einfacher Holzwegweiser den Berg hinauf nach *sorgente,* was mein Handy als »die Quelle« übersetzte.

Ich folgte dem Weg und stieß schließlich tief im Wald auf eine winzige Grotte mit einer kleinen Statue der Jungfrau Maria über einem Steinbecken. Sie trug ein weißes Kleid, einen hellblauen Mantel und hatte einen besonders milden und gelassenen Gesichtsausdruck, während sie nach unten auf ihr Spiegelbild im Wasser starrte. Das Gegenteil von Narziss, ironischerweise jedoch hier mit demselben Verhalten. Man hatte ihr einen übergroßen Rosenkranz umgelegt, und hinter ihr befand sich die Quelle, Süßwasser, das leise auf grünes Moos und dann in das flache Steinbecken darunter floss. Wie ein Kinderfeenhaus im Wald, nur mit der heiligen Mutter als Spielzeug. Es war friedlich hier, oder vielleicht lag das auch an Maria. Nur das unregelmäßige sanfte

Tropfen des Wassers und der Wind, der in den Bäumen raschelte, waren zu hören. Das Moos und die Pflanzen, die an den Felswänden um die Grotte wuchsen, waren leuchtend grün. Eine Weile saß ich still da und trank schließlich aus meinen gewölbten Handflächen einen Schluck des gesegneten Wassers, nur um mir gleich darauf Sorgen zu machen, dass ich mir irgendwelche Amöben eingefangen hatte.

Ich ging zurück zum Hauptweg, und nachdem ich den Wald verlassen hatte, wurde die Landschaft karg, ein Küstenpfad führte durch niedriges, gelbliches Gebüsch vor dem tiefen Blau des Meeres. Irgendwann kam ich an einen Abhang aus schwarzem Geröll, auf dem ich immer wieder ins Rutschen geriet und schließlich stürzte, da ich keine Wanderstiefel trug, unaufmerksam war und wie immer zu schnell ging. Ich wischte mir den Schotter ab und saugte das Blut aus den Schürfwunden an meinen Händen, bewegte vorsichtig meinen Knöchel, stand auf und fiel gleich darauf wieder hin. Wenigstens war weit und breit niemand zu sehen. Vor mir ragte das Castello di Punta Troia auf seiner Landzunge auf, und die Wellen schlugen zu beiden Seiten gegen die Felsen. Auf dem kargen Hügel vor mir sah man deutlich den gewundenen Weg zum Kastell hinauf, einer aus mehreren quaderförmigen Flügeln bestehenden Anlage auf einem Steinplateau. Man hatte es restauriert, und ein Schild informierte mich, dass es heutzutage ein Gefängnismuseum und ein Mönchsrobben-Beobachtungszentrum beherbergte.

Sobald ich keuchend, durstig und leicht blutend an der Tür auftauchte, stürzten zwei Guides auf mich zu und boten mir überschwänglich eine kostenlose Führung an. Auf der Insel waren keine Touristen, ich bekam kaum irgendwo einen Kaffee, und trotzdem war dieses einsame *castello* im Nirgendwo offen und voll besetzt. Italien betört, Sizilien erstaunt.

Der jüngere Guide, Vittorio, ein Teenager in schwarzem Trainingsanzug, hatte bereits das lockere, selbstbewusste Lächeln älterer italienischer Männer. Das Kastell, erzählte er mir, war früher eine Wachanlage und wurde ab 1793 als Gefängnis genutzt. Er öffnete eine Falltür und zeigte mir ein paar dunkle Stufen, die in »die Höhle« führten, verbot mir aber hinunterzugehen. Zusammen blickten wir in die Schwärze.

»Dort unten sind sie auf die Toilette gegangen. Insgesamt waren zweiundfünfzig Gefangene hier. Das ganze Leben in der Höhle. Essen, trinken, alles da unten. Zwanzig Insektenarten. Sehr raue Bedingungen.«

Vittorio lächelte mich nachdrücklich an, damit ich auch wirklich verstünde, dass die Gefangenen an diesem dunklen, schrecklichen Ort *auch noch* von vielen verschiedenen Insekten gequält wurden.

»Sind sie hier gestorben oder vorher herausgekommen?«

»Nein. Nicht gestorben!«

Es kam mir sehr unwahrscheinlich vor, dass hier nie jemand umgekommen war, aber Vittorios Englisch war sehr übersichtlich und mein Italienisch noch viel schlechter. Theo war zu der Zeit besessen von Gefängnissen, vermutlich wegen des Lockdowns, weshalb ich ein paar Fotos für ihn machte, bevor wir zurück ins Freie gingen.

Eine weiße Ziege sprang den nackten Felsen hinunter. Die blau schillernden Wellen unter dem Kastell waren von weißem

Schaum gekrönt. Vittorio erzählte, dass er von hier oben Delfine sah, Mönchsrobben und Wale.

Am Ende der Führung gab er mir einige Postkarten mit Quallenbildern, auch wenn ich den Grund dafür nicht ganz verstand. Ich konnte mit dem Wassertaxi, das die Guides abholte, zurückfahren. Während es durch die Wellen pflügte, musterte ich die Postkarten und drehte sie um. Sie bewarben ein EU-»Maßnahmen«-Projekt gegen Quallen. Wegen des Klimawandels gab es immer mehr Quallen, und zwei Millionen Menschen wurden jedes Jahr im Wasser gestochen, erklärten mir die Karten ernst und verkündeten in steifer Amtssprache, »diese Ausbreitung stellt eine wachsende Gefahr für menschliche und küstennahe Aktivitäten dar«. Als eine der zwei Millionen freute es mich, dass etwas gegen meine Feinde unternommen wurde. Ich schickte meiner Freundin Katharine ein Foto der Postkarten – *meine Feinde haben Feinde,* schrieb ich dazu. Sie antwortete mit drei Emojis: Totenkopf, Qualle und Schlange.

Zurück im Ort lernte ich Salvatore kennen, einen Juwelier in den Vierzigern, der eine flache Kappe trug, Selbstgedrehte rauchte und ein breites, strahlendes Lächeln hatte. Er erzählte mir die Legende zu dem Kastell. Einmal lebte hier ein Prinz, weil zu so einer Geschichte immer ein Prinz gehört, und zwei Schwestern liebten ihn, weil Frauen immer einen Prinzen anschmachteten. Er liebte die eine Schwester, und eines Tages war die verschmähte Schwester im Kastell und erzählte der geliebten Schwester, der Prinz würde jetzt sie lieben. Die geliebte Schwester brachte sich auf der Stelle um, weil das Leben als verschmähte Frau ja keinen Sinn mehr hatte. Die verschmähte Schwester gestand dem Prinzen ihre Lüge, der sogleich zu der blutigen, gekrümmten Leiche seiner Geliebten rannte und die böse Schwester aus dem Fenster ins Meer in den sicheren Tod werfen wollte. Doch sie klammerte sich an ihn und riss ihn mit sich, sodass beide ertranken.

»Am Ende waren dann also alle tot?«

»*Sì*, alle waren tot.«

»Das ist eine schreckliche Geschichte«, sagte ich zu Salvatore.

»So sind die sizilianischen Legenden, alle sehr tragisch, alle sehr traurig.« Er grinste.

Die Symbolik blieb mir nicht verborgen, ein altes Schloss, tragische Liebesgeschichten, ein Gefängnis mit zwanzig verschiedenen Insektenarten. Das Motiv des Gehens und Zurückkommens wiederholte sich. Das hier war kein Ort für mich. Für Butler mochte Marettimo ja Ithaka gewesen sein, auf mich wirkte es aber vor allem feindselig und nicht wie ein Zuhause. Oder vielleicht übertrug ich meine Gefühle auf die Landschaft. Die Vorstellung von einem »Zuhause« weckt schließlich Erwartungen, die oft nicht erfüllt werden können. Es ist ein Synonym für Sicherheit, aber mein Zuhause in London war zerrüttet, voller Gefahren. In das Haus meiner Kindheit zurückzukehren war auch keine Option, wegen der umfassenden Vorsichtsmaßnahmen meines Vaters, um sich nicht anzustecken. Wenn das Zuhause nicht mehr sicher ist, kann man es – wenn man Glück hat – verlassen, oder man wird verbannt, wie Rosselli nach Lipari. Inseln können Paradies und Gefängnis zugleich sein. Was bisher so selbstverständlich für mich gewesen war, ein Zuhause, Sicherheit, nahm ich jetzt bewusster wahr: Ich hatte einen Ort, an den ich zurückkehren konnte, wenn ich das wollte. Ich dachte an all die Menschen, die aus schrecklichen Gründen aus ihrer Heimat fliehen mussten, vor Krieg und Verfolgung, an die Vertriebenen, die nie ein Zuhause gehabt, und an diejenigen, die es verloren hatten.

Vielleicht ist ein Zuhause, eine Heimat, mehr als ein Gefühl, ein Ort, an dem man sich angekommen fühlt. In dem Fall kann man sich auf vielerlei Art auf der Welt ein Zuhause schaffen. Aber auch das Herz spielt eine Rolle, die Menschen. Ich hatte nie geplant, allein zu leben, und auch wenn ich gut allein zurechtkomme, war mir meine eigene Gesellschaft nie genug. Ich bin extrovertiert und mag es, ständig von Menschen umgeben zu sein, blicke mehr nach außen als nach innen. Vor dem Lockdown war ich immer nur ein Gespräch von neuen Kontakten und Möglichkeiten entfernt gewesen.

Während ich am Hafen wartete, dachte ich wieder an die Tiger über und unter mir, die neue Schärfe der Welt, ihre atemberaubende Brutalität und ihre unerwartete Weichheit. »Tiger schwimmen«, hatte Theo mir bei unserem letzten Videotelefonat erklärt, mit der Freude, die Kinder an neu erlernten Dingen haben. Er sei ein Regenbogentiger, hatte er gesagt, und er habe zwei neue Fantasiefreunde, einer brav, einer ungezogen. Mal schloss er sich mit dem einen zusammen, mal mit dem anderen, es wechselte täglich.

Nach vielen Abenteuern auf dem »salzigen Meer« landet Odysseus auf einer Insel, auf der die Phäaken leben, die für ihre Seefahrt- und Tanzkünste berühmt sind. Sie bieten ihm Unterkunft und Erholung an und arrangieren sogar einen Tag mit Sportwettkämpfen, um ihn aufzumuntern, als er beim Abendessen in Tränen ausbricht. Schließlich geben sie ihm ein magisches, selbststeuerndes Schiff, mit dem er letztendlich nach Ithaka zurückkehren kann.

Nach Hause zurückfahren wollte ich nicht, selbst wenn mir jemand ein magisches Schiff geben würde, aber hier wollte ich auch nicht bleiben. Schaudernd hielt ich am dunklen Horizont Ausschau nach dem letzten Boot nach Favignana, laut der *Odyssee* die Insel der Ziegen und Wunder.

Wenn du deine Reise nach Ithaka antrittst,
So hoffe, dass der Weg lang sei,
Reich an Entdeckungen und Erlebnissen.

Als in der Frühe Eos erschien mit rosigen Fingern,
da durchstreiften wir die Inseln staunenden Blickes.

Odysseus

KAPITEL SECHS

Verzauberte Insel

Favignana, Ägadische Inseln, Sizilien, Italien

KAPITEL SECHS

Ich fuhr ins Vogelzwitschern hinein, in Farbe, in goldenes Hollywood-Licht auf weißen Kalksteinfelsen. Alles war so leicht, dass ich das Gefühl hatte zu betrügen – das Leben war im Fluss. Weite umgab mich auf dem Fahrrad, ausgedehnte Klanglandschaften, der endlose Himmel, flötende Vögel. Auf den schmalen Straßen begegnete ich niemandem und hatte das Gefühl, auf einer Insel mit zweitausend Einwohnern völlig allein zu sein. Die Reifen knirschten im Sand auf den zerfurchten Straßen und holperten durch Schlaglöcher, sodass meine Tasche und die Wasserflasche im Korb hüpften. Gibt es etwas Schöneres, als früh am Morgen zum Meer zu radeln, um schwimmen zu gehen?

Ich fuhr durch Favignana, die Räder surrten metallisch, in der Ferne bellte ein Hund, ein Hahn krähte wütend die unaufhaltsam aufgehende Sonne an. Verstummte. Krähte wieder: das männliche Gebot, gehört zu werden, die Einforderung von Aufmerksamkeit. Die Ruhe war erfüllt von Vogelisch, das ich nicht gut genug sprach, um die verschiedenen Gesänge und Melodien zu unterscheiden, so wie ich auch kein Sizilianisch sprach. Stattdessen hörte ich einen generellen, vereinfachten, kollektiven Ruf an die Freude.

Wie jeden Tag auf dieser Insel war ich um sechs Uhr aufgewacht, aus dem Bett gesprungen, so wie ich es in London nie konnte, wo es mir im kalten Grau nahezu menschenunmöglich erschienen war, mich von meinem warmen Kokon zu lösen, wo ich den Wecker ignorierte, gute Vorsätze unter Kissen und Schlafmasken und Ohrenstöpseln begrub, die den Alltagslärm ausschlossen, das wässrig-kohlengraue Licht. Hier war ich eine andere, endlich das, was ich zu werden gehofft hatte – ein rechtschaffener Mensch. Die Art Frau, die mühelos früh aus dem Bett kommt, täglich den Chor der Morgendämmerung preist, einer dieser selbstzufriedenen Menschen, die mehr vom Tag haben, weil sie im Morgengrauen aufstehen, und behaupten, nie müde zu sein. Noch bevor der Tag richtig begonnen hatte, erledigte ich Dinge mit Leichtigkeit, schrieb noch vor dem ersten Kaffee in meinem Journal, fuhr Rad und schwamm, bevor ich am Schreibtisch still sitzen musste. Ich war zufrieden mit mir, nicht länger mit mir im Clinch, weil ich ständig scheiterte, geißelte mich nicht wegen meiner Faulheit. Hier war ich ein besserer Mensch. Ich lebte besser. Ich überprüfte den Wind mit der App auf meinem Handy, suchte mir eine Bucht in der entgegengesetzten Richtung, um nicht wieder von einer Qualle gestochen zu werden, zog eine warme Hose an und sprang auf mein Rad, sobald sich der Himmel rosarot färbte.

Die Temperaturen kühlten ab, das Meer war jetzt im Herbst deutlich kälter. Jeden Tag kämpfte ich am Ufer mit mir. Ich wusste, es würde mir nach dem Bad besser gehen, trotzdem zögerte ich. Vergeudete jeden Morgen lange Momente mit dem Wasser bis zu den Oberschenkeln, während meine Beine weiß wurden, mein weicher Bauch vom kalten Stechen des Wassers zuckte. Die Ästhetik von Disziplin, ihre Zügel gefielen mir schon immer. Ich sehe die Befriedigung in Entbehrung, Genügsamkeit, bin mit katholischer Strenge aufgewachsen: Bestrafung, Selbstverleugnung, Schuldgefühle. Manchmal machte ich in London Intervallfasten, nutzte den Hunger, um Produktivität und Konzentration zu schärfen, doch das Schwimmen war mehr als einfach nur Disziplin. Es war genauso viel explodierende, endorphinische Freude. Wenn ich mich endlich hineingewagt hatte, mir die Luft wegblieb und ich wieder ausatmete, mir die Kälte entgegenschlug und mich durchdrang, war das erst brutal und dann friedlich. Schließlich empfand ich pure Freude, während sich mein Körper wappnete, entspannte, genoss. Ich grinste albern, als ich zitternd in meine Kleider schlüpfte und beim Zurückfahren meine tauben Zehen um die Pedale krallte.

Durch meine neu entdeckte Fähigkeit, früh aufzustehen, zusammen mit dem Zeitunterschied von einer Stunde zu England erstreckte sich der Morgen träge und gehörte ganz mir, bevor ich mich in den Laptop vertiefen, Probleme wie Puzzles lösen musste, meine Ergebnisse niederschreiben, Beweise auflisten, Empfehlungen erteilen. Auch die Arbeit empfand ich als leichter, erfüllender, meine sonstige Rastlosigkeit kanalisierte sich im Radfahren und Schwimmen, Konzentration und Aufmerksamkeit wurden besser.

Nach etwa einer Woche auf der Insel gehörte ich zu den Stammgästen, die sich jeden Tag in der Bar Cono trafen, dem *caffè* an der Ecke des zentralen Platzes. Hier tranken die alten Männer ihren Kaffee, doch mittlerweile kannten sie mich und redeten in Schnellfeueritalienisch auf mich ein, fragten, ob ich heute schwimmen war, debattierten, welche Bucht ich unbedingt am nächsten Tag ausprobieren müsse, warnten mich vor *mare brutto* (dem hässlichen Meer), schüttelten die Köpfe über die exzentrische junge Engländerin mit Brille und Strohhut, die *acqua fredda* (kaltes Wasser) mochte. Wir führten lange Gespräche, auch wenn ich nur nickte und »*sì, sì*«, sagte, während ich immer wieder die Fäuste ballte und löste, damit sich meine vom kalten Wasser geisterhaft vergilbten Finger wieder röteten. Ich merkte, dass alle einfach nur Gesprächspartner wollten, mit denen sie sich angenehm unterhalten konnten. In der Übersetzung bin ich zugänglicher, weniger scharf. Ich lächelte mehr, um mein mangelndes Italienisch auszugleichen, und auch weil ich wieder glücklich war. Wie Nebel hatte es mich durchdrungen, sanft und leicht, sodass es mir zuerst nicht aufgefallen war. Wie wenn eine Katze in der Nacht auf einen klettert und dort schläft und man es erst merkt, wenn sie am Morgen hinunterspringt. Oder wie das Fieber, das immer höher wird, um dann mitten in der Nacht zu sinken, aber man ist zu krank oder müde und spürt erst am nächsten Tag, dass es einem schon eine Weile besser geht.

Wir saßen auf der *terrazza* an der frischen Luft, spendierten einander Espressi, beobachteten die Leute, die auf der anderen Seite des Platzes an der Bäckerei anstanden oder vorbeiradelten. Ich genoss es sehr, dass man mich mit meinem Namen begrüßte, dass man mich kannte, dass ich auf gewisse Weise dazugehörte.

»*Ciao,* Lao-ra! *Caffè?*«

Ich nickte, bestand darauf zu zahlen und gab *zucchero de canna* in meine winzige Tasse. Zu Hause war es undenkbar gewesen, den Kaffee zu süßen. Für meinen Vater war es sogar undenkbar, Kaffee aus einem Becher zu trinken, er bestand immer auf einer ordentlichen Tasse mit Untertasse – da war er ein bisschen aus der Zeit gefallen. *La dolce vita,* dachte ich, als ich den Zucker in meinem Espresso verrührte, stimmt ganz wörtlich, Italien war süß bis obenhin.

~

»Das ist jetzt dein Zuhause«, sagte Maria. Ihre rot geschminkten Lippen hinterließen einen Abdruck an ihrer weißen Zigarette, mit der sie hierhin und dorthin deutete, als sie mir das Hotel zeigte, das sie nur auf mein Bitten hin geöffnet ließ. Ich war der einzige Gast und durfte so lange bleiben, wie ich wollte. Ein ganzes Hotel, um darin als Dauergast zu wohnen, das hatte etwas von altem Hollywood an sich. Ich spiele nicht oft Prinzessin, aber ich nahm sofort das »Principessa«-Zimmer in Besitz und fühlte mich wie eine Königin in ihrem Palast. Die Duschkabine war ein wenig zu klein, als dass die Regendusche ihre volle Wirkung entfalten konnte, der wahre Luxus war aber sowieso die große verglaste Dachterrasse. Hier übte ich jeden Abend nach meiner zweiten Schwimmrunde Yoga und betrachtete den Mond und die funkelnden Sterne am Himmel. Langsam kehrte auf der schwarzen

Matte das Leben in meine eiskalten weißen Zehen zurück, während die Dunkelheit um mich herum tiefer wurde. Gelbe Straßenlampen beleuchteten das schäbige weiße Dorf, Katzen kreischten lüstern, die Kirche läutete vorwurfsvoll die Glocken für die Ungläubigen, der grüne Berg wurde kohlegrau und dann zu einem Umriss, und hinter alldem lag das Rauschen des Meeres in der Abenddämmerung.

Diese Insel war wie ein Traum. Der Monte Santa Caterina mit seinem Schloss, das sich malerisch an den Hügel schmiegte, den Felsbuchten, in denen ich schwimmen ging, dem tigergestreiften Meer, wettergegerbten sizilianischen Einheimischen statt dem üblichen dienstbeflissenen Personal, das einen sonst an sonnigen Urlaubsorten umschwirrte. Das Licht erschien geradezu flüssig, der Himmel strahlte blau über der gelben Kirche mit ihren drei Messingglocken. Überall waren Heiligenfiguren – in niedrige Steinmauern eingelassen, an Straßenecken, neben Schaufenstern, oft standen ihnen zu Ehren Vasen mit Blumen davor. Wanderfalken lebten unsichtbar auf den Berghängen und schwebten in ihrem mottenbraunen Gefieder über den Feldern, und jedes Mal machte mein Herz einen Sprung, wenn ich sie bei meinen Radtouren sah.

So sollte eine Insel sein. Kein einziges Mal vergaß ich, dass ich vollständig von Wasser umgeben war, die Wellen schlugen überall ans Ufer. In New York ging ich bei jedem Besuch von Wasser zu Wasser, trotzdem fühlte sich Manhattan nie wie eine Insel an, auch wenn sie es war, auch wenn ich ihre Wassergrenzen abgelaufen war. In England ist es unvorstellbar, dass man sich eigentlich auf einer Insel befindet. Die schmutzige, graue, aufsässige Küste ist fast immer zu weit weg, belebt einen nicht. Vor meiner Abreise hatte London sich für mich gebrochen, kaputt angefühlt. Oder vielleicht gehörte ich einfach nur nicht mehr dorthin.

Langsam und leicht. Eine Parallelwelt. Eine Insel bei einer Insel bei Italien. Eine Übung in einfachem Leben, in Genügsamkeit. Hier gab es von allem genug, aber von nichts zu viel. Ich radelte über die alte Bergstraße, die für den Verkehr gesperrt war, nachdem man einen Tunnel durch den Monte Santa Caterina getrieben hatte, doch auf gute italienische Art hoben alle nur ihre Fahrräder über die Absperrung, weil es viel schöner war, die alte Straße entlangzufahren, während sich links neben einem das Meer erstreckte, Kakteen sich an die Berghänge klammerten und rosa und lila Wildblumen am Wegesrand wuchsen.

Auf der anderen Bergseite fand ich hinter einem Feld einen versteckten Strand, und Cala Pirreca wurde zu einem meiner Lieblingsplätze. Ich saß im Schatten einer Höhle in den Felsen, die Wellen spielten mit den Kieseln am Strand. Der Wind stand richtig, weshalb ich zur Isola Preveto schwamm, einem felsigen Eiland etwa einen halben Kilometer vor der Küste. Hinaus war die Strecke verführerisch einfach, und ich vergaß immer wieder, wie heikel die Strömungen auf dem Rückweg waren. Dazwischen zog ich mich auf die Felsen, um mich auszuruhen und aufzuwärmen, blieb aber nie lange, denn jemand hatte mir erzählt, dass die einzigen Bewohner der Insel »die sehr großen Mäuse« waren. Ich brauchte einen Moment, bis mir klar war, was damit gemeint war.

~

Kein einziges Auto hupte mich an, wenn ich mit dem Fahrrad unterwegs war, im Gegensatz zu London, wo man als Radfahrer jeden Tag beschimpft wurde. So vorhersehbar wie ermüdend. Hier war ich entspannt, meine Schultern wurden zunehmend sommersprossiger, während ich auf meiner *bicicletta* durch die fast schon greifbare Stille, den reinen Frieden auf der Insel fuhr.

An der Westküste entlang radelte ich zum schwarz-weißen Leuchtturm, bei dem sich aus dem Skelett eines alten Steinbruchs flache Seen gebildet hatten, in denen ich schwamm. Als ich auf den Felsen zum Trocknen saß, huschten zwei Eisvögel übers Wasser, einer davon so nah an mir vorbei, dass ich die Vibrationen seiner Flügelschläge an meinem Knie spürte. Ihr blitzschnelles Auftauchen war wie ein Riss in der Welt, ein rascher Blick in ein anderes Reich. Zum zweiten Mal schon waren Eisvögel zu mir gekommen, so kurz, dass ich mich fragte, ob ich sie mir vielleicht nur eingebildet hatte. Eine blau-orangefarbene Unschärfe, ein Flügelschlag, eine Illusion.

~

Ernie Bradford, ein englischer Historiker mit einer Vorliebe für die Antike, veröffentlichte in den Sechzigern ein Buch mit dem Titel *Reisen mit Odysseus.* Darin vertrat er die These, dass Favignana die Insel der Ziegen war, oder »die Insel voller Wunder« in Emilys Übersetzung, an der Odysseus und seine Mannschaft angelegt hatten, bevor sie es mit dem Zyklopen aufnehmen mussten. Zeus' Töchter treiben die Bergziegen auf sie zu, die

Beute ist reichlich, und die Männer genießen ein typisch sizilianisches Festmahl:

> *Also saßen wir da den ganzen Tag, bis die Sonne sank,*
> *und schmausten unsäglich viel Fleisch und tranken*
> *den süßen Wein.*

Für mich war Favignana jedoch eher wie Kirkes Insel, ein Ort magischer Verzauberung und nicht, um Ziegen zu jagen – während meines gesamten Aufenthalts hier habe ich keine einzige gesehen. Nachdem die ganzen Theorien zu den Schauplätzen der *Odyssee* auf mich sehr subjektiv wirkten, konnte ich ebenso gut meine eigenen aufstellen, oder? In der *Odyssee* ist Kirke eine mächtige Zauberin, die die Mannschaft in Schweine verwandelt. Odysseus kann sie, unter der Anleitung von Hermes, überlisten, indem er ein schützendes Kraut isst, wodurch ihre Magie bei ihm wirkungslos bleibt. Er überredet sie, die Männer zurückzuverwandeln, und schläft dann mit ihr (natürlich). Ich war die Zauberin, die Hexe, die Göttin, die Ziege. Das hier war meine wilde Insel, auf der alles möglich war.

~

Es war ein klarer, blauer Abend, und ich ging auf der Dachterrasse hin und her, sah zur Kirche, den Dächern der alten Häuser, während ich mit meinem Vater telefonierte.

»Wie geht es dir? Warst du wieder lange joggen?«, fragte ich. Er lachte, und ich hörte etwas in seiner Stimme, wie wenn man den

Atem in der kalten Luft bei einem Weihnachtsspaziergang sehen kann. Etwas Neues. Er schien schwerer Luft zu bekommen.

Ich sah zum Mond hinauf, der rund und voll glänzte, dem Kaninchen auf der Oberfläche, wollte diese neue Veränderung nicht gehört haben. Sie zu bemerken, war ein weiterer Verrat.

»Klar, ich trainiere für den Marathon«, sagte er, und wieder hörte ich dieses leise Pfeifen. Vielleicht hieß das ja, dass die letzte Behandlung anschlug, sich durch seinen Körper walzte auf ihrer Mission, die Krebszellen zu vernichten.

»Für einen Ironman, meinst du? Bekommst du gleich püriertes Huhn als Proteindrink?«

»Ja, gleich bekomme ich meine Hühncheninfusion.«

»Was ist das?«

»Eine rektale Hühncheninfusion.« Wir kreuzten die Klingen und tanzten umeinander herum in Gesprächen, die dem Spaß dienen sollten, und landeten dabei manchmal Treffer. Keiner von uns gab nach, änderte etwas. Keiner von uns wurde plötzlich zu weich, zu gefühlig. Manchmal zeigt man seine Liebe, indem man so tut, als sei alles ganz normal. Als er damals die Diagnose bekommen hatte, hatte er mich gebeten, ihn nicht mit Mitgefühl zu erdrücken. Daran hatte ich mich gehalten und tat es immer noch. Meine Augen brannten, doch ich hielt durch, blinzelte den gelben Mond an, bis die Tränen zurückgedrängt waren.

Er war tatsächlich einmal den London-Marathon gelaufen, als er noch gesund war, und als Erinnerung daran hatte er zwei Fotos vergrößern lassen, auf denen er ein grünes T-Shirt und seine treue Gürteltasche trägt, die Arme ausgestreckt, als hätte er die Ziellinie schon überschritten, eine vorgreifende Siegerpose. Eines hatte er auf seinen Schreibtisch gestellt, falls er seine eigenen Leistungen vergessen sollte, und eines der Haustür gegenüber, damit Besucher danach fragten. Er war ein eitler Mann, der gern angab, nicht nur mit sich selbst, sondern auch mit mir. Manchmal fürchtete ich, dass ich ihm verglichen mit meinem Bruder nicht viel Grund dafür gab.

~

Eines Tages drückte mir Clemente, einer der alten Fischer, mit denen ich Kaffee in der Bar trank, seine Visitenkarte in die Hand, auf der er für Bootstouren warb. Die Rückseite zeigte ein altes Foto: Fünf Männer zogen mit vor Anstrengung verzerrten Gesichtern einen riesigen Thunfisch an Bord, der von fünf hölzernen Harpunen durchbohrt war; seine Finne zeigte nach oben, zu Gott. Clemente deutete auf den blonden Mann und dann auf sich, und ich nickte.

Die alte Thunfischfabrik am Ende des Hafens war mir bereits aufgefallen, eine Reihe eleganter Gebäude und langgestreckter Bootshäuser mit orangefarbenen Dachziegeln, fünf Backsteinschornsteinen, die hinauf Richtung Berg zeigten, und einer hohen Mauer. Unter den vier markanten Torbögen hat man vermutlich Boote zu Wasser gelassen. Mir war irgendwie klar gewesen, dass die Insel eine Verbindung zum Thunfischfang haben musste, nachdem überall blutige Darstellungen auf Fliesen und Bildern in den Läden zu sehen waren, aber jetzt, mit Blick auf Clementes Visitenkarte, wollte ich es genauer wissen.

Ich war die einzige Teilnehmerin der Tour. Anna, der Guide, erzählte mir, dass die Insel im fünfzehnten Jahrhundert einem gewissen »Thunfischbaron« gehört hätte, der sich wegen der Blauflossenthunfische so genannt hatte. Diese tummeln sich hier, weil die Insel mitten auf ihrer Wanderungsroute liegt. Als Favignana dann im neunzehnten Jahrhundert an Ignazio Florio verkauft wurde, brachen schwere Zeiten für die Thunfische an. Die Familie Florio baute die größte Fabrik am Mittelmeer und entwickelte immer grausamere und geschicktere Methoden des Fischfangs, was schließlich in einem sadistischen System von sieben Unterwassernetzen mündete, die zum »Todesraum« führten, wo die Fische sich entweder gegenseitig durch das Peitschen ihrer Schwänze töteten oder mit Harpunen umgebracht wurden. Diese *tonnare*-Netze waren so groß, dass man den ganzen April gebraucht hatte, um sie auszulegen, damit sie für den Saisonbeginn im Mai einsatzbereit waren.

Nach dem Fang wurden die Fische an ihren Schwänzen aufgehängt, bevor sie gekocht und in bemerkenswerten Mengen in Dosen abgefüllt wurden. Selbst die Dosen waren außergewöhnlich, so große hatte ich noch nie gesehen. Riesige, bottichartige Dosen für die Armee, so groß wie eine Umarmung. Die Dosen wurden ebenfalls in der Fabrik hergestellt, die Boote, mit denen der Thunfisch gefangen wurde, auf der anderen Seite des Hafens in der gegenüberliegenden Werft gebaut. Laut Anna war man hier auch auf die Idee gekommen, den Dosen Öffner beizufügen sowie den Thunfisch in Öl einzulegen. Kein Teil des Thunfischs wurde verschwendet, aus den gekochten Fischköpfen wurde Öl hergestellt, die Gräten wurden zu Dünger zermahlen. Auf jeder Dose prangte ein Löwe, das Symbol der Florios. Er beugte sich und trank aus einer Pfütze, die offenbar Chinin enthielt, ein Mittel gegen Malaria. Das Motiv war eine Hommage an die Apotheke, mit der die Familie Florio ihren Reichtum begründet hatte. Die Löwen sind auch in die Fabriktüren eingraviert und finden sich in den schönsten Kirchen Palermos. Die Fabrik stellte 1982 den Betrieb ein, doch Thunfisch wurde noch bis 2007 auf die traditionelle Weise mit Holzharpunen gefangen.

Als Kind war für mich die Größe der Thunfischdose gleich der Größe des Fisches, sodass ich jahrelang dachte, sie wären so etwas wie Sardinen oder Sardellen. Erst als ich an der Universität eine Naturdoku sah, wurde mir mein Irrtum bewusst. Der Anblick dieser Thunfischdosen war lehrreich, er erinnerte mich an die Kurzschlüsse in meinem eigenen Denkprozess, an meine voreiligen Urteile und daran, wie dumm ich sein konnte.

Manchmal ist Unwissenheit eine gute Sache. Auf der Insel war ich nicht nur in körperlicher Hinsicht sicher. Die Sprachbarriere schützte mich. Meine Angst konnte sich nicht verselbstständigen, weil ich die Ängste und Sorgen der Menschen auf der Piazza nicht besser verstehen konnte als die verschiedenen Vogelstimmen. Für mich war alles Gesang. Italienisch klingt für mich wie Blubberblasen oder singende Katzen, und Sizilianisch mit seinen verwaschenen »S«-Lauten ist erdiger, zischender, leicht bedrohlich. Es war eine Erleichterung, unwissend zu sein, wie ein Kind nur meine Grundbedürfnisse zu äußern und frei zu sein von der Erwartung, sich gewandt oder witzig auszudrücken. Ich musste nur lächeln oder die Schultern zucken, und selbst mein Schulterzucken wurde in diesem Land der pantomimischen

Gestik theatralischer, mit heruntergezogenen Mundwinkeln und entsprechenden Handbewegungen. Meine einfachen Versuche, die Sprache zu sprechen, wurden mit großer Zuneigung, mit Bestätigung und einem Lächeln belohnt, so wie man ein kleines Baby anfeuert, das gerade krabbeln oder stehen lernt.

Meine Lieblingsgeste war, wenn die Sizilianer beide Hände locker unterhalb des Brustbeins aneinanderlegten, als würden sie zum Himmel flehen, und sie dann traurig auf und ab bewegten. *Non posso faci nulla,* sagen sie damit (Daran kann ich nichts ändern). Eine Geste der Akzeptanz und Kapitulation ebenso wie eine Verhandlungstechnik. Drei Finger an der Kehle hinaufgleiten zu lassen und sie dann schnell vom Kinn wegzuschnippen, bedeutet entschiedene Gleichgültigkeit: *Non me va* (Das ist mir egal), während zusammengelegte Fingerspitzen, nach oben gehalten wie Babyschnäbel und schnell hin und her bewegt, entweder *Cosa vuoi*? (Was willst du?) oder *Che ci posso fare?* (Was kann ich tun?) bedeuten. Die Gesten halfen mir, alles zu verstehen.

Gelegentlich tat ich so, als würde ich die Trauer der Menschen über meine mangelnden Italienischkenntnisse teilen und machte leere Versprechungen, die Sprache zu lernen.

Einige Wörter merkte ich mir, weil sie schön klangen: *brioches con tuppe* bedeutet »mit kleinen Hüten«, *zenzero* heißt Ingwer, und jedes Mal, wenn ich nach *latte schiuma* fragte, fühlte ich mich leicht und schaumig. Ich war glücklich in meiner Blase.

Sprachen, Wörter, Lexika und die Fähigkeit, etwas auf verschiedene Arten auszudrücken, habe ich schon immer geliebt, den Versuch, etwas zwischen den Buchstaben in Sätzen zu erfassen, und hätte nie gedacht, dass das Fehlen dieser Fähigkeit verlockend sein könnte. Wenn ich früher auf Reisen war, hatte ich die Sprachbarriere als etwas Frustrierendes empfunden, als eine Mauer, gegen die ich mich warf und die die peinlichen Unzulänglichkeiten meiner Bildung offenbarte. Während ich durch Kolumbien reiste, schrieb ich mir Wörter und Zahlen auf und übte beim Busfahren mit den anderen Leuten Spanisch, doch hier war es eher Balsam als Barriere. Als steckte man in einem Luftpolsterumschlag in der Post oder als wäre man als Kind nachts mit seinen Eltern im Auto unterwegs und würde vom Rücksitz aus mit großen, müden Augen beobachten, wie die Katzenaugen an der Straße grün reflektieren und der gelbliche Schein der Straßenlampen vorbeihuscht, während man auf kindlich-kreative Weise überlegt, dass die Lichter da draußen wie umgekehrte Leopardenflecken aussehen. Ich entschied mich dafür, nichts zu wissen, konnte mich nicht an den kollektiven Sorgen über die neuesten Entwicklungen der Pandemie, an den hysterischen Mikrointerpretationen und an den Makroverschwörungstheorien beteiligen. Musste mich nicht mit banalen Beobachtungen über die Welt, kleinlichen Beschwerden und Gejammer auseinandersetzen. Da ich sowieso kaum etwas verstand, konnte ich mir auch vorstellen, dass die alten Fischer jeden Morgen hochgeistige Gespräche über Kunst und Poesie führten.

Ich entschied mich auch bewusst dafür, nichts über den aktuellen Gesundheitszustand meines Vaters zu erfahren. Als der Krebs erstmalig bei ihm festgestellt wurde, verwechselte er meinen Optimismus und meine Hoffnung mit Verleugnung und versuchte, mir das klarzumachen, als wir vor dem Haus meines Bruders in London auf der Straße standen.

»Ich fürchte, dein alter Vater wird nicht sonderlich alt werden.«

Ich nickte zum Zeichen, dass ich verstanden hatte. Er hasste es, wenn jemand Gefühle zeigte, und ich traute meiner Stimme nicht.

»Verhalt dich ganz normal«, sagte er.

Ein scharfer Befehl, keine Bitte um ein Versprechen. Da hatte er auch gesagt, ich solle ihn nicht mit Mitgefühl erdrücken. Ich wusste also, was ich nicht tun durfte, aber nicht, was ich durfte. Ich umarmte ihn damals, was komisch war. Wir umarmten uns nie. Bei meinen Freundinnen hatte ich gesehen, dass sie ihre Väter umarmten, und war darauf immer neidisch gewesen. Es war mir so fremdartig vorgekommen, wie etwas aus einem Film.

Dann kamen die Vollbremsung und eine Hundertachtziggradwendung. Ursprünglich hatten die Ärzte Magenkrebs diagnostiziert, was ihn als Mediziner überrascht hatte. Er hatte keine Risikofaktoren, es ergab keinen Sinn, und doch war da die graue Masse in seinem Bauch, groß und abstoßend, ein umgedrehtes Kuheuter. Drei bis sechs Monate. Wir wappneten uns. Eine Halbwertszeit oder eine Verdopplung, eine absurde Schätzung. Doch dann gab es plötzlich eine andere Diagnose: ein anderer Krebs, der langsamer wuchs, operierbar war. Neuroendokrin.

»Nicht mehr lokal, da er das Nest schon verlassen hat«, sagte mein Vater zu mir. Metastasieren, ein hässliches Wort. »Die Tumore in der Leber werden mich schließlich dahinraffen«, sagte er, sein eigenes Organ eine versteckte Massenvernichtungswaffe. Trotzdem hatte er mit der neuen Diagnose viel mehr Zeit, und wenn eine Operation und Medikamente den Krebs in Schach halten konnten, hätte er vielleicht noch Jahre.

Ich war wütend auf die Ärzte und die Fehldiagnose, den Aufruhr an Gefühlen. Wie konnten sie einem Menschen gegenübersitzen und sagen: »Sie haben noch drei Monate zu leben«, und kurz darauf: »Tut mir leid, ich habe einen Fehler gemacht, Sie haben einen völlig anderen Krebs«? Als Arzt dachte er selbst nicht so. So etwas passierte. Es waren gute Neuigkeiten. Er hatte Glück. Und psychologisch war es für ihn sicher besser. Man konnte leichter dankbar sein, wenn ein Todesurteil abgemildert wurde.

Auf der Insel beruhigte ich meinen Geist mit kaltem Wasser, fror meine Gedanken ein, verbog meinen Körper zu Yoga-Stellungen, die meine gesamte Konzentration erforderten, balancierte auf einem Bein, starrte auf einen Punkt. So dachte ich nicht an ihn, die Pandemie, ob ich mein Leben vergeudet hätte. Diese Dinge waren mein Gerüst. Wenn ich vom Kopfstand in ein Rad wechselte, spürte ich nichts anderes als meinen Atem und meine Muskeln: Spannte ich meine Beine genug an? Waren meine Schultern erhoben, um den Hals zu stützen? Ich konnte mich in meiner eigenen Körperlichkeit bewegen, weg von der Hitze meines Geistes – »Biohacking«, wie es diese albernen Tech Bros nennen würden –, mich mit Wasser betäuben, künstlich Endorphine erzeugen, Dopaminspitzen. Meine Muskeln wölbten sich, ich merkte die zunehmende Kraft an meinen Handständen: Ich wurde besser darin, mich selbst auf die falsche Art aufrecht zu halten. Abends war ich körperlich ausreichend erschöpft und müde, um tief und traumlos zu schlafen. Ich wusste, was ich tat. Ich wusste, dass ich Angst in Bewegung umsetzte. Und ich wusste, was passieren könnte, wenn ich aufhörte, wenn ich zum Stillstand kam.

In der *Odyssee* werden den Göttern immer wieder Trankopfer als Teil von ausführlichen Ritualen angeboten. Wein wird bei Gebeten auf den Boden gegossen, man bittet die Götter darum, sie mögen einem gewogen sein, um Schutz, um eine sichere Heimreise. Tiere werden geopfert und verbrannt, doch die Opfer erzielen oft nicht die erhoffte Wirkung. Die Götter sind nicht leicht zufriedenzustellen, ihre Gemüter nicht immer zu besänftigen.

Ich brachte meine eigenen Opfer dar, Strandkiesel, aufgestapelte Steine, Meerglas, das ich in die Wellen warf, um mich dafür zu bedanken, dass ich hier an diesem magischen Ort sein durfte. Ich brachte den alten Göttern traditionelle Trankopfer dar und bat um mehr Zeit, aber meine Opfer waren zu klein, und die Götter blieben stumm, und tief in mir wusste ich, was ich nicht wissen wollte.

~

In einem Laden bei der alten Schiffswerft lernte ich Alice kennen. Außer dass sie nicht Alice war und ich nicht Laura. Sie war Ahlitsche und ich war Lao-ra. Sie war schlank und elegant gekleidet, hatte kurze graue Haare und einen Mund, der immer zu lächeln schien.

»Ich habe das Gefühl, ich bin die letzte Touristin in der Stadt«, sagte ich und deutete auf den leeren Laden.

»Nicht ganz«, erwiderte sie, »aber fast.«

Ich betrachtete die Waren und kaufte nichts, während sie mir erzählte, dass ihr Onkel ein Hotel »auf der anderen Seite der Insel« an der abgeschiedenen Westküste habe, hinter dem Tunnel, der die Berge trennte. Dazu gehörte auch eine Olivenfarm, und sie hielten Bienen und Esel.

»Das klingt wunderschön«, sagte ich.

»Ich würde vorschlagen, du kommst morgen zum Frühstück. Als mein Gast.«

Auf den Feldern standen hübsche braune Esel, und am Wegesrand sah ich gelbe Blumen, als ich am nächsten Morgen das Fahrrad über die holprigen Straßen steuerte. Das Hotel wirkte herrschaftlich und ruhig und wunderschön. Im Garten standen Tische, und Alice bot mir warmen Ricotta von einem einheimischen Schäfer mit Thymianhonig von ihren Bienen an. Es war, als äße man Wolken, und der Honig schmeckte fast wie Medizin. Alices Theorie war, dass die Pflanzen hier wegen der Trockenheit mit wenig Wasser überleben müssen, was sie besonders stark duften lässt und dem Honig einen extra intensiven Geschmack verleiht. »So wie die besten Tomaten Siziliens ohne Wasser gedeihen und sich nur die Feuchtigkeit aus der Luft holen. Jetzt musst du Rührei mit frischer Minze probieren«, sagte sie, »und danach eine Auswahl vom selbst gebackenen Kuchen.« Eine »Auswahl« war untertrieben, es waren so viele Kuchensorten, dass Marie Antoinette verzückt gewesen wäre, und die Minze in den Rühreiern war eine Offenbarung.

Nachdem ich meine Investitionen in Gicht und Gewicht abgeschlossen hatte, zeigte Alice mir die Zimmer, die über Freiluftbadewannen in Kakteengärten verfügten und einen Blick hinüber nach Marettimo im Westen. Mein Lieblingszimmer erreichte man über eine Treppe an der Hauswand. Das Bett war Rosa und Weiß bezogen, und auf dem Balkon standen Laternen. Es sah nach

Liebe und Romantik aus, und mir wurde schmerzhaft bewusst, wie gern ich mit jemandem hier wäre, wie sehr ich die Leichtigkeit vermisste, ein Paar zu sein, wie dringend ich mit meinem Ex-Freund auf dem Balkon sitzen und zusehen wollte, wie die Sonne hinter dem blauen Marettimo da draußen über dem Meer unterging.

~

Bevor Corona ihn ausgebremst hatte, war mein Vater immer unterwegs gewesen, hatte immer Menschen um sich versammelt. Er liebte es, neue Leute kennenzulernen, fragte begeistert meine Freundinnen aus, auch wenn das manchmal nach hinten losging. Als er einmal eine alte Mitbewohnerin von mir traf, die er ein paar Jahre nicht gesehen hatte, fiel ihm sofort ihr neuer Look auf. Sie hatte sich von ihrem Freund getrennt, trug die Haare kürzer, hatte abgenommen, das ganze Programm.

»Wow, Jill, Sie sehen großartig aus, viel besser als früher«, sagte er und lächelte breit.

»Äh … danke?« Sie sah mit hochgezogenen Augenbrauen zu mir.

»*Viel* besser! Sie sehen wirklich toll aus!«

Danach sagte sie zu mir: »Ich glaube, dein Dad wollte mir ein Kompliment machen oder hat es zumindest versucht.«

Ich hatte seine Begeisterung geerbt, mit Fremden ins Gespräch zu kommen. Ich unterhalte mich mit jedem und bin ihm da gern ähnlich. Es fällt mir leicht, ich kann schnell Kontakt zu Leuten aufnehmen und eine dauerhafte Verbindung zu ihnen aufbauen, dennoch überraschten mich die Einladungen, vor allem in einer solchen Zeit der räumlichen Trennung, der Abstände, der Infektionen. Eine Einladung war daher ein besonderes Geschenk.

Giorgia lernte ich kennen, als ich im November auf einem Handtuch an der Cala Rotonda in der Sonne saß, um mich nach einer Schwimmrunde aufzuwärmen. Ein natürlicher Felsbogen führt vom Ufer ins Wasser und rahmt die Bucht ein. Giorgia war etwa fünfundzwanzig und wirkte wie ein italienischer Filmstar von früher mit ihren schwarzen Locken, dem Trenchcoat, der dunklen Sonnenbrille und ihrer eleganten Haltung.

»*Buongiorno*«, sagte sie.

»*Buongiorno*«, antwortete ich, und als sie meinen Akzent hörte, wechselte sie zu perfektem Englisch.

»Du warst schwimmen? Aber es ist doch so kalt!« Sie erzählte, dass sie einmal im Jahr schwimmen würde, im Hochsommer, und auch dann nur unter Zwang. »Im Wasser sind Schlangen, viele, viele Schlangen«, sagte sie.

Ich glaube, sie meinte Aale, aber es war trotzdem etwas beunruhigend. Dann deutete sie zu ihren Eltern, die ein Stück entfernt am Strand standen.

»Wir gehen noch zum Essen, möchtest du mitkommen?«

Später gestand Giorgia mir, dass sie normalerweise nie ein Gespräch mit einem fremden Menschen anfangen würde, doch sie hatte mich gesehen, wie ich allein dasaß, »von Gott vergessen«, weshalb sie mich einladen wollte. Sie gab mir die Adresse, stieg in einen uralten Fiat Panda, wie ihn alle auf der Insel fuhren, und rollte über die Schlaglöcher der Straße, die vom Strand wegführte.

Ich folgte ihr auf dem Rad. Später erfuhr ich, dass die bogenförmige Felsformation Arco di Ulisse genannt wird (die italienische Version von Odysseus, vom lateinischen Ulisses oder Ulixes). Vielleicht hatte er sie zu mir gebracht. Zu jenem Zeitpunkt war ich bereitwilliger als je zuvor, an den Zufall zu glauben, an das Glück.

Eine echte sizilianische Familie, ein Festessen. Alles, was ich mir je von italienischer Küche erhofft hatte. Giorgia, ihr Vater Ignazio, ihre Mutter Stella sowie Susana und Angelo, ihre Tante und ihr Onkel, redeten alle in bester italienischer Manier lautstark durcheinander. Sie lebten auf dem Festland in Trapani, hatten aber noch ein Haus auf der Insel, und Giorgia hatte als Kind jeden Sommer hier verbracht, kannte jeden Zentimeter. Wir aßen im Garten inmitten von Kakteen. Ignazio wollte mir ein paar Fragen zum diesjährigen Öl stellen, übersetzte Giorgia.

»Er möchte wissen, wie es schmeckt.«

Erwartungsvoll sah er mich mit gerunzelter Stirn an, als ich mein Brot in das grünste, dickflüssigste Olivenöl tunkte, das ich je gesehen hatte.

»Buono!«, sagte ich mit lang gezogenen Silben. Das Öl war frisch gepresst, weshalb es von so einem außergewöhnlich kräftigen Grün war, und es schmeckte leicht würzig, anders als alle Olivenöle, die ich bis dahin gekostet hatte. Es gab Lasagne und *linguine al nero di seppia* (Linguine mit Tintenfisch), die tiefschwarz war und salzig, umami schmeckte. Außerdem kleine gebratene Fische, die man am Stück aß, und Törtchen aus der Pasticceria, die wie Edelsteine glänzten. Das Essen dauerte über vier Stunden. Ich genoss es, wieder bei einer Familie zu sein, mich

zugehörig zu fühlen, auch wenn Giorgia zwischen uns simultanübersetzen musste. Danach tranken wir Kaffee aus absurd kleinen Tassen und aßen *frutta martorana,* aus Mandeln, Zucker und Wasser, die wie Obst und Gemüse geformt und bemalt waren. Sie schmeckten wie Marzipan, nur weniger intensiv.

»Das ist ein typisch sizilianischer Nachtisch«, sagte Giorgia, »wir machen ihn zum *Giorno die Morti,* dem Tag der Toten, an dem alle mit Blumen zum Friedhof gehen.« Sie erklärte, dass die *morti,* die toten Verwandten, den Kindern diese Süßigkeiten gaben, damit man über Generationen hinweg in Verbindung blieb, auch wenn jemand nicht mehr am Leben war. Eine sehr schöne Variante von Halloween.

Nach dem Essen gingen wir zum Friedhof am Meer. Auf jedem einzelnen Grab lagen Sträuße mit großen gelben Blumen. Ein bezauberndes Gedenken – ich hatte noch nie einen Friedhof mit so vielen Blumen gesehen. Man gedachte der Toten, vermisste sie, liebte sie.

»Möchtest du ein paar Höhlen sehen?«, fragte Giorgia geheimnisvoll. Während wir zur Nordostspitze der Insel fuhren, erzählte sie mir, dass die alten Römer hierherkamen, um den festen weißen Tuffstein für ihre prächtigen sizilianischen Häuser auf dem Festland abzubauen. Der Steinbruchbetrieb boomte ab dem siebzehnten Jahrhundert und ließ die Landschaft geradezu außerirdisch wirken. Auf beiden Seiten der Straße ging es plötzlich dreißig Meter tief in alte Steinbrüche hinab. Wir gingen zwischen den hoch aufragenden Felsformationen im *labirinto* herum. Je tiefer wir vordrangen und je weiter sich das Labyrinth vor uns ausbreitete, desto mehr schwindelte mir. Giorgia, die das alles von ihrem Sommerjob als Guide wusste, erzählte, dass einige der größten Steinbrüche in Senkgärten für reiche Leute mit Zweitwohnsitzen auf der Insel umgebaut worden waren. Sie wies auf die buchstäblichen Spuren der Vergangenheit an den Klippen der Strände Cala Rossa und Bue Marino hin, wo die Stufen von Hand in den Stein gehauen worden waren und sich deutlich von den späteren maschinell angebrachten unterschieden. Wir kletterten auf einen der Felsstapel, und Giorgias Vater machte ein Foto von uns, wie wir hoch oben vor dem blauen Himmel stehen.

Wo das Wasser die Narben der Steinbrüche zurückerobert hat, befinden sich heute Lagunen und flache türkisfarbene Becken. Auf dem Rückweg hielten wir bei Scalo Cavallo, einer Lagune, die nach einem Felsen benannt ist, der wie ein Pferd aussieht – der schönste Name überhaupt. Steinstufen und ein wackliges Geländer führten hinunter zum hexengrünen Wasser, das tiefer und dunkler wurde, sich smaragdgrün und dann schwarzgrün färbte, bis ich das Gefühl hatte, über einem Abgrund zu schwimmen.

Als wir zurückkamen, mussten wir alle Mirto trinken, einen Schnaps aus bitteren Myrtenblättern, den Giorgias Vater selbst gebrannt hatte. Ich sah sie an, Vater und Tochter, die zusammen lachten, und hob mein Glas. Die Flüssigkeit brannte in meiner Kehle.

~

Tage ohne Ecken und Kanten verstrichen, die Zeit fuhr ihre Krallen ein, während der November verging. Meine Einsamkeit veränderte sich, war zwar immer noch präsent, aber nicht mehr voller Leere, sondern angefüllt mit Ritualen wie Schwimmen und Radfahren, der Morgendämmerung und dem Sonnenuntergang. Instinktiv hatte ich mich zurück zum zirkadianen Rhythmus der Höhlenmenschen bewegt. Während die Welt im Winterschlaf lag, entwickelte ich Antennen für die kleinsten Veränderungen, schärfte sich mein Blick. Der zunehmende, abnehmende Mond, wie der Wind sich im Lauf des Tages drehte, ein neues Gebäck im Fenster der Bäckerei anlässlich eines bestimmten Feiertages. Das Heu auf den Feldern, erst lose, dann in Ballen, die sich verfärbenden Büsche um die Buchten. Immer mehr kleine Veränderungen, an denen ich normalerweise vorbeigehastet wäre. Ich achtete mehr auf meine Umgebung. Die grüne Eidechse, die geschmeidig davonhuschte, als ich sie beim Sonnenbaden aufscheuchte. Die Vögel in der Luft, wie sie hin und her zischten, über mir schwebten. Ich war immer noch allein, doch irgendwie wurde die Welt auf dieser »Insel voller Wunder« größer um mich herum. Viel größer als in meiner großen vielfältigen Stadt. Sie war mein Meereskönigreich geworden, ein Ithaka, ein neues Zuhause. Ich war nicht mehr ich selbst und zugleich viel mehr ich selbst, aus Licht und Salz und Meer.

Verzauberung ist nicht immer passiv, man muss nicht zwingend in einen Apfel beißen, sich verschlucken und ins Koma fallen. Man kann sich dafür entscheiden, seine Aufmerksamkeit auf etwas richten. In der *Odyssee* gibt es viele verschiedene Verzauberungen. Die Hexe Kirke verwandelt die Mannschaft in Schweine, drogenabhängige Lotophagen berauschen die Männer mit ihren Pflanzen, Helena von Troja versetzt den Wein mit einer

Droge, mit der man bittere Trauer nicht mehr spürt, Götter verwandeln sich in Vögel, und Athene verschleiert oder verstärkt Odysseus' Aussehen, um ihn schöner, älter oder jünger wirken zu lassen. Sirenen singen sexy Death-Metal-Songs für Männer, die ihren Rufen nicht widerstehen können (wie sehr das Patriarchat doch Angst vor Frauen hat), und ich denke daran, wie oft ich von Bedauern verzaubert und in die Vergangenheit zurückgeholt worden war. Doch in der *Odyssee* gibt es auch positive Zauber. Man glaubt an die Götter, betet zu ihnen, opfert ihnen. Um verzaubert, begeistert, gebannt zu sein, muss man an die Magie glauben, wie ein Kind.

Verzauberung liegt in den Eseln, die mich mit den seelenvollen Augen von Dichtern ansahen, bevor sie mit ihren rostig quietschenden Stimmen melancholische Rufe ausstießen, in den schwarzen Meeresfaltern, die über die Wellen huschten und mich weit draußen beim Schwimmen begleiteten. In den süß duftenden violetten Blumen am Ufer, die ein wenig hexenhaft aussahen, Alraunen, wie man mir sagte. Mandragora, das alte Beruhigungsmittel, das ich im Lockdown hätte gebrauchen können, das Kleopatra verlangte, als Antonius sie verließ und sie »die große Kluft der Zeit durchschlafen« wollte. Der Anblick der violetten Blumen war für mich der Beweis, falls er überhaupt nötig war, dass sich Kreise schließen. *Incantesimo* ist das italienische Wort für Zauber, und beim Aussprechen, mit der Betonung auf der mittleren Silbe, sieht man geradezu den Schwung des Zauberstabs.

Ich erstellte eine Karte der Insel, kannte sie nun instinktiv, wie schnell doch das Unbekannte durch Wiederholung vertraut wird, geliebt wird. Ich spürte, wie ich mich beruhigte, langsamer wurde, sich etwas in mir entfaltete. Zuhause bedeutet, gekannt zu werden, aber auch, einen Ort zu kennen.

Während ich Rhythmus und Konturen wiederherstellte, fühlte ich mich weniger aufgelöst. Etwas wurde klarer, fügte sich wieder zusammen. Baute sich wieder auf. Ich wurde stärker, mein Körper wand neue Muskelstränge, meine Wirbelsäule fühlte sich fließender an, es war nicht mehr so, als würde ich von Drähten in meinen Adern aufrecht gehalten, wie im Lockdown. Jeder Tag fühlte sich wie ein Sonntag an. Ich arbeitete, aber nicht nur. In London hatte ich den ganzen Tag am Laptop gesessen, hatte wie ein Tier morgens im Dunkeln das Haus verlassen und war abends im Dunkeln zurückgekommen, mit von grell flimmernden Fahrradlichtern und Neon-Warnwesten schmerzenden Augen, von Autoscheinwerfern, die die Nacht durchschnitten und die Sterne verschleierten, müde von der Aggressivität der Autofahrer, der kalten Feuchtigkeit, meiner dünnen wasserdichten Jacke, die kaum Schutz vor dem Regen bot, dem Gewicht der Stadt, der Angst, von einem links abbiegenden Lkw überfahren zu werden. Hier konnte ich alles besser miteinander verbinden. Dank der geringen Größe der Insel konnte ich fast jeden Tag am Wasser zu Mittag essen, und den Morgen begrüßte ich mit einem Sprung ins Meer.

In der Kälte war ich nur noch Funktion, keine Form mehr, ich konnte mich aus meinem Kopf lösen und in meinen Körper eintauchen, gehalten vom Meersalz. Ich konzentrierte mich darauf, meinen Atem zu verlangsamen, mit den Kiemen zu atmen. Blau über Blau, Salz auf Salz. Ich beobachtete, wie das rautenförmige

Licht auf dem Wasser schuppenförmige Zellen auf meine Haut warf, blieb so nah wie möglich am Meeresrand und lauschte den Wellen, während ich schlief.

Ich saß im Schatten an der Cala Pierrca, mit meinem Journal, einem Buch und einer Flasche Wasser. Das Meer zeigte seine Juwelen, Aquamarine, Saphire, Topase und Diamanten glitzerten in der weichen, sanften Sonne, die die Felsen wärmte. Statt einem Zimmer eine Bucht für mich allein. Ich sah zu, wie das Meer Salz von den Felsen leckte und sandfarbene kleine Fische im seichten Wasser schwammen. Die Farben des Meeres änderten ihre Meinung, mischten die Blautöne, die Tiefen, die Untiefen neu. Zusammenfügen und wieder voneinander lösen, weben und wieder auftrennen, wie Penelope. Äolus ließ das braune Seegras im Wind tanzen. Ich streckte mich aus, verschob die Kiesel unter mir und machte in meinem Pullover in der warmen Wintersonne ein Nickerchen. »Erhebet eure Herzen«, verkündete der Priester in meiner Kindheitserinnerung ernst, und die Gemeinde antwortete: »Wir erheben sie zum Herrn.« Erhebe dein Herz. Mein weites, salzgetränktes Herz.

~

»Er ist furchtbar stolz auf dich, er erzählt seinen Freunden so gern von deiner Insel«, sagte meine Mutter, immer mehr die inoffizielle Sprecherin meines Vaters. »Es geht ihm gerade nicht so gut«, fuhr sie leise fort, als würde eine geringere Lautstärke es weniger wahr machen. Sie hoffte so sehr, dass die neue Therapie anschlug. Noch ein Zauberspruch, noch eine Verzauberung, doch dieses Mal grausame Magie. Glauben und Medizin sind eng miteinander verbunden, am Placeboeffekt sieht man, wie viel der Glaube an etwas bewirken kann. Bei Krebs muss es einem manchmal erst schlechter gehen, bevor es besser wird.

In jener Nacht träumte ich von meinem Vater, geschrumpft und zwergenhaft in einem weißen Pullover. »Er will die Rechnung zahlen«, sagte meine Traummutter. »Lass ihn zahlen.« Der Traum bestand aus Schichten von Trauer, seine und meine. Mein Vater, der immer kleiner wurde und die Hand eines Politikers hielt, wie ein Kind, das sich bemerkbar machen wollte, während ich versuchte, ihn vor dem Spott ebenjenes Politikers zu bewahren. Früher hatte er einmal eine Konfrontation mit David Cameron zu dessen Zeit als Premierminister wegen der Gesundheitsreformen, die seiner Meinung nach schlecht für die Hausärzte waren. Er hatte einen Termin vereinbart, seine Argumente akribisch vorbereitet und geübt; er wollte wirklich etwas bewirken. Nichts änderte sich.

Als ich aufwachte, rief ich ihn an und erzählte ihm von meiner Idee, einen Podcast mit ihm zu machen, doch es war zu spät, zu kompliziert – wir bräuchten eine besondere Ausrüstung, sagte er. Ich hätte meine Bitte kleiner halten sollen, einfach unsere Telefonate mitschneiden. Laura ist/war meine Tochter. Ist/war. Ist und war. Im Moment. Themen, über die ich gern mit ihm sprechen würde: Was wirst du vermissen, bedauern, woran dich erinnern? Was ist Tod, Religion, Liebe? Welche deiner Patienten sind dir im Gedächtnis geblieben? Wut. Diplomatie. Gehirnoperation. Was hättest du anders gemacht? Was soll ich tun, was soll ich tun, was soll ich tun?

Den ganzen Tag schon hatte drückendes Kopfwehwetter geherrscht, es lag etwas in der Luft. Ich radelte zur Cala Rossa an der Ostküste, einem wunderschönen Strand mit verrückten Felsformationen aus der Steinbruchzeit und einer spitz zulaufenden Landzunge. Das Wetter schlug um, als ich dort eintraf, ein heftiges Unwetter färbte das Meer milchig und den Himmel dunkelrosa. Trotz der Gefahr glitt ich ins Wasser und schwamm durch die Bucht, während Blitze über den Himmel zuckten, Zeus und Poseidon nicht weit weg. Danach fuhr ich tropfnass und unbesiegbar zurück, von einer metallischen Energie erfüllt.

Die *Odyssee* ist voller Stürme und Blitze, sie erzeugen Spannung, bringen die Handlung voran, illustrieren den Zorn der Götter, die Macht von Schicksal und Natur, töten die Mannschaft und stellen Odysseus als Charakter auf die Probe. Ich mochte Gewitter, wollte aber nicht länger auf die Probe gestellt werden. Alles sollte wieder normal werden.

Am Morgen nach dem Sturm wanderte ich in der frischen Luft den Berg hinauf, dessen lebhaftes Grün sich im gleißenden Morgenlicht scharf abzeichnete. Das Kastell oben auf dem Gipfel war ursprünglich von Sarazenen gebaut worden, die die Insel im Mittelalter erobert und sie als Basis für ihren Feldzug auf Sizilien genutzt hatten. Unter den nachfolgenden diversen Eroberern war es immer wieder umgebaut worden und jetzt ein unheimlicher, verlassener Ort, an dem Satellitenequipment im Freien und in einigen Räumen vor sich hin rostete. Schlösser und Burgen sind aus der Ferne oft schöner als von Nahem. Ich betrachtete das *castello* gern von meinem Balkon in dem verlassenen Hotel aus –

abends war es beleuchtet, und das Spiel von Wolken und Mondlicht ließ es entweder wie aus einer unheimlichen Gothic Novel oder einem Märchen wirken. Ich zog die Vorhänge nicht zu, damit mich Eos weckte und mein Blick als Erstes auf das Kastell fiel. Ich überprüfte immer noch reflexhaft mein Handy auf eine Nachricht, die niemals eintraf, und jeden Morgen musste ich den Wunsch unterdrücken, meinen Ex-Freund anzurufen. Ich sah hinauf zu dem Kastell auf dem Berg und dachte an Märchen und die Lügen, die wir kleinen Mädchen erzählen.

Nach dem Sturm lag immer noch etwas Ungelöstes in der Luft. Giorgia sagte, mit dem eleganten knappen Schulterzucken, mit dem alle Italiener schon auf die Welt kommen, dass Sizilien möglicherweise zur *zona arancia* (orangefarbene Zone) erklärt würde, was weitere Beschränkungen mit sich brächte, die vielleicht auch noch mal verschärft würden. Mein Magen verkrampfte sich, vertraute Panik stieg in mir auf. Der Dschungel, ein Tier, das am Wasserloch trinkt, mit gespitzten Ohren und angespannten Beinen. Sollte ich das Handtuch werfen und nach Hause fahren oder bleiben? Ich wollte nicht noch einmal einen Lockdown durchmachen, egal wo. Die Infektionszahlen in London stiegen dramatisch, und dieses Mal fasste ich schnell einen Entschluss. Die Vorstellung, sehenden Auges in die Einsamkeit zurückzukehren, war schlimmer als die Ungewissheit, die zumindest die Chance auf positive Entwicklungen barg. Die Restaurants auf der Insel mussten schließen, die Bar Cono bot nur noch Sachen zum Mitnehmen an.

Ich rief meinen Vater an. Sich bei einem unheilbar an Krebs erkrankten Menschen über irgendetwas zu beschweren ist kleinlich, unhöflich, respektlos. Krebs ist egoistisch, nimmt allen Raum ein, vermittelt Schuldgefühle. Vorweggenommene Trauer ist anstrengend für alle. Doch er spielte gern den Ratgeber und Diplomaten, er war viel besonnener als ich, weshalb ich ihm meine albernen Probleme trotzdem erzählte und sie ihm wie eine Katze eine tote Maus als Geschenk hinlegte.

»Es ist, als hätte ich in der Gegenwart gelebt«, sagte ich, »total im Moment, und jetzt muss ich wieder an die Zukunft denken, und das macht mir Angst.«

»Deine Mutter findet, du solltest nach Hause kommen.«

»Das hier fühlt sich wie zu Hause an«, erwiderte ich. London war so weit weg. Ich würde lieber hierbleiben, auf der Insel, im Schutz der fremden Sprache.

»Pietro, du kannst immer irgendwo eine andere Insel finden«, sagte er. »An deiner Stelle würde ich so lange wie möglich weit weg von England bleiben. Mir wäre es lieber, wenn du mit den Quallen schwimmst.«

Die Insel wusste nicht, dass sie zur orangefarbenen Zone erklärt worden war, und strahlte weiterhin, die Vögel huschten immer noch durch die Luft, Fledermäuse sausten in der Abenddämmerung durch die Straßen, bei Sonnenuntergang standen wieder neonorangefarbene, grellpinke, markergelbe Graffitiwolken am Himmel. Ich rief bei Trailfinders an, und der Mitarbeiter fragte fröhlich, wohin ich reisen wollte. Eine eifrige, professionelle Stimme. Als hätte ich die Wahl anstatt vielfältiger Beschränkungen, als wären die Flugrouten nicht unterbrochen. Nach Hause zurückzukehren würde bedeuten, sich der Dunkelheit und dem Winter zu ergeben, den Schatten und der Stille. Wenn ich mir meine Wohnung vorstellte, wie die Wände immer näher kamen, mich erdrückten, stieg erneut Panik in mir auf. Alles, was hier normal war, was mich wieder ins Gleichgewicht gebracht hatte, die Vögel und das Schwimmen, gab es in London nicht. Ohne Wasser und Sonne würde ich wieder alle Farbe verlieren. In jenem ersten Lockdown war ich in dem ganzen Grau etwas gefährlich nahe gekommen, das mich verschlingen könnte, und ich wusste, dass ich mich so weit wie möglich davon fernhalten musste.

Ich begann mit den Formularen, die ich für eine Ausreise aus Italien benötigte. Wohin als Nächstes? Ich war der *Odyssee* ins Reich der Winde gefolgt, nach Ithaka und zur »Insel der Wunder«. Vielleicht konnte mir das Epos wieder eine Anregung geben. Meine eigenen Magneten funktionierten nicht, es war der einzige Kompass.

Der Zauber war gebrochen, der Traum vorbei. Ich sehnte mich schon nach der Insel, noch bevor ich sie verlassen hatte.

Bis zur großen Höhle er kam, wo die Nymphe
wohnte, die lockenprächtige; sie traf er an, wie sie drin war.
Feuer loderte mächtig auf dem Herde, und weithin
duftete über die Insel der Duft gespaltener Zeder
und von Harzbaum, die brannten. Doch sie, drin singend mit schöner
Stimme, schritt auf und ab am Webstuhl und wob dort mit goldnem
Schiffchen. Ein üppig sprossender Wald wuchs rund um die Höhle:
Erlen und Pappeln und auch Zypressen mit herrlichem Dufte.
Flügelbreitende Vögel erbauten sich dort ihre Nester,
Zwergohreulen und Falken und zungenreckende Krähen,
Wasserkrähen, die ihr Geschäft auf dem Meere betreiben.

KAPITEL SIEBEN

Von der Göttin zum Sturm

Kalypso auf Korčula, Kroatien

KAPITEL SIEBEN

Nach der ätherischen Schönheit meiner sonnenbeschienenen italienischen Inseln war Split, der geschäftige Hafen auf halber Höhe von Kroatien, kalt, dunkel, überfüllt und ein einziger Schock. Ich hatte eine Stunde Sonnenlicht und einige Grad Wärme verloren, wollte nicht wieder in einer Stadt sein, hasste das Gedränge, den Verkehrslärm. Ich kaufte mir neue Stifte, aber es machte mir nicht so viel Freude wie in Lipari – das Geschäft war anonym und mit Neonbeleuchtung.

Als ich jünger war, sehnte ich mich nach Städten, nachdem ich in einem abgelegenen Dorf auf dem Land aufgewachsen war, in dem nichts los war und die Ruhe sich wie eine Falle anfühlte. Ich brauchte die Intensität, die ständige Energie von London, die Lichter von New York, wollte, dass sie mich von mir selbst wegbrachten, wollte Orte, an denen ich mich verlieren und das Unbekannte finden konnte, doch jetzt sehnte ich mich nur nach der schläfrigen Ruhe einer Bucht. Man gebe mir ein Strandhaus am Meer, eine Sprache, die ich nicht spreche, und strahlende Sonne im Winter. Die Kälte hier war beißend. Ich kaufte mir die wärmste Jacke, die ich finden konnte.

Die dalmatische Küste kommt mir jedes Mal wie ein Tupfenwirbel vor. Mein letzter Besuch hatte unter völlig anderen Umständen stattgefunden, in der alten Weltordnung, mit einem früheren Partner. Wir fuhren damals nach Hvar, zu der Zeit das einzige für mich vorstellbare Ziel. Der Urlaub war dann wie eine russische Matrjoschka-Puppe, weil ich vor vielen Jahren, in meinen aufregenden, optimistischen Zwanzigern, die Insel zum ersten Mal mit meiner ersten flammenden Liebe besucht hatte. Jetzt fühlte ich mich unwohl und fehl am Platz, sehnte mich glühend nach meinem jüngeren Ich. Damals war ich blond und selbstsicher, reiste mit einem Rucksack und ohne Geld, bis über beide Ohren in meinen Freund verliebt, der uns beide ständig hungern ließ, weil er abnehmen wollte und uns deshalb kein Mittagessen erlaubte. Von Venedig fuhren wir mit der Fähre nach Kroatien und schliefen an Deck, um die Kosten für eine Kabine zu sparen. Ich habe immer noch ein Foto, das er damals von mir gemacht hat, wie ich in einem rosa T-Shirt an einem Restauranttisch sitze, das Gesicht voller neuer Sommersprossen. Ich lächele, als würde sich nie etwas ändern. Auf dieser Reise berührten wir uns fast ständig, er hielt mich im Arm und zeigte mir die Welt und die Leichtigkeit, mit der die Reichen sie besetzen. Ich wollte in die Vergangenheit reisen, als ich einundzwanzig war und nicht alles übers Internet gebucht wurde und alte Damen mit »Zimmer frei«-Schildern an Busbahnhöfen standen, keine Fotos, keine Online-Bewertungen, man ging mit einer von ihnen mit und hoffte auf das Beste, und irgendwie wurde alles immer gut. Dieses Mal war es ganz anders. Ich war allein, es war Winter und dunkel. Ich wollte wieder die junge Frau von damals sein.

In den Siebzigerjahren stellte Aristid Vučetić, der in Dubrovnik lebte, die These auf, dass sich Odysseus' Reise hauptsächlich im Adriatischen und nicht im Ägäischen Meer abgespielt hatte. Für ihn war die kroatische Insel Mljet Kalypsos Insel, unter anderem wegen der Beschreibung einer Höhle in der *Odyssee*. Laut dem Buch *Demystifying the Odyssey* von Zlatko Mandzuka versuchten aufgebrachte italienische Gelehrte sofort, nachdem Vučetić seine Thesen in diversen Zeitungsartikeln veröffentlicht hatte, seinen Versuch »der geografischen Verlegung von Odysseus' Fahrten« zu entkräften und zu diskreditieren. Italienische Experten mochte seine Theorie nicht überzeugt haben, mich hingegen schon.

Es gab keine direkte Fährverbindung nach Mljet, weshalb ich ein paar Tage auf Korčula verbringen und von dort aus versuchen wollte, auf die Nachbarinsel zu kommen. Langsam fuhr das Boot nach Süden, Richtung Montenegro.

Korčula ist lang und schmal – etwa zweiunddreißig Kilometer lang und acht Kilometer breit und berühmt für seine Bilderbuchstadt, die kleiner und hübscher als Dubrovnik ist. Von Adrijana mietete ich ein kleines warmes Apartment über einem Künstleratelier, mitten in dem von einer Stadtmauer umgebenen Ort, der von schlauen venezianischen Kolonisten angelegt worden war. Die schmalen Straßen bildeten ein Fischgrätmuster und gingen von einer zentralen Wirbelsäule ab, um die Einwohner vor dem Heulen der *Bura* (Bora) zu schützen, einem schweren, äußerst unangenehmen Fallwind aus Nordosten, und den herrlichen *Maestral* (Mistral) aus Nordwesten in die Stadt zu lassen, der in den heißen Sommern frische Luft bringt. Die Macht des Windes wurde mir wieder einmal bewusst, als ich durch die Straßen lief – offenbar gab es im Mittelalter ein Gesetz, nach dem man an Tagen, an denen der *Jugo* (Scirocco) stark aus Südosten wehte, nicht belangt wurde, weil er den Menschen den Kopf verdrehte und sie dadurch natürlich für ihre Taten nicht verantwortlich gemacht werden konnten. Der venezianische Einfluss war auch überall an den eleganten weißen Gebäuden zu erkennen. Die ganze Stadt sah aus, als wäre sie aus Marmor gehauen, doch es waren nur wenig Touristen unterwegs, und es herrschte eine seltsam leere Atmosphäre, wie eine Spielzeugstadt ohne Puppen.

Auf einem Spaziergang lernte ich Joey den Unschuldigen kennen, einen amerikanischen Studenten Anfang zwanzig mit einer Brille mit Metallgestell. Er war groß und dünn, ein hübscher Nerd mit großen, unschuldig und freudig in die Welt blickenden Augen und einem spärlichen Ziegenbärtchen, über das er gelegentlich strich, als wolle er es so zum Wachsen bringen. Seine Kurse fanden mittlerweile online statt, weshalb er nach Kroatien gekommen war, wo die Grenzen für Touristen immer noch offen und die Infektionszahlen niedrig waren. Das Leben hier war billig, und er wollte die Inseln sehen. Ich erzählte ihm von meinem Plan, mir Mljet anzuschauen, und Joey sah mich besorgt an. »Da war es schrecklich«, sagte er, »alles war geschlossen, es war neblig und gruselig. Wie in einem Horrorfilm, kurz bevor man umgebracht wird.« Bei dieser Beschreibung stellte ich mir eine verbotene Insel vor, kalt und feucht, grau und schaurig.

Kalypsos Insel klingt in der *Odyssee* eher wie eine teure Duftkerze:

> *Und weithin duftete über die Insel der Duft gespaltener Zeder und von Harzbaum …*

Die göttliche Kalypso wohnt in einer Höhle mitten in ihrem duftenden Wald. Odysseus wird nach dem Schiffbruch, den Zeus über ihn gebracht hat, nachdem seine Männer das Vieh des Sonnengottes verspeist hatten, an ihrem Ufer angespült. Die Göttin verführt ihn, vermutlich durch Einsatz der todsicheren und zutiefst erotischen Kunst des Webens, und indem sie ein bisschen singt, das ist alles nicht so ganz klar, aber natürlich hilft ihr Versprechen der Unsterblichkeit sicher auch. Odysseus liebt Kalypso jedenfalls so gekonnt, dass sie ihn für immer bei sich behalten will. Im Grunde hält sie ihn sich sieben Jahre lang als Sexsklaven. Großartiger Sex mit einer wunderschönen Göttin war für ihn sicher auch nicht völlig unerträglich – auch wenn er am Strand weint und sich nach Hause und nach seiner Frau sehnt, die er gerade betrügt.

Die Geschichte beginnt in der Mitte, als Athene Zeus überredet, Odysseus die Heimfahrt zu erlauben. Hermes, der blitzschnelle Götterbote auf Abruf, wird mit einer Botschaft zu Kalypso entsendet, dass sie Odysseus aus ihren Klauen entlassen und freigeben soll. Die Göttin ist wenig begeistert, ihren Liebhaber aufzugeben, und hält eine flammende feministische Rede:

Sprach's, und Schauder erfasste Kalypso, die herrliche Göttin,
und sie fing an und sprach zu ihm die gefiederten Worte:
»Grausam seid ihr, ihr Götter, und eifersüchtig vor allen
andern, die ihr den Göttinnen neidet, bei Männern zu schlafen
offen, wenn eine sich einen zum lieben Gatten erwählt hat. […]«

Eine wortgewaltige Abrechnung, und sie kann jeden Vorwurf belegen: Die reizende rosige Eos hat sich den Sterblichen Orion als Liebhaber genommen, woraufhin Artemis ihn abgeschlachtet hat. Demeter, die Göttin der Ernte, liebte Iasion auf einem Feld, bis Zeus ihn mit einem Blitz erschlug. Selbst als Göttin lebt man in einer Welt der Männer – auch hier gilt die gute alte Doppelmoral. Kalypso muss sich Zeus' Willen unterordnen, sie hat keine Wahl, weil die Macht wie immer in den Händen von Männern liegt.

Sie erteilt Odysseus detaillierte Anweisungen wie in einer IKEA-Anleitung, wie er sich ein Floß bauen soll, und versorgt ihn mit Vorräten, Kleidung und einem sanften Wind, der ihn sicher nach Hause bringen soll. Odysseus reagiert hysterisch auf die Vorstellung, auf einem lächerlichen kleinen Floß davonsegeln zu müssen, fürchtet, es könnte sich um eine Falle handeln, und sie muss ihn vom Gegenteil überzeugen. Kalypso ihrerseits versucht zu verstehen, warum er zu Penelope zurückkehren will, einer Sterblichen, wenn sie doch eine umwerfend heiße Götterkönigin ist. Eine gute Frage:

Sicherlich bin ich ihr nicht unterlegen, so darf ich mich rühmen,
nicht an Gestalt, nicht an Wuchs, da sich's für sterbliche Frauen
durchaus nicht ziemt, mit unsterblichen sich zu messen im Aussehn.

Sie erklärt es sich schließlich so, dass Odysseus Masochist ist und gern leidet. Flugs stimmt er ihr zu und schmeichelt ihr. Nachdem er jetzt weiß, dass er nach Hause zu seiner Frau fahren darf, sind die Tränen versiegt und er bereit für ein letztes heißes Date.

Und sie gingen beide ins Innre des Grottengewölbes
und genossen die Liebe, beieinander verweilend.

Emily Wilson argumentiert, dass Kalypsos Rede wegen ihrer emotionalen Offenheit bemerkenswert ist, betont aber auch, dass »sie sich selbst keinen Gefallen tut, indem sie nur ihre überirdische Schönheit in den Fokus rückt. Auch ihr Geist ist überirdisch.« Emily glaubt, dass die Göttin »seine Fähigkeit zu List und Täuschung schätzt und versteht, da sie auch ihr nicht fremd ist«, weshalb sie besonders gut zueinander passen.

Ich erkannte daran unangenehm viel wieder: eine unsichere Göttin, die sich um ihr Aussehen sorgte, von einem unwürdigen Mann verwirrt wurde und sich schließlich selbst anzweifelte.

~

Als ich meinen Vater anrief, klang er abgelenkt.

»Was machst du gerade?«

»Ich schaue fern.«

»Ach ja? Ich dachte, du schreibst meine Hochzeitsrede.«

»Lass das«, sagte er scharf. »Heute ist kein ganz leichter Tag, Pietro.« Das war seine Version für einen schrecklichen Tag mit Schmerzen, Übelkeit und lähmender Müdigkeit. Krebstherapien haben schlimme Nebenwirkungen, und Gereiztheit war noch die geringste.

»Okay, dann reden wir später«, sagte ich.

Ich rief meinen Bruder an. Er sagte, ich solle mir nicht zu viele Sorgen machen, und versicherte mir, dass das normal sei. In zwei Wochen wäre die Behandlung abgeschlossen und er könne sich erholen.

Ich legte das Handy beiseite und dachte darüber nach, welche unterschiedlichen Formen Schmerz annehmen kann.

~

Das Adriatische Meer war grün und herrlich kühl, aber schwimmen war in Korčula deutlich herausfordernder als in Italien. Auch die Lufttemperatur war gefallen, weshalb es eisig war, wenn ich ins Wasser ging, und kalt, wenn ich herauskam. Doch mittlerweile war ich von dem Schock abhängig, dem Adrenalinschub, der Endorphin-Explosion. An meinem ersten Wochenende machte ich mich auf die Suche nach den besten Badestellen auf der Insel. In Pupnatska Luca an der Südküste sah der Strand aus wie auf einer Postkarte: ein Halbrund türkisblaues Wasser umgeben von grünen Kiefernwäldern, mit Bergen zu beiden Seiten der Bucht.

Ich hatte mir ein E-Bike gemietet, was für mich normalerweise Schummeln wäre, aber die Straße war zu steil für ein normales Rad, und sogar das fortschrittliche Fahrzeug hatte Probleme mit einigen Steigungen. Bei der Abfahrt klammerte ich mich an den Griffen fest, während ich die gewundene Bergstraße hinunterraste und die Kurven zu schnell nahm. Der Strand bestand aus Kieseln, und das Wasser war atemberaubend kalt, als ich langsam hineinging, es war ja mitten im Winter. Als ich es bis zu den Oberschenkeln geschafft hatte, hielt ich inne und versuchte, weniger hektisch zu atmen, während Nadeln meine Haut überzogen. Wie immer versuchte ich zu beobachten, wie sich die Kälte über meinen Körper zog, durch mich hindurchwanderte, bis in die Handgelenke, während mir der Atem stockte.

Ich bin eine gute Schwimmerin, habe den Körperbau dafür, was mein Vater immer gern gesagt hat und was vermutlich ein großes Kompliment sein sollte, bis meine Mutter ihn darauf hinwies, dass er mir einen Komplex verpasste. »Breite Schultern im Vergleich zu deiner Taille«, verbesserte er sich und machte damit gar nichts besser. »Ich meine doch nur, du bist athletisch«, sagte er schließlich traurig, »hast schöne Schultermuskeln«, wobei er die Augen in Richtung meiner Mutter verdrehte, was waren Teenagermädchen aber auch empfindlich. Ich hatte nie schulterfreie Kleider getragen, aber schwimmen hatte ich immer geliebt. Nach ein paar Minuten fühlte ich das Hoch, das die beißende Kälte überstrahlte, und glitt leicht in die Wellen hinein. Als ich nach einigen Runden durch die Bucht aus dem Wasser kam, zitterte ich vor Kälte, meine Haut war tiefrot, die Finger weiß gefroren und steif, während ich mich mühsam anzog.

In der Bucht Samograd an der gegenüberliegenden Küste, fünfzehn Kilometer westlich des Dorfes Račišće, hatte das E-Bike irgendeinen Defekt, und schließlich musste ich ölverschmiert den Fahrradladen anrufen und auf Antonija warten, die mir einen neuen Akku brachte, weil das Rad zu schwer war, um es ohne Antrieb den Hügel hinaufzufahren. Das Bad im Meer danach war das Drama allerdings wert.

Die Wellen schlugen auf den Kiesstrand und zogen sich zurück, ein Geräusch wie die Würfel an einem Pokertisch. Ich schwamm in den Spiegelungen der Bäume, die das Wasser noch grüner als sonst wirken ließen. Wegen der dicht stehenden Kiefern nannten die alten Griechen die Insel »Schwarz-Korčula«, und sie ist auch heute noch zum großen Teil mit Wäldern bedeckt.

Beim Schwimmen habe ich das Gefühl, meinen Körper wieder für mich zu reklamieren. Ihn in das eiskalte Wasser zu zwingen, scheint die sonst unausweichlichen quälenden Ängste zu lindern, und Tage, an denen ich aus irgendeinem Grund nicht schwimmen kann, sind flach und konturlos. Ich hatte die freiberufliche Arbeit verlängern können, doch die Tage wurden kürzer, und es war immer schwieriger, Meetings mit den hinterhältigen Forderungen meines nach kaltem Wasser süchtigen Körpers zu verbinden. Abends war es zu kalt zum Schwimmen und morgens vor der Arbeit zu dunkel.

Mein üblicher Ort unter der Woche war der »Strand« von Mandrač, unterhalb des Klosters in der Nähe der Stadt. Wenn ich mich beeilte, konnte ich in der Mittagspause meistens einen Abstecher ins Wasser machen. Der »Strand« ist ein kleiner Hafen an der Westseite, wo die Holzboote der Einheimischen liegen. Der Name kommt vom italienischen *mandraccio,* »kleiner Hafen«, die Sprachenkollision ist den venezianischen Kolonisten zu verdanken. Das Wasser war hier immer ruhig, eher wie ein See. Ich drehte mich auf den Rücken und ließ mich treiben, während ich die märchenhafte Stadt betrachtete, deren Silhouette dominiert wurde vom Glockenturm der Kirche, von den roten Dächern der Häuser, den extravaganten Palmen und der riesigen Stadtmauer, die alles zusammenhielt. Ein wunderschöner Anblick, aber ich vermisste die rauen italienischen Wellen, die mich hin und her warfen. Hier, zwischen den schaukelnden Booten, fehlte das Gefühl von Gefahr.

Eines Tages, als ich zwischen Meetings rasch ans Meer gefahren war, bemerkte ich eine blonde Frau, die stilvoll durchs Wasser pflügte. Ein schwarzer Kormoran und ich sahen ihr vom Ufer aus zu, und als ich wegen der Kälte laut quietschend ins Wasser ging, meinte sie lachend, ich solle meine Energie nicht aufs Schreien verschwenden. Danach teilte sie ihre Thermoskanne mit heißem Tee mit mir.

Lea war durchtrainiert und schlank und etwa Mitte vierzig, sah aber jünger aus. Sie praktizierte Yoga und schrieb Briefe an den Mond. Diese mussten auf grünem Papier verfasst und ein paar Nächte vor Vollmond unters Kopfkissen geschoben werden. Sie glaubte auch an bezaubernde Unterwäsche, die heilende Wirkung von Naturkost, den gesundheitlichen Nutzen von Schwimmen in kaltem Wasser und daran, sich niemals in einer Beziehung zu verlieren. Sie hatte etwas Entrücktes an sich. Als sie mir erzählte, ihr Vater stamme ursprünglich von Mljet, fügte sich alles zusammen: Lea könnte die Wiedergeburt von Kalypso sein oder zumindest eine ihrer Nachfahrinnen.

Schon bald wurde sie zu meiner Ernährungsberaterin und Ärztin. Als ausgebildete Phyto-Aromatherapeutin kannte Lea sich mit dem Mischen von Duftölen aus, wusste, welche Pflanzenextrakte nährend und belebend waren. Sie verordnete mir einen strengen Ernährungsplan, der Besuche bei ihr zu Hause beinhaltete, um dort Kürbissuppe mit gerösteten Kernen zu essen, die beim Zerbeißen knackten, und bittere Mandarinen-Brownies, aus frisch vom Bäumchen gepflückten Winterfrüchten. Wegen ihr kaufte ich Unmengen an Nahrungsergänzungsmitteln, die alle essenziell waren, wie sie streng betonte, als ich fragte, wie das alles in meinen Koffer passen sollte. Ich folgte ihren Anweisungen, um meine gestresste Leber mit schwarzem Rettich und Artischocken zu reinigen, trug übel riechende Salben auf, um Erkältungen abzuhalten, gab Vitamin-D-Tropfen in mein Wasser und schluckte jeden Tag riesige Spirulina-Kapseln.

Lea mischte auf mich zugeschnittene Aromatherapieöle für meine verschiedenen Bedürfnisse, die sie mit alarmierender Treffsicherheit identifizierte. Rote Mandarine, um die Laune zu heben, Salbei für die Weiblichkeit, Ylang-Ylang, um »sich in sich selbst zu verlieben«. Sie rochen nach Zitrus, Zeder und Bäumen, wie Kalypsos Wald. Sie gab mir auch etwas aus Meeresmagnesium, das gegen meine Schlafstörungen helfen sollte, eine unerwartete Nebenwirkung der Pandemie und der neuen Ängste, die im Schatten lauerten und mir Tod und Abschiede entgegenhauchten. Früher habe ich problemlos geschlafen, bin in die Tiefen hinabgeglitten, wann immer ich wollte, doch jetzt wachte ich jede Nacht sorgenvoll in fremden Betten auf, starrte an unbekannte Decken und konnte nicht mehr einschlafen.

Zucker war verboten, doch Lea backte mir einen festen, zuckerfreien Schokoladenkuchen, der mit goldgelber Marmelade gegessen wurde, die sie im Sommer eingekocht hatte. Wir aßen den schweren, würzigen Kuchen nach dem Schwimmen im großen Freiluftschwimmbad am Stadtrand. Lea erzählte mir, dass das Team von Korčula in den Siebzigern entgegen allen Erwartungen Europameister im Wasserpolo geworden war – die kleinste Stadt, die je den Titel geholt hatte. Das Becken war für das Training der Mannschaft angelegt worden, wurde im Winter aber nicht genutzt.

Leas Anweisungen folgend schluckte ich alle Pillen, trug das Öl auf, versuchte, schöne Gedanken zu denken. Dank ihr schlief ich zum ersten Mal seit Monaten durch. Auf Korčula fand ich das »Ja« wieder, das in London viel öfter ein »Nein« gewesen war, wenn ich auf meinem Rad durch die Stadt hastete, hin und her zwischen Arbeit und Yoga-Kursen (wo ich ironischerweise nie zur Ruhe kam), Freunden und Arbeitsessen, Comedy-Abenden, Dates, Schlittschuhlaufunterricht und Flugzeugen. Als all das plötzlich nicht mehr möglich war, war etwas in mir versteinert, porös geworden, doch unter Leas wachsamem Auge erlangte ich meine Kräfte zurück, Kräfte, die mir während der Pandemie so nachhaltig entrissen worden waren, dass ich kaum noch wusste, wie ich auf sie zurückgreifen konnte. Lea erinnerte mich an das, was ich früher gewusst hatte, gab mir ihren Schal gegen den kalten Wind und schwamm mit mir. Vielleicht war sie doch eine Mischung aus Kirke und Kalypso – Hexe und Göttin zugleich. Mit Lea lernte ich, mir wieder zu vertrauen, fand wieder Zugang zu meiner Intuition. Und nach ein paar Tagen unter ihrer Führung merkte ich, dass ich den ganzen Tag nicht auf mein Handy gesehen hatte, dass ich nicht mehr halb hoffte, mein Ex-Freund würde plötzlich mit einem Arm voller Blumen und einem Blick voller Bedauern auf der Insel auftauchen. Dass ich überhaupt nicht mehr an ihn gedacht hatte.

Der Weg nach Mljet war kompliziert, laut Lea müsste ich aufs Festland zurückfahren und von dort die Autofähre nehmen, doch die Jahreszeit sei ungünstig für einen Besuch, und das Wetter würde sicher bald schlechter werden. Hellsehen schien eine weitere ihrer magischen Fähigkeiten zu sein, denn am nächsten Tag zog ein Sturm auf, und der Fährverkehr wurde auf unbestimmte Zeit eingestellt. »Das kommt im Winter schon mal vor«, wurde mir am Hafen mit einem Schulterzucken mitgeteilt, als ich fragte, wann ich die Insel verlassen könnte. Die Woche verging, immer noch keine Fähren. Odysseus und ich hatten den Platz getauscht: Ich war auf der falschen Insel gefangen, während er den Sturm auf dem Meer meistern musste.

Als Odysseus auf seinem Floß davonsegelt, entdeckt sein mächtiger Feind Poseidon ihn. Wütend peitscht er das Meer zu einem Unwetter auf. Odysseus ist seekrank, stöhnt und jammert, fällt ins Wasser, kann sich wieder auf das Floß hieven und muss von einer Frau gerettet werden, schon wieder. Dieses Mal ist es die weiße Göttin Ino, die die Gestalt einer Möwe annimmt. Sie sagt ihm, er solle sich ausziehen, zum Schutz ihren Schleier umbinden, das zersplitternde Floß zurücklassen und ins Wasser springen. Der starrköpfige, ungläubige Odysseus weigert sich, doch irgendwann ist sein Floß so zerstört, dass er keine andere Wahl hat. Inos Plan geht auf, und dann rettet ihn noch eine Frau, Athene, die ihren Liebling Odysseus beschützt. Sie besänftigt die Winde und beruhigt das Wetter, damit er ans Ufer einer Insel schwimmen, dem Tod wieder ein Schnippchen schlagen kann.

Ich träume eigentlich nicht davon, von Möwen und Göttinnen gerettet zu werden, aber der Sturm hat mir die Kehrseite der sonst so wohltuenden Isolation gezeigt – Inseln sind so lange Orte, an die man entkommen kann, bis man ihnen nicht mehr entkommen kann. Ich hasse das Gefühl, gefangen zu sein, keinen Ausweg zu haben. Ich habe immer einen Fluchtplan, immer muss eine Tür oder ein Fenster offen stehen. Vielleicht, weil ich auf dem Land aufgewachsen bin, ohne öffentlichen Nahverkehr, ohne Ausweg. Ich hatte einfach warten müssen, bis ich alt genug für den Führerschein war. Alt genug, um von dort wegzugehen.

Ich ging zu Franos Restaurant Konoba Komin, um mich an seinem Feuer zu trösten.

Frano sah aus wie ein Piratenkapitän, trug die langen silbergrauen Haare mit einem Bandana zurückgebunden und war ganz in Schwarz gekleidet. Sein Essen war einfach und köstlich, über dem offenen Feuer zubereitet, und meistens waren nur wir zwei im Restaurant, unterhielten uns bei schwarzem Sepia-Risotto oder Bakalar, einem Eintopf aus Weißfisch und Kartoffeln, doch heute wehte der Sturm weitere Gäste herein: eine rotgesichtige Amerikanerin, die ihre Locken ausschüttelte, während ein eleganter, gutaussehender Mann mit schickem Schal hinter ihr versuchte, im starken Wind seinen Regenschirm zu schließen. Sie setzten sich an den Tisch beim Feuer, und sie lud mich ein, ihnen bei einem Glas Pošip, dem Lokalwein, Gesellschaft zu leisten. In einem Beispiel von perfektem normativem Determinismus erzählte sie mir, sie hieße Mona und sei Sexualtherapeutin.

~

Ich hatte nicht vorgehabt, ein Mondritual mit einer Sexualtherapeutin durchzuführen, und trotzdem zündete ich jetzt mitten in der Nacht auf den Felsen Kerzen an. Auf meine Frage nach ihrer Arbeit hatte sie geantwortet, sie bestünde vor allem darin, den Klienten zuzuhören, nicht wertend, sondern bestärkend. Dann erzählte sie mir in lautem Bühnenflüstern, dass Georges, ihr französischer Freund, »ziemlich konservativ im Bett« sei, worauf er erschrocken den Blick hob und schnell versuchte, es zu verbergen, und sie lachte.

Mona lebte in Florida und fuhr mit dem Paddelboard über einen Fluss in ihre Praxis, Georges trug ungelogen ein Halstuch und wohnte in Paris. Keiner von beiden wollte umziehen. Der Kompromiss war, ein Sommerhaus in Korčula zu kaufen. Und hier waren wir drei nun, um Mitternacht auf den Felsen unterhalb der Stadtmauer.

Der Regen hatte aufgehört, aber es war immer noch stürmisch, die Wellen schlugen rauschend gegen die schwarzen Felsen, Wolken jagten dem Mond hinterher und fingen seinen Schein ein. Mona hatte sich im Internet informiert, nachdem sie auch nicht versiert in Mondritualen war, und band drei Kerzen mit einem blauen Faden zusammen. Ich sollte den Faden um die erste Kerze durchschneiden, die für die Vergangenheit stand. Wir schrieben auf, was wir hinter uns lassen mussten, und verbrannten die Zettel in der Flamme. Ich notierte den Namen des Mannes, der mich zum Lesen der *Odyssee* inspiriert hatte. Er war der Auslöser dieser Reise, sein Verhalten hatte mich in Gang gebracht, und sind Abenteuer nicht fast so schön wie die Liebe? Kleine Funken stoben in die schwarze Nacht, als das Stück Papier verbrannte.

Die zweite Kerze stand für das, wofür wir dankbar waren. Ich erstellte eine lange Liste mit Namen von Menschen, die auf dieser Reise nett zu mir gewesen waren. Wieder verschlangen die orangegelben Flammen das Papier in der dunklen Nacht.

Die dritte Kerze stand für die Zukunft. Ich schrieb Dinge auf, über die mein früheres Ich gelacht hätte, albern konventionelle Dinge. Dann saßen wir im Schneidersitz auf den feuchten Felsen und versuchten, Mond und Sterne in uns zu spüren. Ich hörte einfach nur dem Meer zu, das gegen das Ufer schlug, und dachte, wie sehr mir Monas Offenheit gefiel, ihre Lebendigkeit. Als ich die Augen wieder öffnete, unterdrückte Georges gerade ein Lächeln und sammelte Fadenstücke und abgebrannte Kerzen ein. Ich sah hinauf zum vollen Mond, der mit seinem Licht den dunklen Himmel versilberte, auf das ruhelose Meer und hoffte, dass wenigstens ein Teil meiner Wünsche wahr werden würde.

Am nächsten Tag schlug ich im Secondhand-Buchladen der Stadt willkürlich einen Gedichtband bei diesem Gedicht auf. Wie eine Szene aus einem Film, aber so war es wirklich. Vielleicht wirkte das Ritual. Vielleicht führte mich ja doch jemand.

Ist es

möglich
das ganze Leben lang
zurückzukehren
zu einer Penelope
die man
nie getroffen hat

~

Adrijana, meine Vermieterin, lud mich zu einem traditionellen serbischen Mittagessen zu sich ein. Ihr Onkel und ihre Tante waren gerade zu Besuch. Normalerweise verbrachten sie den Winter in Belgrad, doch wie ich fühlten sie sich in kleineren Orten sicherer. Adrijanas Haus war voller Gemälde, eine echte Künstlerhöhle. Wir aßen Suppe und eine Art Sauerkraut mit Schweinebraten, doch das Beste waren die *tufahije* – gebackene grüne Äpfel gefüllt mit einer köstlichen Masse aus Schokolade und Haselnüssen, die Adrijanas Onkel zubereitet hatte. Feierlich stellte er einen Teller vor mir ab, schüttelte die Sahnedose, als hätte sie ihn zutiefst beleidigt, und bedeckte meinen Apfel mit einer hohen Haube Sprühsahne. Da wir keine gemeinsame Sprache hatten, lächelten wir uns wie Kinder an. Der Apfel schmeckte himmlisch, wie etwas, wofür Odysseus und seine Männer ihren rechten Arm gegeben hätten, während sie auf diversen Inseln Hunger litten. Natürlich ist dieser Hunger nicht nur körperlich, sondern steht symbolisch für ihre Sehnsucht nach der Heimat.

Nach dem Essen nahm Adrijana mich mit zur Crkva Svetog Antuna (der Kirche des heiligen Antonius). Man erreichte sie über einhundertzwei Treppenstufen, jede von hohen Zypressen flankiert, ein feierlicher Aufstieg. Die Kirche selbst jedoch war einfach, mit einem kleinen Glockenturm und einem Relief des Heiligen aus dem vierzehnten Jahrhundert mit einem riesigen Herz. Wir saßen auf einer Bank im Freien und schauten auf das vom Wind aufgewühlte Meer. Ich fragte Adrijana, wie es sie von Serbien auf die Insel verschlagen hatte, und sie erzählte mir, dass sie sich in einen Mann aus Korčula verliebt und mit ihm ein

Kind bekommen hatte. Die Ehe hielt nicht, dafür ihre Liebe zur Insel. Adrijana war groß und athletisch und erinnerte mich irgendwie an einen Panther. Vielleicht war sie eine andere Version der charismatischen, verführerischen Kalypso. Sie hatte etwas Selbstgenügsames an sich, eine kraftvolle Sicherheit, die ich selbst nicht besaß und um die ich sie beneidete.

Während sie erzählte, spürte ich ihre Entschlossenheit, ihren Sohn allein aufzuziehen, diese Insel zu ihrer zu machen, sich hier ein Zuhause und ein Geschäft aufzubauen. Erst die Kunstgalerie, dann die Ferienwohnung und bald ein neues Hotel aus den Ruinen eines venezianischen Palazzos. Sie hatte etwas Elektrisierendes an sich, war mit fast fünfzig voller Energie, bewegte sich leichtfüßig durch ihr adoptiertes Land. Als sie mich wieder beim Apartment absetzte, drängte sie mir wegen der Kälte einen warmen Mohairpullover auf. Wenn ich ihn trug, fühlte ich mich ihr so nahe, dass ich hoffte, etwas von ihr würde auf mich abfärben.

Bei meiner Abreise gab ich ihr den Pullover zurück, trotz ihres Protests, was ich später bereuen sollte. Ich wünschte, ich hätte ihn behalten, hätte ein Stück von ihr bei mir. Kleider und Schmuck tragen etwas von ihren Besitzern in sich, wie eine DNA.

Bei Kleidung hatte mein Vater immer nur ein Ziel: die bösen Absichten potenzieller Taschendiebe zu vereiteln. Zum Beispiel mit einer wasserdichten Hose mit Reißverschlusstaschen, garantiert diebstahlsicher, wie er mir vorschwärmte. Als Teenager schämte ich mich dafür, und er musste mir versprechen, nie auszusteigen, wenn er mich mit dem Auto irgendwo abholte. Eine Gürteltasche war viele Jahre lang ein fester Bestandteil seiner Ausrüstung, und obwohl er damit potenzielle Verbrecher ziemlich gut abschreckte, legte er sich noch eine Brieftasche mit Kette zu, was geradezu Hochsicherheitsmaßnahmen gleichkam. Die ließ ihn auch nie im Stich, wenn er durch die gefährlichen Cotswolds streifte.

Nach unserem letzten Treffen hatte er mir einen seiner Kaschmirpullover in die Tasche gesteckt, den ich fand, als ich wieder in London war. Ich war sehr gerührt, denn normalerweise war er kein Mensch, der Geschenke machte. Wenn ich zu Hause war, lieh ich mir zwar seine Socken und Pullover, aber immer ohne seine Erlaubnis. Ich legte den Pullover sorgfältig in einen Beutel, um ihn vor Motten zu schützen, und verwahrte ihn in einer Schublade.

Ich wünschte, ich hätte den Pullover mitgenommen. In der kroatischen Kälte hätte ich ihn gut gebrauchen können.

Er glaubte auch an Rituale. Jedes Mal, wenn sie zu einem Termin ins Krankenhaus mussten, zogen er und meine Mutter sich so schick wie möglich an. Er glaubte wohl irgendwie, dass dadurch die Chancen auf gute Nachrichten höher waren.

~

Das Wetter wurde schlechter, der Wind war immer noch zu stark für die Fähren. Allmählich akzeptierte ich, dass ich es nicht nach Mljet, auf Kalypsos Insel, schaffen würde. So ist das bei einer Odyssee: Man hat keinen richtigen Einfluss darauf, wo man landet, das entscheiden das Schicksal und die Götter.

Die Pandemiebeschränkungen wurden strenger, Frano musste das Restaurant schließen, unsere abendlichen Unterhaltungen am Feuer hörten auf, und das Leben verlor seine Farbe. Essen gab es nur noch zum Mitnehmen, und ohne Cafés und Restaurants konnte man nirgendwo hingehen. Die alte Einsamkeit schloss sich enger um mich, ging tiefer. Ich wollte von Zagreb einen Flug aus dem Land nehmen, sobald die Fähren wieder fuhren. Der Winter zog auf, und alles wurde dunkler.

~

Ich schwamm im Regen und dachte wieder an das Konzept von Zuhause, wie ich mich ihm näherte und wieder davon entfernte. Vielleicht werden unsere Verluste jedes Mal größer, wenn das Zuhause neu definiert wird. Ich hatte gelesen, dass im Ersten Weltkrieg Brieftauben Nachrichten von den Truppen zum Führungsstab transportiert hatten, die Tauben waren damals viel zuverlässiger als Funkgeräte. Die mutigen Vögel flogen hoch über den Schlachtfeldern, wichen Kugeln aus, selbst als Scharfschützen ihre Gewehre auf sie richteten, mit dem Befehl, sie abzuschießen und damit die feindlichen Kommunikationslinien zu unterbrechen. Das Interessante daran ist, dass man Brieftauben trainieren kann, zu verschiedenen Orten zurückzufliegen. Den Vögeln kann man beibringen, dass ein Zuhause etwas Bewegliches ist, das nicht immer gleich bleiben muss.

Selbst Tauben können verstehen, dass Dinge sich immer wieder ändern. Der Vogel lernt und passt sich nach nur wenigen Trainingsflügen an, indem er seinen bis heute nicht vollständig geklärten Magnetsinn nutzt, um das neue Zuhause zu verinnerlichen, und berechnet, wie er auf dem schnellsten und effizientesten Weg dorthin zurückkommt. Ich stellte mir meine Wohnung in London vor, die leer auf mich wartete, ein staubiges Museum für den Menschen, der ich einmal war. Es fühlte sich an, als gehörte sie zu einem anderen Leben, zu einer anderen Frau.

~

Als das Wetter endlich besser wurde, wartete ich den ganzen Tag am Hafen, doch eine Fähre nach der anderen wurde aus unklaren Gründen eingestellt. Schließlich fand ich bei Einbruch der Dämmerung eine Autofähre, die mich mit zum Festland nahm. »Besser danach als nie!«, sagte der fröhliche Kroate, der den ganzen Tag mit mir gewartet hatte.

Während die Fähre langsam über das dunkle Meer schipperte, dachte ich an die Suche und die Rückkehr, an die Liebe und ihre Beständigkeit, an die Trauer, die ich immer wegschob, wenn ich mit meinem Vater telefonierte, wie ich meine Stimme beherrschte, damit er nicht merkte, wie sehr es mich belastete, wie ich ihm nie sagen konnte, wie es mir wirklich ging, weil ich nur ein gequältes Heulen herausbringen würde. Ich dachte an die Zartheit der auf Reisen geknüpften Kontakte und wie stark sie doch zu sein schienen. Auf Korčula hatte ich drei Frauen kennengelernt, die mir auf drei unterschiedliche Weisen gezeigt hatten, wie man sein konnte.

~

Der Flughafen von Zagreb sah in der Zuvielkälte Anfang Dezember aus wie ein billiger Science-Fiction-Film, ohne Menschen, nur eine Frau saß an einem der unzähligen Check-in-Schalter und las *Jane Eyre.* Widerwillig legte sie das Buch beiseite, um sich meinen Pass anzusehen.

Ich war auf dem Weg zu einer Insel, auf der sich angeblich einäugige Monster herumtrieben, und der Weg dahin war kompliziert. Neue PCR-Tests waren nötig, die Uhr tickte. Vor lauter Anspannung war ich schon erschöpft, als ich das Flugzeug bestieg. Ich versuchte, nicht zu atmen.

Fremde, wer seid ihr? Woher kommt ihr gefahren die feuchten
Pfade? Geht es um ein Geschäft, oder irrt ohne Ziel ihr
über die Salzflut wie Piraten?

Die Zyklopen

Gradso zischte sein Aug' um den Pfahl, der aus Holz war vom Ölbaum.
Grässlich laut brüllte er auf, und ringsum gellte der Felsen.

KAPITEL ACHT

Insel der Zyklopen

Menorca, Spanien

KAPITEL ACHT

Der Himmel war von einem strahlenden Winterblau über der gelben Stadt Maó. Die Gebäude waren in allen Schattierungen von Zitrus, Ocker und Senf gestrichen. Palmen raschelten im Wind, und die Straße wand sich hinunter zu dem weitläufigen Hafen, in dem weiße Luxusjachten auf den Sommer warteten. Die Orangenbäume entlang der zentralen Einkaufsstraße hingen noch voll praller Früchte, und in der Dämmerung sammelten sich die Spatzen auf den Zweigen, um sich die Neuigkeiten des Tages zuzurufen. Je mehr das Licht schwand, desto lauter wurden sie, bis das Gezwitscher nach Sonnenuntergang alles Reden zu übertönen drohte. Nach der Eiseskälte in Zagreb war es hier vergleichsweise tropisch, die Luft wärmer und weicher. Ich hatte eine Extrastunde Licht gewonnen, die Tage erstreckten sich wieder weit vor mir, Sonnenschein verbreitete Optimismus in den gelben Straßen.

In einem meiner Lieblingskinderbücher *Ein Tiger kommt zum Tee* von Judith Kerr ist das Café der Held, der alles in Ordnung bringt und alle glücklich macht, die Ordnung wiederherstellt. In einer Welt voller Tiger war ich dankbar, dass die Cafés wieder öffnen durften, während ich hoch oben auf der grünen Terrasse des Café Nou saß und auf die Orangenbäume mit den Spatzen blickte, eine *tostada con tomate* aß und von Mauricio Obregón las. Er war ein Historiker des zwanzigsten Jahrhunderts und Universitätsprofessor, der viel Zeit auf den Spuren antiker Reisen verbracht hatte. Er vertrat die Theorie, dass die Insel der Zyklopen eine der Balearen gewesen sein könnte – das Land der einäugigen Monster könnte sich also hier befunden haben, auf Menorca.

In der *Odyssee* hat Poseidon eine Affäre mit einer Meeresnymphe, die sofort schwanger wird – Götter haben nie Probleme mit der Spermienzahl –, und ihr gemeinsames Kind wird zum stärksten aller Zyklopen und lebt zurückgezogen als Hirte auf der Insel.

Nachdem sie den Verführungen psychedelischer Pflanzen im Land der Lotophagen mit knapper Not entkommen sind und Ziegen auf der »Insel voller Wunder« gebraten haben, machen sich Odysseus und zwölf seiner Männer auf, den Zyklopen zu finden. Sie brechen in seine Höhle ein, warten auf das Monster, und als es nach Hause kommt, verlangt Odysseus – womit er wieder einmal seine Ungeschicktheit beweist – nach dem Gastrecht ein Geschenk. Das der Zyklop den menschlichen Eindringlingen wenig überraschend verwehrt, stattdessen sperrt er sie ein und tut sich an ein paar Männern gütlich, wenn er nicht gerade seine Schafe weidet. Odysseus, gerissen wie immer, schmiedet einen

Plan, macht das Monster betrunken, rammt ihm einen angespitzten Pflock ins Auge und kann so mit dem Rest seiner noch nicht verspeisten Mannschaft fliehen.

Sobald sie sicher zurück auf dem Schiff sind, verspottet er hochmütig den geblendeten Riesen. Außer sich vor Wut wirft das Monster einen massiven Felsen auf das Schiff, verfehlt es aber natürlich, weil er ja nicht mehr sehen kann. Darauf bittet der Zyklop seinen Daddy um Hilfe.

Höre, Poseidon, Erdenbeweger, mit schwarzblauer Mähne!
Bin ich denn wirklich dein und rühmst du mein Vater zu sein dich,
gib, dass Odysseus, der Stadtzerstörer, sein Haus nicht erreiche.

»Poseidon, der Erdbeweger, zürnt ihm« daraufhin. Ein rachsüchtiger Gott hat es jetzt persönlich auf ihn abgesehen. Gut gemacht, Odysseus.

~

Ich mietete ein Apartment, in dem schwarzer Rauch aus den Steckdosen kam, Lampen explodierten und überall Glassplitter verteilten, doch es war billig und zentral gelegen. Ich brauchte ein Fahrrad, allerdings verlangten beide Läden, die Fahrräder vermieteten, astronomische Preise – eine Woche würde mehr kosten, als in London ein Fahrrad zu kaufen, und das konnte ich hier nicht machen, weil es hier hochklassige Räder gab, mit denen Lycra-Typen fuhren und die Tausende Pfund kosteten. Ohne Fahrrad saß ich aber fest, das Wasser im Hafen war zu ölig und zu schmutzig, um darin zu schwimmen, und zu Fuß war es zu weit zum nächsten Strand. Als ich sagte, dass ich süchtig nach kaltem Wasser geworden war, meinte ich das ganz wörtlich: Mein Körper war mittlerweile davon abhängig, und nach einer ganzen Woche in Maó ohne Schwimmen wurde ich unruhig. Ich überlegte, ein Auto zu mieten, und zögerte, weil es mir eigentlich unnötig erschien. Der wahre Grund war aber ein uncharakteristischer Mangel an Selbstvertrauen.

Fünf Jahre zuvor, kurz nach seiner Diagnose, musste mein Vater sich einer Operation unterziehen, die ihn wie ein Tier ausweidete, um so viel Krebsgeschwüre wie möglich zu entfernen. Sie konnte ihn nicht heilen, verlangsamte aber den Verlauf. Eine Woche verbrachte er im Krankenhaus, um sich zu erholen. Es war November, oder zumindest fühlt es sich in meiner Erinnerung nach November an, es war kalt und zu früh dunkel, die Straßen waren überfroren und gefährlich. Ich war gerade nach Hause zurückgefahren, als er verlangte, dass ich ihm frische Unterwäsche ins Krankenhaus brachte, sofort.

»Kann das nicht bis morgen warten?«, fragte ich.

»Nein, das kann es nicht«, erwiderte er scharf.

Ich war unendlich erschöpft, nicht nur körperlich – die Art emotionaler Erschöpfung, an die sich mein Körper in den Zeitlupenjahren danach gewöhnen musste, die in jenem Moment aber noch neu und überwältigend war. Ich rief meine Mutter an, die mit ihm im Krankenhaus war. »Muss ich wirklich reinkommen? Ich bin so müde.«

»Ich weiß, Schatz, aber er möchte wirklich frische Unterwäsche«, antwortete sie. Was er wirklich wollte, dachte ich, war die Kontrolle, und die übertrug er auf eine Boxershorts, aber ich holte natürlich trotzdem das Auto wieder aus der Garage und fuhr über die schwarzen rutschigen Straßen in meinen Spuren zurück. Ich durchquerte gerade einen Kreisverkehr, als mir ein Auto in die Seite fuhr. Zumindest fühlte es sich so an. Die Versicherung befand später, dass es meine Schuld gewesen war. Die andere Fahrerin war erschüttert und höflich, und wir entschuldigten uns ständig beieinander. Als ich meinen Vater anrief, wählte ich meine Worte sorgfältig, weil ich ihn nicht beunruhigen wollte.

»Es hat ein bisschen gerumst, mir geht's gut, deinem Auto leider nicht so.«

Sofort lebte er auf, wurde zum Autoversicherungsspezialisten, trug mir auf, all das zu tun, was ich bereits erledigt hatte, und ein paar andere Sachen, an die ich nie gedacht hätte.

»Tut mir leid wegen deiner Unterwäsche, Dad.«

»Mach dir keine Gedanken!«, sagte er fröhlich und klang wieder wie er selbst. Der Autounfall war besser als frische Unterwäsche, transformativer, machte ihn wieder zu einem Vater statt zu einem Post-OP-Patienten, so konnte er sich auf etwas anderes konzentrieren. Ich bat ihn, meinem Bruder nichts davon zu erzählen, der mich ewig damit aufziehen würde. Normalerweise lasse ich mich nicht so schnell einschüchtern, doch danach fuhr ich unsicherer, vorsichtiger. Also nein, ich wollte hier kein Auto mieten. Ich wollte ein Fahrrad.

In einer Tapasbar erzählte ich das dem Barkeeper. Als erfahrener Therapeut stellte er mir ein Bier und Oliven ihn, während er zuhörte.

»Oh, du kannst mein Fahrrad haben«, sagte eine Frau, die am Ende der Bar saß. »Ich hole es von meiner Schwester und bringe es dir morgen.«

»Aber du kennst mich doch gar nicht!«

Montese entkräftete den Einwand, indem sie sich einfach vorstellte, und dann tat die alte Inselmagie wieder ihre Wirkung. Am nächsten Tag schob sie ein altes Fahrrad die Straße entlang zur Bar – die Reifen waren platt, die Kette rostig, die Bremsen wacklig, aber das ließ sich alles schnell reparieren. Ich hatte wieder ein Rad, war wieder frei. Sie wollte kein Geld von mir, weshalb ich einen Blumenstrauß für sie hinterlegte. »Inselgroßzügigkeit«, meinte mein Vater fasziniert, als ich es ihm erzählte, aber ich war weniger überrascht, schon mehr daran gewöhnt, wie nett Fremde sein konnten. »Die Leute mögen dich«, sagte er, »du lernst offenbar leicht Menschen kennen, und dann leihen sie dir Fahrräder und laden dich zum Essen ein.«

Ich fühlte mich geschmeichelt, er verteilte selten Lob.

»Ich wünschte nur, dass du bei deiner Familie auch mal so sein könntest, die Seite an dir bekommen wir kaum zu sehen«, fuhr er fort. Ich hätte es wissen müssen, er war der Meister zweischneidiger Komplimente. Liebevoll und kritisch, alles zur gleichen Zeit. Unheilbar an Krebs erkrankt zu sein machte einen nicht automatisch zum Heiligen. Mich aber auch nicht, weshalb ich ihm eine scharfe Antwort gab.

In London war die Fahrt mit dem Rad oft das, was mir am meisten Spaß machte. Die Vorfreude auf dem Weg zu einer Party, die Erleichterung, wieder fahren zu können, durch die dunklen Straßen, vorbei an roten und weißen Lichtern, der Asphalt unter meinen Rädern. Ich schlängelte mich durch den Verkehr, leicht und unaufhaltsam in der engen Stadt, am sich dunkel kräuselnden Wasser entlang, wo ich mich fragte, ob ich mein Fahrrad und mich selbst retten könnte, falls ich hineinfiel. Schnell über die Tower Bridge, die London Bridge, an Blackfriars vorbei, langsam nachts unter den Lichterketten am Embankment entlang, Delfine wanden sich um den Fuß jeder Straßenlaterne, und im Fluss spiegelten sich die rosa und blauen Lichter von den Theatern am anderen Ufer. Meine Rennstrecken, Abkürzungen, die schnellsten Routen nach Hause durch Dunkelheit, Kälte und Regen. Die längeren Strecken bei sonnigem Wetter oder wenn ich nervös war und mich das Radfahren wieder zurück zu mir selbst brachte.

Ich fuhr auf Monteses Rad über die Insel und fand felsige Buchten zum Schwimmen. Überall sah ich Vögel, die wie Musiknoten durch die Luft glitten und mitten im Flug die Flügel anlegten, um sich nach unten zu stürzen. Weiße Vögel kreisten hoch oben bei den Wolken über mir, während ich zum Meer fuhr, schwarz-weiße Vögel mit langen Schwanzfedern hüpften über die Straßen und flatterten gerade noch rechtzeitig auf, wenn ich vorbeikam. Winzige Vögel hopsten in den Olivenbäumen auf den unteren Zweigen umher und beäugten einander und mich mit schiefgelegten Köpfen. Ich war verzückt, hingerissen, fast schon besessen. Diese Sprache wollte ich unbedingt lernen.

Javier, ein Ornithologe auf Menorca, wurde mein Übersetzer. Ich buchte eine »Vogelwanderung« bei ihm, bei der ich die einzige Teilnehmerin war. Javier war groß, mit dunklen Haaren und schüchternem Lächeln, Wanderhosen, einem Rucksack mit Brustgurt, um seinen Hals hingen zwei Feldstecher, und über der

Schulter trug er ein Teleskop. Er sah wie ein Bilderbuchornithologe aus – nicht, dass ich schon einmal einen gesehen hätte. Er war mir sofort sympathisch.

Wir fuhren zu dem Feuchtgebiet hinter Son Bou, einem Sandstrand an der Südküste, und beobachteten durch unsere Feldstecher, wie eine Rohrweihe auf eine unaufmerksame Ente lauerte. Rohrweihen ertränken Enten, indem sie sich auf ihren Kopf stellen, bevor sie sie fressen, erklärte mir Javier, und die einzige Verteidigungsstrategie der Ente ist, den Himmel über sich im Auge zu behalten und ins Wasser abzutauchen, sobald sie einen Raubvogel sehen.

Unser nächster Halt war eine Wiese, auf der kleine Vögel Distelsamen pickten. Javier stellte das Teleskop auf und identifizierte mit wissenschaftlicher Genauigkeit jeden der gefiederten Götterboten, brachte mir die Namen auf Spanisch, Katalanisch und Englisch bei, womit er mich überforderte. Als er mir auch noch die lateinischen Bezeichnungen mitteilen wollte, hielt ich ihn auf. Die Vögel verbrachten sehr viel mehr Zeit am Boden, um nach Futter zu suchen, als mir klar gewesen war. Naiv hatte ich mir vorgestellt, dass sie ständig herumflogen oder zwitschernd in den Bäumen saßen. Bei Javier lernte ich die kleinkindliche Freude, Dinge exakt zu benennen, die Namen der verschiedenen Vögel zu erfahren, wo sie lebten, was sie fraßen. Ich schrieb mir alles auf, um Theo damit zu beeindrucken, der besessen von der Welt der Natur war. Leuchtende Goldfinken und prächtige Grünfinken stellen Wächter ab, die vor Feinden warnen sollen, während der Rest des Schwarms im Gras nach Futter sucht. Rotkehlchen heißen *ropit* auf Katalanisch, und weibliche Mönchsgrasmücken haben eigentlich braune Kappen, nur die Männchen haben schwarze. Wenn Zwergadler in ihren weißfedrigen Hosen am Himmel kreisen und ihre seltsam dünnen Rufe ausstoßen, ihre Federspitzen sich berühren, werben sie umeinander auf ihren himmlischen Ausflügen. Die großen weißen Vögel, die ich durch die Wolken fliegen gesehen hatte, waren laut Javiers Lexikon »die Ägypter«. Er meinte Schmutzgeier. Aus der Nähe sahen sie uralt und hässlich und reptilienartig aus, als er mir ein Foto in seinem Collins-Vogelratgeber zeigte, doch im Flug waren sie wunderschön am Himmel, wenn man den Rahmen aus schwarzen Flügelfedern von unten sah. Die faulen Schmutzgeier jagen nicht, sondern patrouillieren die Straßen ab und suchen sich Aas.

Während wir durch den Wald wanderten, entwirrte Javier das vielstimmige Vogelrufen zu einzelnen Stimmen, ordnete Sänger bestimmten Noten zu. Wir sahen den Seidensänger zwar nicht, einen schüchternen braunen Vogel, der mit seiner Umgebung verschmolz, doch Javier lehrte mich, seinen Gesang herauszuhören, laut, abrupt und unverwechselbar. Er erzählte mir, dass der Wiedehopf das Wahrzeichen von Menorca ist, und mir war klar, warum, denn er sah aus wie ein rebellischer Geist mit dem orangefarbenen Punk-Irokesen, den getupften Flügeln und dem wirbelnden Schmetterlingsflug. Doch mein Lieblingsvogel an dem Tag war die kleine aufgeplusterte, fröhliche Samtkopfgrasmücke.

Wir fuhren an die Nordküste, wo Javier auf eine Blaumerle bei den Klippen hinwies. Sie war etwa so groß wie ein Star, ihr Gefieder so unwirklich blau, dass sie aus einem Disney-Film zu kommen schien. Bald schon, sagte Javier, würde der Duft nach Kamille die Luft erfüllen und leuchtend bunte Bienenfresser aus

Afrika zurückkehren, zusammen mit rosa Flamingos und anderen Zugvögeln, um den ganzen Sommer über die Moskitos zu verspeisen.

Javier war nicht nur Vogelexperte, sondern auch Fachmann darin, wilden Spargel zu »fangen«. Am Ende unseres langen gemeinsamen Tages kochte ich die schlanken Stangen und genoss den intensiven, würzigen Geschmack des Waldes.

~

Glück war: ein Fahrrad, schmale, von niedrigen Mauern gesäumte Straßen, auf denen man gemächlich entlangradeln konnte, ein türkisfarbenes Meer mit felsiger Bucht, ein strahlender Tag und ein Notizbuch, in das ich alles Neue schreiben konnte, das ich zu sehen gelernt hatte. Hausrotschwänze, ein Turmfalkenpaar, gesprenkelte Waldschmetterlinge, ein Siebenschläfer, der raschelnd einen Baum hinaufrannte, ein Nest giftiger Raupen, ein Rotmilan, der rostrot durch die Luft huschte. Und man sollte versuchen, etwas von dem Geruch der Hitze in den sandigen Kiefernwäldern einzufangen oder die Form der Skulpturen aus sandfarben gebleichtem Treibholz, die vom Meer mit dem Blick eines Kurators an den Winterstränden ausgelegt wurden. Ich vermisste fast nichts an London. Hier war ich ständig in Bewegung, radelte zum Meer, entdeckte Esel auf kleinen grünen Feldern, beobachtete die Vögel, dachte an meinen Vater und dachte wieder nicht an ihn. Ich wurde tierischer, gefiederter, wilder.

~

Meine Mutter war vor fünfzig Jahren einmal auf Menorca gewesen, mit neunzehn. Es war ihre erste Auslandsreise, die sie mit ihrer besten Freundin unternahm. Während der nicht enden wollenden heißen Tage flirteten die zwei mit einem Rugby-Team im Hotelpool und wetteiferten am Abend darum, eine Flasche billigen Champagner zu gewinnen, indem sie Reifen um den Flaschenhals warfen.

»Wir haben die ganze Zeit nur gelacht«, erzählte sie, das sonnengebräunte neunzehnjährige Mädchen noch in ihrer Stimme, sie war wieder jung und voller Träume.

»Wahrscheinlich lag das auch an dem billigen Wein.«

»Ich habe immer gesagt, dass ich noch einmal hinfahren würde«, fuhr sie fort, und Trauer mischte sich in die Sehnsucht, so wie Menschen klingen, wenn sie nicht daran glauben, an einen Ort zurückzukehren. »Die Insel ist so wunderschön.«

Ich fragte sie nach den Namen der Strände, an denen sie gewesen war, notierte mir alles und besuchte sie für sie, schrieb ihren Namen in den Sand.

~

Ich zog aus meinem Apartment in ein kleines Sommerhaus bei dem Dorf Sant Lluís im Süden der Insel. Es war schön, das geschäftige Maó hinter mir zu lassen, und die ruhige Landschaft um das Dorf erinnerte mich an zu Hause. Viele Inselbewohner haben eine *casa de campo* wie das hier, ein zweites Zuhause auf dem Land, wo sie sich im Sommer aufhalten und wo es kühler ist. Die großzügige Freundin einer Freundin lieh mir das Haus, das ursprünglich jemandem aus der Modebranche gehört hatte und stylisch eingerichtet war, mit weiß getünchten Wänden, weißen Schaffellen auf schneeweißen Sofas, diagonal verlegten blau-gelben Fliesen auf der Treppe, kirchenartigen Bögen in allen Räumen, roten Böden, einem Holzofen sowie einem Garten voller Bäume und Vögel, inmitten von Feldern. Zu dem Haus gehörte auch die Mutter der Besitzerin, eine elegante Französin, die aus demselben Grund nicht in Paris war wie ich nicht in London. Es war wunderschön hier, und das Leben bekam allmählich wieder einen Rhythmus und eine Gestalt. Sich im Haus von anderen Leuten aufzuhalten, einem anderen Zuhause, ist eine Möglichkeit, ein anderer Mensch zu sein. Ich war weniger unruhig und fahrig. Es war nicht mein Haus, es gehörte jemand anderem, hier zu wohnen fühlte sich trotzdem fast wie zu Hause an.

Mein Lieblingsplatz war der Tisch im Garten. Ich wickelte mich in Pullover ein und frühstückte dort jeden Morgen eine Schüssel Erdbeeren oder zwei gekochte Eier mit einem Stück Baguette oder ein Törtchen aus der Bäckerei und blickte auf den Garten, in dem die Vögel zwitscherten. Samtkopfgrasmücken hüpften in den Olivenbäumen herum, sodass gelegentlich ihre weißen Brustfedern aufblitzten. Sie legten die schwarzen Köpfe schief und musterten mich mit ihren rätselhaften roten Vogelaugen. Dann arbeitete ich ein paar Stunden – im Auftrag des Unternehmens befasste ich mich mit Marktneuheiten und untersuchte, wie man neue Chancen am besten nutzen konnte. Dann sollte ich ein Szenario für die Einrichtung eines neuen Teams für strategische Allianzen entwerfen. Ich erstellte Verkaufspräsentationen, überprüfte Thesen, sprach täglich mit der Leiterin der

Strategieabteilung und dem Team, das für Fusionen und Übernahmen zuständig war, bevor ich in der Mittagspause mit dem Fahrrad ans Meer fuhr, um zu schwimmen. Dann kehrte ich mit eiskalten Händen zurück, füllte eine Wärmflasche mit heißem Wasser, die ich mir in dem ungeheizten Haus auf den Bauch band, und arbeitete weiter. Abends radelte ich zu einer Wiese, auf der drei Esel lebten, oder schlenderte durch die Gassen, bis es dunkel wurde. Die ganzen Wellness-Gurus reden davon, wie wichtig Routine ist. Ein Rhythmus, Rituale, all das hilft, um sich zu Hause zu fühlen.

An einem Tag beeilte ich mich, um zwischen Meetings noch schwimmen zu gehen. Ich sah eine tote Qualle auf einem Felsen und betrachtete sie mit grimmiger Genugtuung, doch nachdem der Wind aus der richtigen Richtung wehte, sprang ich in meiner Gier nach dem Meer direkt ins Wasser und wurde für meine Unachtsamkeit von einer *medusa* bestraft. An das Gefühl des Gestochenwerdens konnte ich mich nie gewöhnen, mein Gehirn brauchte immer ein paar Sekunden, um den elektrischen Schlag zu registrieren und zu übersetzen, und dieses Mal fühlte es sich besonders intensiv an. Zurück im Sommerhaus merkte ich erst, wie heftig mich die Qualle getroffen hatte, mein ganzes Bein war heiß. Während ich es untersuchte, rief mein Vater an.

»Die letzte Behandlung hat nicht so gut angeschlagen, wie wir gehofft hatten …«

Die Sprechweise meines Vaters, seine Sprachmelodie, beinhaltete lange Pausen in einem Satz – die Leute dachten oft, er hätte den Faden verloren, aber es war nur eine Gewohnheit, und nichts konnte ihn drängen, man musste einfach warten, bis er weitersprach. Vielleicht gehörte es zu seiner Ausbildung, der Art, wie Ärzte mit den Patienten kommunizieren sollen, damit diese die Möglichkeit haben, die Informationen in den Leerräumen zwischen den Buchstaben und Lauten aufnehmen und verarbeiten zu können. Jetzt sprach er langsamer als sonst, die Pause zog sich in die Länge.

»… der Krebs ist aggressiver geworden. Das kann vorkommen«, sagte er sachlich, Arzt und Patient in einem.

Nun war ich an der Reihe, nichts zu sagen. Ich blickte auf die Bodendielen, das Licht, das von einer Straßenlaterne hereinfiel, die Schatten der Fensterläden auf dem Boden. Er hatte mir gesagt, es würde ihn eines Tages umbringen, aber man hatte den Krebs behandelt, gekillt, mit verschiedenen Medikamentenkombinationen in Schach gehalten, die »die Stellung hielten«, bis sie nicht mehr wirkten, doch dann versuchten die Ärzte etwas Neues, es gab immer noch etwas, was man ausprobieren konnte. Das ist das Problem bei Krebs im Endstadium: ein endloses Abwägen und Neukalibrieren der Hoffnung, nicht auf Heilung, sondern auf mehr Zeit, und mit jedem Scheitern einer Behandlungsmethode wird die Hoffnung neu abgewogen und gemessen, wird neu bestätigt, denn was ist die Alternative? Wahrscheinlich meinen die Leute das, wenn sie von der Grausamkeit unheilbarer Krankheiten sprechen.

»Wie geht es dir?«, fragte ich. Nachdem er nie über seine Gefühle sprach, war es schwierig einzuschätzen. Unsere Währung waren immer Witze gewesen, nie Emotionen.

»Es macht mich sehr traurig. Ich bin auch traurig wegen deiner Mutter. Aber wir werden ‚den Himmel stürmen', wie man in Dublin sagt. Einen letzten Versuch haben wir noch, die Würfel sind noch nicht endgültig gefallen. Ich wünschte, ich hätte bessere Neuigkeiten für dich, meine liebe Tochter.«

»Dein Körper tut sein Bestes.« Ich sprach mit möglichst fester Stimme, schrieb alles auf, was er sagte, um es noch einmal lesen zu können, ein Transkript zu haben, damit ich ihn nicht bitten musste, alles noch einmal zu wiederholen. Mir war klar, dass der Krebs ohne die Medikamente, die ihn kontrollierten, nicht mehr stabil war, so wie bei meiner Abreise, dass er sich unkontrolliert ausbreiten könnte. »Zumindest musst du die Chemotabletten nicht an Weihnachten nehmen.« Meine Fröhlichkeit klang gespielt.

»Dieses Gift war schrecklich, ich habe es *gehasst.* Diese Tabletten, widerlich.«

Ich machte unbestimmte Geräusche, die heißen sollten: Ich liebe dich, es tut mir leid, ich weiß nicht, was ich sagen soll. Geräusche sind weniger verlässlich als Worte, aber breiter interpretierbar, sie werden zu dem, was sie gerade bedeuten sollten.

»Es tut mir leid wegen meiner Kinder. Ich bin traurig, weil ich nicht besser auf die Behandlung angesprochen habe. Wie geht es dir?«

Ich ließ ihn vom Thema ablenken. Man kann sich der Traurigkeit nähern, muss sich aber auch wieder von ihr entfernen. Wir formulierten eine Antwort auf eine E-Mail, mit der ich gekämpft hatte, fügten präzise die Worte aneinander. Es war trivial, unwichtig, aber er wollte es so.

»Kann ich etwas tun?«, fragte ich unbeholfen. Bei Krebs kann man so wenig machen, man ist nutzlos, hilflos, sprachlos.

»Ich glaube nicht, Schatz. Du rufst an, und wir unterhalten uns ein bisschen, und das ist schön.« Wie gering sich das anfühlte, als er es sagte, wie oberflächlich, »wir unterhalten uns ein bisschen«.

Ich wünschte, ich hätte den Podcast mit ihm aufgenommen, so hätte ich ihm ein Publikum verschaffen können, er präsentierte sich gern. Ich hätte netter auf ein Video reagieren sollen, das er im Lockdown aufgenommen hatte. Er hatte es mir geschickt und naiv gefragt, ob es wohl viral gehen würde. »Zu lang«, hatte ich hart geurteilt, »und nicht lustig genug.« Ich wünsche, ich hätte unsere Gespräche mitgeschnitten, ich wollte ihn festhalten wie einen aufgespießten Schmetterling in einem botanischen Museum, alles erfassen, bevor es verschwand, bevor in ihm etwas langsamer wurde und schließlich ganz aufhörte.

»Ich habe das große Glück, zwei der besten Ärzte an meiner Seite zu haben.« Er sagte oft, wie viel Glück er doch hatte, für ihn war es eine Gnade. »Wann kommst du heim, Schatz?«

Zu dem Zeitpunkt änderten sich die Beschränkungen nahezu wöchentlich. Spanien ließ niemanden mehr aus Großbritannien ins Land, man munkelte, dass England Spanien auf die »rote Liste« setzen würde. Planen war unmöglich.

»Vielleicht im März.« Schweigen.

»Schatz, deine Mutter würde dich gern vor März sehen.«

Ich achtete nicht auf diese winzige Zäsur, das Semikolon, diesen Moment der Stille, überflog eine Pause. Nahm das wiederholte »Schatz« nicht wahr. Später werde ich immer wieder an diesen Moment denken, wenn ich versuche, alles zu verstehen. Vielleicht belog ich mich selbst, hörte nur mit halbem Ohr zu, sah nur mit einem Auge hin. Es ist schwierig, das herauszuhören, was sich unter den Worten verbirgt, die Abstraktion.

»Als wir uns das letzte Mal gesehen haben, musste ich über eine Leiter in mein Schlafzimmer einsteigen!« Ich versuchte, die Stimmung aufzuheitern, das war im Sommer gewesen, als man sich besuchen durfte und er solche Angst vor einer Ansteckung hatte, dass ich nicht durchs Haus gehen sollte. »Wenn ich ausgerutscht wäre, hätten wir viel größere Sorgen als Corona.«

»Reinkommen darfst du leider immer noch nicht, ich muss das Risiko so klein wie möglich halten.«

Jetzt war es an mir abzulenken und ihm zu erzählen, dass mich eine Qualle erwischt hatte, ein großer Bereich an meinem Oberschenkel geschwollen und die Haut aufgeworfen und voller Blasen war – sie musste sich um mein Bein gewunden haben, oder vielleicht hatte mich auch ein ganzer Schwarm angegriffen.

Indem er sich auf meine körperlichen Beschwerden konzentrierte, konnte er wieder Arzt sein. Er wollte ein Foto sehen, und ich musste warten, während er recherchierte. »Wahrscheinlich ist das eine allergische Reaktion und wird stärker, je öfter du gestochen wirst. Du musst besser aufpassen. Hol dir eine Hydrokortison-Creme aus der Apotheke.«

»Okay, Dad«, sagte ich. Eine klinische Art, Liebe zu verschreiben, aber ich verstand, was er eigentlich sagen wollte, während wir uns auf die Qualle konzentrierten, etwas, das behandelt und geklärt werden konnte. Meine Verletzung würde heilen, bald würde es mir wieder gut gehen.

Nachdem wir uns verabschiedet hatten, saß ich lange auf dem Boden, mein Bein brannte und juckte, meine Kehle wurde immer enger, und irgendwann merkte ich, dass ich am ganzen Körper zitterte, schrecklichen Durst hatte und zutiefst erschöpft war. Ich wünschte, er wüsste es nicht, müsste mich nicht informieren, welche Behandlung gerade nicht anschlug. Alle litten in der Pandemie. Zumindest konnte ich hier sein. *Ich habe Glück, ich habe Glück, ich habe Glück,* wiederholte ich immer wieder wie ein Mantra, strich mit den Fingern über mein geschwollenes Bein, die heißen Stiche, die mittlerweile eine einzige große, rot glühende Fläche waren. Ich überlegte, ob ich meinen Bruder anrufen sollte oder Rachel oder Katharine oder meine Freundin Pella, doch da drehte sich mir der Magen um, ich musste mich übergeben und konnte nicht aufhören, öffnete nur gehorsam den Mund. Wie leicht ich doch zu schwächen war, in die Knie gezwungen wurde.

Während der nächsten zwei Tage, in denen mein Körper krampfte und gegen das Gift ankämpfte, dachte ich wieder an Medusa. Alle Versionen der Geschichte haben dasselbe Ende: Ihre Haare verwandeln sich in Schlangen, ihre Augen werden zu Stein, ihre Haut zu Gift. Wissenschaftler haben herausgefunden, dass manche Quallen biologisch unsterblich sind, sie können zu einer früheren Phase ihres Lebenszyklus zurückkehren. Im Gegensatz zu uns können sie noch einmal von vorn anfangen.

Drei Tage später ging ich auf unsicheren Bambi-Beinen langsam durch die gleißend weiße Wintersonne zum Weihnachtsessen ins Hotel Jardí de Ses Bruixes. Ein Ort für Scott und Zelda Fitzgerald, mit einem Hauch von altmodischem Riviera-Glamour. Ich setzte mich im Garten an einen Tisch unter einem Zitronenbaum und wickelte mich gegen die leichte Dezemberkälte in eine

Hoteldecke. Zuvor hatte ich angerufen und Bescheid gegeben, dass ich krank gewesen war und nicht wusste, ob ich das ganze Menü schaffen würde. Vor Ort stellte ich fest, dass der Koch ganz neue Gerichte speziell für meinen leeren, empfindlichen Magen zusammengestellt hatte. Vor Rührung hätte ich fast geweint, riss mich aber zusammen. Aus den Lautsprechern erklang leise »Oh lasset uns anbeten«. Was für ein Jahr das gewesen war. Das Gegenteil von Gott ist eine Qualle. Und das Zweitbeste nach Liebe ist, dafür zu bezahlen, umsorgt zu werden.

Wir hatten zuvor über Zoom Weihnachten gefeiert, was nicht so gut gelaufen war. Mein Vater hatte müde ausgesehen, mein Bruder war gereizt, Theo gelangweilt und unleidig, seine kleine Schwester Willow war gerade erst auf die Welt gekommen und stand im Mittelpunkt. Die Stimmung war nicht besonders festlich gewesen, auch wenn sich alle Mühe gegeben hatten.

»Draußen ist es ein bisschen kühl, möchten Sie das Dessert vielleicht drinnen im Salon am Feuer essen?« Der Baum in der Lobby war festlich mit Lichterketten und handgeschnitzten, rotgrünen Holzfiguren geschmückt. Ich blieb lange davor stehen. An Weihnachten mochte ich das Baumschmücken am liebsten, die Verwandlungen.

Im grün gestreiften Salon begrüßte mich Alma, ein Golden Retriever mit dem perfekten Aussehen eines Filmstars und einer roten Schleife um den Hals. Francesca, ihre glamouröse italienische Besitzerin, war in den Fünfzigern, makellos gekleidet mit perfekter Maniküre und riesiger Diamantenhalskette. Sie besaß ein Haus auf der Insel und ein Modeunternehmen in Mailand. Wir saßen am flackernden Feuer, Francesca spendierte mir einen

Drink und lud mich für den nächsten Tag zum Tee ein. Alma legte sich zu meinen Füßen hin und kuschelte sich an mich, als wären wir alte Freunde.

Weihnachten allein, und plötzlich war ich ganz und gar nicht mehr allein.

Doch ich, mich bedenkend im Sinne, entschloss mich,
meiner dahingeschiedenen Mutter Seele zu fassen.
Dreimal stürmte ich an – es befahl mir der Mut, sie zu fassen –,
dreimal entflog sie jedoch meinen Armen, gleich einem Schatten
oder auch Traum.

Odysseus

KAPITEL NEUN

Land der Kimmerer

Menorca, Spanien

KAPITEL NEUN

»Du bist der undankbarste Mensch der Welt«, rief mein Vater ins Telefon.

Ich wusste nicht, wie wir wieder hier gelandet, in den Rhythmus unserer alten Zerwürfnisse zurückgefallen waren, gefangen in dem Streit, in dem es nie um das ging, worüber wir stritten. Wieder zurück in der Sackgasse, in der mein Vater Dankbarkeit für eine Privatschule verlangte, an der ich unglücklich gewesen war, an der ich gelernt hatte, dass sogar solche Teile eines Menschen kleiner werden konnten, von denen man es nicht gedacht hätte, dass sogar die winzigen Stellen zwischen den Fingern bis auf die Knochen abmagern können. »Du kannst einem Menschen nicht einfach sagen, was er fühlen soll!«, schrie ich zurück. Wir waren einander schon immer ebenbürtig gewesen. »Ich habe deinen Krebs so satt. Für mich ist überhaupt kein Platz, ich bin allein in dieser verdammten Pandemie, ich habe

Angst vor der Zukunft, und immer nur heißt es Krebs Krebs Krebs.«

Mein Gesicht war heiß vor Wut, mein Bauch vor Schuldgefühlen aufgebläht. Ich sollte eine bessere Tochter sein, aber er auch ein besserer Vater. Ich schob mein Rad, um besser mit ihm streiten zu können, weil er sich über das Windrauschen beschwert hatte, als ich es mit dem Headset versucht hatte.

»Man kann nicht mit einem Krebspatienten streiten.«

»Das stimmt, Schatz, das verstehe ich. Das tut mir sehr leid.« Er gab nach, doch es war zu spät, und ich legte wortlos auf. Klirrend lehnte ich das Rad gegen die Wand, schloss es ab, stapfte ins Sommerhaus. Ich hätte nichts sagen sollen. Aber er hätte mich auch nicht provozieren dürfen. Vollständig bekleidet ging ich ins Bett und zitterte in der Winterkälte, weinte wie eines dieser albernen Mädchen in den Märchen. Nutzlose, traurige, rückgratlose Mädchen, die auf ihre Rettung warten, so lange, dass sie eine Million Jahre schlafen, bevor ein Prinz es mit Dornen und Hexen aufnimmt, um sie vor aller Unbill der Welt zu retten. Ich bin die Dornen, die Hexe. Als ich aufwachte, sah ich, dass er bei WhatsApp ein rotes Herz geschickt hatte, das große, schlagende. Dieses ganze »Ich liebe dich«, Herzchen-Emojis, das rasche Einlenken sah ihm alles nicht ähnlich. Er wurde immer weniger er selbst. Eine Veränderung, die ich verzweifelt rückgängig machen wollte. Ich wollte meinen richtigen Vater zurück, der so etwas nie im Leben gesagt, der meine »Fehler und Schwächen« akribisch aufgelistet hätte. Als wir später noch einmal telefonierten und uns beieinander entschuldigten, sagte er, ich sei wie er.

KAPITEL NEUN

Der Wind kam aus Norden, ein starker Tramontana, der schlimmste. Er hatte sich den ganzen Tag aufgebaut und heulte jetzt ums Haus. Stürme sind auf Menorca eine ganzheitliche Erfahrung. Im Haus bleiben hilft nicht viel, und wenn man nach draußen geht, dringt der Wind in die Ohren und bereitet einem Übelkeit, erschöpft einen auf eine Weise, die schwer zu erklären ist, wenn man die Endlosigkeit nicht selbst erlebt hat. Es fühlte sich unerbittlich an, als würde man von einer Migräne oder einem Spannungskopfschmerz überrollt, mit Druck und hässlichen Geräuschen und Auswirkungen auf sämtliche Flüssigkeiten in meinem Körper. Es gab kein Entkommen, man konnte es nur aussitzen. Die Stürme dauern oft tagelang. Die Windböen peitschten die Palmen, irgendwo flatterten Plastikplanen, und alles in mir schien belagert, die ganze Welt unsicher, erschüttert, zerbrechlich. Ich wollte schlafen, lag jedoch nur mit geschlossenen Augen in dem kalten Bett, wach und wütend, gekränkt und reumütig, lauschte auf den Wind, der über die kalte, trostlose Insel heulte.

Im Land der Kimmerer, in Nebel und Wolken gehüllt, wandern die Geister der Toten umher. Odysseus folgt Kirkes Anweisungen und führt ein Ritual durch, um die Geister zu ihm zu rufen, weil er einen toten Propheten namens Teiresias um Rat fragen möchte, wie er sicher nach Hause zurückkommt. Er bringt ein Trankopfer dar, streut ein wenig Gerste darüber und füllt ein Loch mit dem »schwarzen Blut« zweier Opferschafe, das die Toten trinken können. Langsam treten die Geister hervor, darunter einige der gefallenen Soldaten, die im Trojanischen Krieg mit ihm gekämpft haben. Die meisten leiden, wenig überraschend, unter einer Art posttraumatischem Belastungssyndrom und

»sprachen unter Tränen«. Als er den Umriss seiner Mutter sieht, will Odysseus sie umarmen, greift jedoch durch sie hindurch. Immer wieder versucht er es, vergeblich. Die »fehlgeschlagene Umarmung« hat mich noch lange verfolgt.

Mein Vater berührte Menschen nicht gern und war bei Keimen für einen Arzt richtiggehend paranoid. Wenn er sich eine Erkältung einfing, gab er wütend einem anderen Menschen die Schuld und ließ es monatelang nicht ruhen. »Dein Bruder hat mich angesteckt«, »Deine Mutter hat mir ihre Erkältung weitergegeben«, lamentierte er dann. Ein Wunder, dass er Medizin studiert hat. Statt einer Umarmung gaben wir uns zur Begrüßung gegenseitig Klapse auf den Rücken, immer fester, immer schneller, und wir hörten erst auf, wenn es einer von uns nicht mehr aushielt. Liebe gepaart mit Brutalität. Er war in den Fünfzigerjahren aufgewachsen und wurde jung aufs Internat geschickt. Zuneigung hatte man ihm vermutlich früh entzogen – zumindest denke ich mir das, er sprach selten über seine Eltern oder seine Kindheit. Seinen Vater hatte er verloren, als er siebzehn war, und als wir einmal über die perfekte Dinnerparty sprachen, nannte er ihn als seinen Wunschgast. Er sagte, er würde ihn gern besser kennenlernen, und da hätte ich fast geweint.

Es war Silvester. Ich fuhr zum Dorf Alcaufar an der Südküste und ging langsam in das von Algen durchzogene Wasser, fragte mich, ob die Kälte noch mehr ausgleichen konnte, ob die tägliche Taufe einen Sinn hatte, ob das neue Jahr Veränderungen bringen würde. Als ich mit eistauben Füßen zurückfuhr und den Hügel hinaufstrampelte, sah ich drei Wiedehopfe, die irgendwie unsicher, erratisch herumflogen. Eine Katze kreischte, vielleicht war es aber auch ein Huhn. Ich fuhr weiter nach Biniparratx. Das Schild versprach eine Bucht am Ende einer Schlucht – ich stellte mir einen steilen, tiefen Abgrund vor, einen Ort, an dem Menschen den Halt verlieren und stürzen oder gestoßen werden könnten. Einen Ort, an dem Autos von Bergstraßen rutschen könnten. Als ich dort ankam, war es jedoch nur eine übertriebene Übersetzung, eine flache Rinne statt einer Schlucht. Vögel kreisten schreiend um die Felsen, in denen sich laut demselben Schild bronzezeitliche Grabkammern befinden sollten. Ich kletterte hinauf und saß hoch oben in der Sonne, von wo aus ich das Tosen des aufgewühlten Meeres beobachtete.

An diesem Abend erfuhr ich, dass es in Spanien Brauch ist, mit jedem Glockenschlag um Mitternacht eine Weintraube zu essen. Bei meinem Versuch verschluckte ich mich, den Mund voll wie ein Hamster, mit tränenden Augen.

~

Mein Vater weigerte sich, über seinen katholischen Glauben zu sprechen, das sei etwas Privates zwischen ihm und seinem Gott, da müsste ich mich nicht einmischen, doch ich hatte meinen Glauben verloren und wollte einen Weg zu seinem finden. Auch wenn ich mit der Kirche gebrochen, früh als junger Mensch die Religion verworfen hatte, waren die Schuldgefühle schwerer abzuschütteln. Ich war neugierig auf seinen Glauben, fragte ihn oft danach, geradeheraus und über Umwege, und er gab mir nie eine Antwort, wurde wütend, sagte irgendwann: »Ich will nicht darüber reden«, in dem scharfen Ton, der eine Warnung war. Ein

Arzt, ein Mann der Wissenschaft, ein Mensch, der sich eher am Rationalen denn am Emotionalen orientierte, der Untersuchungen auswertete, Medikamente dosierte, Informationen verknüpfte, glaubte immer noch an das Mysteriöse, ging immer noch in die Kirche, nach seiner Diagnose sogar noch mehr. Ich wusste, dass er Reliquien in seiner Sockenschublade aufbewahrte, ein Stück vom Zahn eines Heiligen – angeblich –, oder vielleicht ein Stück Knochen, einen Holzsplitter, sicher angeblich vom Kreuz, so genau wusste man das alles nicht. Sie lagen in kleinen weißen Schmuckschachteln mit durchsichtigen Kunststoffdeckeln, sorgfältig verpackt, die Watte schon leicht vergilbt. Dort lagerte auch ein alter Rosenkranz. Manchmal, wenn ich seine Socken (unerlaubt) anzog, nahm ich ihn heraus, strich mit den Fingern über die schweren Kugeln. Ich hatte keine Ahnung, woher er die Sachen hatte.

Ich wusste, dass er als Kind auf einer Pilgerfahrt in Lourdes gewesen war, doch die Einzelheiten waren verschwommen. Warum man ihn dorthin gebracht hatte, wusste ich nicht genau. Vielleicht hatte es mit der leichten Polioerkrankung zu tun – als Kind hatte er ein Lederstützkorsett tragen müssen, und seine Wirbelsäule war trotz der Korrektur immer leicht verkrümmt, was ihm ein Leben lang Probleme machte. Oder vielleicht war es auch nur eine Klassenfahrt gewesen. Als ich ihm von meiner Besteigung des Vulkans auf Äolus' Insel erzählte und wie spirituell es für mich gewesen war, wie die Taschenlampen anderer Wanderer im Dunkeln wie Kerzen geleuchtet hatten, sagte er, dass Lourdes ihn sehr bewegt hätte, doch dann wollte er nicht weitersprechen. Nachdem der erste Schock nach der Diagnose abgeklungen, die anfängliche

Schärfe etwas Offenerem, Hellerem gewichen war, sprachen wir vom Jakobsweg. Er wollte ihn gehen, und ich sagte, der Zeitpunkt wäre wohl richtig, stellte mir vor, wie wir beide und der wunderschöne alte Heilige mit vielen anderen den legendären Weg entlangwanderten.

Spazierengehen, Wandern war immer unser Ding gewesen, wir zwei auf dem Land in Oxfordshire, die meiste Zeit schweigend, einfach nur beieinander. Manchmal erzählte ich ihm schwierige Dinge, und er hörte mir zu oder erzählte mir langatmige sinnbildliche Geschichten oder erinnerte mich an Millionen Jahre zurückliegende Autofahrten in Irland mit meiner Großcousine Una und ihrem Mann Jack, um mich zum Lachen zu bringen. Ich versuchte immer wieder, ihn auf ein Datum für den *Camino de Santiago* festzunageln, und er lehnte nie richtig ab, wurde aber auch nie konkret. Ich glaube, er wollte bei meiner Mutter bleiben. Irgendwann fragte ich nicht mehr nach. Vielleicht hätte ich hartnäckiger sein sollen. Bei Krebs sind die Regeln nicht eindeutig. Dann musste er wegen der Behandlungen in der Nähe des Krankenhauses bleiben, und der *Camino* blieb weiter ein Wunschtraum. Eigentlich war ich nur beim Wandern allein mit ihm. Dann schien er mich am deutlichsten wahrzunehmen, als Mensch. Sonst war ich oft, vor allem als kleines Kind, weniger sichtbar für ihn. Auf unserem letzten Spaziergang hatte er mir die Geschichte eines Patienten erzählt, der Selbstmord begangen hatte, und wie traurig er deshalb war. Dass er an der Beerdigung teilgenommen, in der letzten Bankreihe gesessen hatte.

Wandern hat mir schon immer geholfen, meine Gedanken zu klären, halb geformte, halb gefühlte Empfindungen in konkrete zu verwandeln: Müdigkeit, Anstrengung und Erschöpfung, meine Muskeln übernehmen das Kommando, mein Geist wird leer und wandert nach allen Seiten in die Klanglandschaft, dehnt sich in die Stille, in die Ruhe, hin zu Schönheit und weg von der Unwichtigkeit meiner Sorgen.

Die Wanderung rund um Menorca begann nicht als Pilgerreise, zumindest nicht bewusst, obwohl ich vielleicht unterbewusst nach einem Weg suchte, etwas wieder in Ordnung zu bringen, zu büßen, alle Streitigkeiten für immer beizulegen, den Göttern ein Opfer darzubringen. Ich wollte laufen, weil ich meine Gedanken sammeln musste. Ich wusste nicht, wie es weitergehen, ob ich nach Hause fliegen oder bleiben sollte. Spanien verwehrte mittlerweile die Einreise aus Großbritannien, aber wenn ich zurückfahren musste, würde es einen Weg geben. Aber was könnte ich dort schon tun? »Nichts«, wie meine Mutter gesagt hatte. Alles fühlte sich schwer und falsch an. Meine Gedanken gingen im Kreis, wägten Optionen ab. Das Richtige ist nicht immer sofort offensichtlich, auch wenn es im Nachhinein klar leuchtet und unauslöschlich erscheint. Erst später wurde mir klar, dass diese Wanderung etwas Andächtiges an sich hatte. Erst später wurde mir klar, dass ich früher hätte nach Hause zurückkehren sollen.

Es gibt einen Küstenweg, der einmal um die ganze Insel führt und *Camí de Cavalls* heißt. Eines Tages stolperte ich zufällig darüber, als ich einen neuen Strand ausprobiert hatte, und folgte eine Weile den kirschroten Wegweisern. Am nächsten Tag kaufte ich eine Landkarte und wanderte bei jeder sich bietenden Gelegenheit einzelne Abschnitte.

Der Weg war im vierzehnten Jahrhundert von dem iberischen König Jakob II. angelegt worden, um den Inselbewohnern die Patrouille zu Pferd zu erleichtern. Der *Camí* war allerdings keine große Hilfe, denn die Insel wurde nahezu ununterbrochen von Piraten angegriffen, vor allem im Jahr 1535, als der für seine Blutrünstigkeit berüchtigte Barbarossa Maó plünderte, über sechshundert Inselbewohner gefangen und mit zurück nach Algier als Sklaven nahm. Im achtzehnten Jahrhundert fielen wegen der strategischen Lage im Herzen des Mittelmeers regelmäßig europäische Mächte ein.

Stundenlang wanderte ich den sandigen Weg hoch über dem eisvogelblauen Wasser entlang, durch heiße Kiefernwälder und über Klippen, begleitet vom leisen Klirren von Kuhglocken. Ich wanderte, bis meine Beine schmerzten, und sprang dann ins eiskalte Wasser. Danach lag ich in der milden Sonne am Strand und ließ mich trocknen. Auf der Insel wurde es früh im Jahr Frühling, und ein so kräftiges Grün hatte ich noch nie gesehen. Zudem sprossen überall neue Blätter, eine weitere Schattierung in all dem Grün.

Ich kam durch leere Dörfer voller Ferienhäuser, die so nah am Wasser wie möglich gebaut waren, und als es wärmer wurde, brach hektische Aktivität in den Gärten und an den Gebäuden aus, um die schlimmsten Schäden der Salzerosion zu beseitigen. Alles wurde strahlend weiß gestrichen und für den Sommer vorbereitet.

Auf meinen Wanderungen fiel mir auf, wie drastisch sich die Landschaft änderte, worauf ich sonst nie besonders geachtet hatte. An der wilden Nordküste lief ich durch eine Parodie englischer ländlicher Umgebung, mit grünen Wiesen und Laubbäumen. Im

Süden wanderte ich durch extravaganten Ackerklee und große optimistische Gänseblümchen, versuchte Warnungen vor riesigen Bienen zu ignorieren und erforschte verlassene Strandbunker, die man zur Verteidigung gegen den spanischen Diktator Franco angelegt hatte. Am Ende wurden sie nie benutzt, weil Franco über den Luftweg angriff und Menorcas Opposition bestrafte, indem er die Inselbewohner jahrelang auf Gefängnisschiffen festhielt und der Insel Entwicklungshilfe verweigerte. Ich kam an alten spanischen und englischen Wachtürmen vorbei, die von wechselnden Mächten als neue Befestigungsanlagen errichtet worden waren. Der Weg führte mich zu einer paläochristlichen Basilika mit altgriechischen Graffiti auf den Steinen. Ich setzte mich mit dem Rücken an die Ruinenmauer gelehnt auf den Hügel, aß *pastissets,* einen Shortbread-ähnlichen Keks, und beobachtete zwei Zwergadler, die in der Thermik schwebten, sich gegenseitig riefen und geometrische Liebesgedichte zwischen ihren Flügelspitzen webten. Ich ging zum glänzenden Strand von Mitjana und schwamm durch das smaragdgrüne Wasser zum kleinen Schwesterstrand Mitjaneta, auf der anderen Seite der kleinen Landzunge, wo ich den Namen meiner Mutter in den Sand schrieb. Zur Abwechslung wollte ich einmal an sie denken und nicht an meinen Vater. Ich wollte mir vorstellen, wie sie in ihrem gestreiften Bikini jung und glücklich und sonnenverbrannt im Sand lag.

Im Osten wanderte ich zur Cala Rafalet, wo hohe Klippen einen schmalen Streifen blaues Meer einrahmten. Der Weg schlängelte sich geheimnisvoll durch dunkelgrünen Wald hinunter zu einer tiefen Schlucht, wo schimmernde hellgrüne Felsenbecken ineinanderflossen, und mündete schließlich in einen schmalen azurblauen Badestrand, wo das beschattete Wasser so kalt war, dass es mir den Atem raubte. Barfuß ging ich über seidenweiße Strände an der Südküste und über gröberen, korallenrosa Sand an der Nordküste, die von einem noch intensiveren Grün war als der Süden und wo winzige, weiß getünchte Fischerhäuschen isolierte kleine Buchten umrandeten, eine Version eines idyllischen Häuschens am Meer schöner als die nächste.

Auf einer dieser Wanderungen rief mein Vater an, um mir vom Einsetzen seines Ports zu erzählen, einem ständigen Zugang, damit man ihm leichter Medikamente verabreichen konnte. Etwas schwoll in meiner Brust an und zerbarst. Am liebsten hätte ich ihn mit dem Flugzeug hertransportieren lassen, wünschte mir sehnlichst, dass er neben mir laufen könnte, gesund. Doch ich konnte es ihm nur beschreiben. Er sagte, ich solle einen Artikel darüber schreiben. »Es interessiert die Leute bestimmt«, meinte er, »wie anders du mit der Pandemie umgehst, meine brillante Tochter.« Ich wehrte ab, erwiderte, ich wüsste nicht, wie, versprach ihm aber, es zumindest zu versuchen.

Cales Coves, eine Doppelbucht an der Südküste, ist eine bronzezeitliche Nekropole, eine große Stadt für die Toten. Hundert Grabkammern waren von der geheimnisvollen prähistorischen Talayot-Kultur hoch oben in die Felsen gehauen worden. Ihre Toten hatten einen fantastischen Ausblick aufs Meer bekommen und waren nie allein – zur letzten Ruhe gebettet in von Hand gemeißelten Gemeinschaftsgräbern.

Unten am Wasser schälte sich gerade eine Frau aus ihrem Neoprenanzug. Mir gefiel, wie entspannt man hier auf Menorca mit Nacktheit umging. Als ich mir neben ihr meine Schwimmsachen anzog, unterhielten wir uns. Sie erzählte mir, in den Höhlen hätten Hippies gewohnt, und sie sei dort aufgewachsen. »Meine Mutter hat ihre letzten zwei Kinder in der Höhle zur Welt gebracht, nur mein Vater und eine Nachbarin mit einem Messer waren bei ihr.« Sie lachte. »Kannst du dir das vorstellen?« Sie lebten als bekannte alternative Kommune zwischen den Toten, bis die spanischen Behörden sie rauswarfen und die meisten Höhlen verschlossen.

Langsam glitt ich in das tiefe Wasser und unterdrückte einen Schrei, wollte nicht, dass sie mich für eine Novizin hielt. Auf halber Strecke zum anderen Ufer stockte mir der Atem, als ein Eisvogel auf mich zuflog. Der Vogel war fast schon zu schnell, eine neonfarbene Linie, eine elektrische, vibrierende Bewegung. »Hast du das gesehen?«, rief ich, und sie zeigte mir vom Ufer aus den hochgestreckten Daumen. Sie hatte meinen Vogel gesehen, er war wirklich da. Endlich war da jemand, mit dem ich diese Magie teilen konnte. Wir grinsten uns übers Wasser hinweg an. Das war das dritte Mal, dass mir Äolus auf meinen Reisen seine Tochter geschickt hatte.

Äolus, der Herrscher der Winde, hatte eine wunderschöne Tochter namens Alkyone. Im Gegensatz zu ihrem Vater kommt sie in der *Odyssee* nicht vor, aber ihre Geschichte ist erzählenswert. Alkyone war eine thessalische Prinzessin, mit einer strahlenden Ehe, ganz wörtlich, denn sie heiratete Keyx, den Sohn des Morgensterns. Schon bald waren sie eines dieser schrecklich glücklichen Paare. Außerdem waren sie ein wenig kinky und standen im Bett auf Rollenspiele, nannten einander »Zeus« und »Hera«, doch dieses frevlerische Bettgeflüster kostete sie ihr

Glück. Als Zeus davon erfuhr, war er außer sich vor Wut – er war wirklich sehr dünnhäutig und fühlte sich superschnell persönlich angegriffen, wie Götter eben so sind. Sofort nahm er Rache und schleuderte einen Blitz auf das Schiff, auf dem sich Keyx befand, womit er ihn tötete. Als Alkyone vom Tod ihres Mannes erfuhr, stürzte sie sich in einem Anfall von verzweifelter Trauer ins Meer, so unendlich tief war ihre Liebe zu ihm. Der unberechenbare Zeus war von diesem Liebesbeweis so gerührt und entdeckte seine mitfühlende Seite, weshalb er die Liebenden als Eisvogelpärchen wiederauferstehen ließ.

Laut der Legende legen Eisvögel ihre Eier Mitte Dezember auf dem Meer ab, während Alkyones Vater für Windstille sorgt. In Wahrheit graben sie einen Tunnel ins Flussufer und legen ihre Eier unterirdisch ab. Im Gegensatz zu den meisten anderen Vogelarten hat das Weibchen das leuchtendere Gefieder. Nachdem ich nach dem Schwimmen lange auf der Stelle gehüpft war, um mich aufzuwärmen, recherchierte ich ein wenig. Eisvögel assoziierte man mit Freiheit, Mut und Abenteuer. Sie unterstützen einen dabei, loszulassen und nach vorn zu blicken. Ich musste loslassen, nach vorn schauen, aber was nimmt den Platz der Dinge ein, die man loslässt?

Mein Handy meldete eine Nachricht – jetzt hatte auch Rachel eine wunderschöne Tochter. Auf dem Foto sah meine Freundin stark und müde und glücklich aus. Die Geburt war kompliziert, sie selbst sehr tapfer gewesen. Das Baby würde nach Lady Hester Stanhope benannt werden, einer berühmten Abenteurerin. Es war perfekt. Ich schickte meiner Freundin und ihrer lang ersehnten Tochter Küsse.

Im Süden führte der *Camí* durch kleine Täler aus niedrigen Steinmauern, die winzige Felder in Mosaike verwandelten, vorbei an Blumenwiesen, Weiden mit grasenden Pferden, Obsthainen und wilden Oliven. Im Westen war die Landschaft völlig anders, ohne Kiefern- oder Eichenwälder, sondern wie Szenen aus *Sturmhöhe:* trostlose, windumtoste Felsen, lange Bruchsteinmauern und runde Steinhütten als Unterstand für die Schafe. Ich verknotete meinen Pullover über meinen Ohren gegen den nördlichen Tramontana-Wind, der die Landschaft geformt hatte, während ich auf dem Gipfel einer Klippe an einem eisernen Kreuz vorbeiging, das an einen Schiffbruch erinnerte.

Während ich stundenlang allein oder mit Francesca, meiner Weihnachtsfreundin, und ihrem Hund Alma den *Camí* entlangwanderte, vernebelte und klärte sich mein Geist. Wer wusste schon, was diese Wanderdünenwelt als Nächstes bieten würde, doch im Moment hatte ich wenigstens diesen Weg, dem ich folgen, einen Teil, den ich auf der Landkarte abhaken konnte.

~

Im Februar hatte ich die Insel zu drei Vierteln umrundet, und mein Vater hatte Geburtstag. Er las gerade *Die Zeit der Gaben* von Patrick Leigh Fermor, ein Memoir über die Zeit, als der achtzehnjährige Patrick 1933 von Holland nach Deutschland pilgerte. *Viele Parallelen zu deiner Reise,* schrieb er mir, vor allem die Gastfreundschaft, *die er sogar in Deutschland zur Zeit der Machtergreifung Hitlers erlebt hat.* Ich dachte an die vielen Menschen, die mir auf dieser Reise, in diesen gefährlichen Zeiten, ihre Tür geöffnet hatten. Wie ich zuerst die Fremde in der Stadt und dann ein geladener Gast geworden, zuerst einsam und entwurzelt gewesen war und die Menschen, die ich kennengelernt hatte, mir wieder ein Gefühl von Zugehörigkeit und Angekommensein vermittelt hatten.

Ein Rotkehlchen hatte es sich angewöhnt, morgens mit mir auf der Terrasse des Sommerhauses zu frühstücken, und pickte Toast- oder Kuchenkrümel auf, die ich in konzentrischen Kreisen immer näher an meinem Teller auslegte. Eines Tages flog es mir nach ins Haus und gegen ein Fenster. Unser beider Herzen schlugen panisch, als ich es mit einem Geschirrtuch einfing und wieder in die Freiheit entließ. Das war kein gutes Zeichen. Der Überlieferung nach tragen Rotkehlchen die Seelen der Toten in sich.

~

Ein paar Tage später saß ich oben auf den Klippen über Es Caló Blanc, meiner Lieblingsbucht, und kühlte meine Füße nach einer langen Wanderung. Ich sah dem Wasser zu, das fischgleich in die Felsbecken plätscherte, als eine nackte Frau mit langen schwarzen Haaren den schmalen Strand entlangging. Sie lehnte sich im seichten Wasser zurück, um unterzutauchen, die dunklen Haare schwebten um ihren Kopf wie in einem Märchen oder einem Gemälde. Sie trank rasch acht Handvoll Salzwasser und ging ruhig wieder an den Strand. Es war das erste Mal, dass ich jemanden hier unten gesehen hatte, geschweige denn schwimmen, geschweige denn Meerwasser trinken.

Ich drehte mich um und sah, dass ein großer Mann mit weißen Haaren und Brille auf den Klippen aufgetaucht war und rote Handtücher auf den Felsen ausbreitete.

»*Hola*«, rief ich ihm zu, »was macht sie denn da?«

»Oh, Carmen befolgt die Delfin-Diät«, sagte er, als würde das alles erklären. Dann legte auch er seine Kleidung ab.

Der nackte Andrew war fast siebzig, ein begeisterter Nudist und fast schon die Karikatur eines Briten. Er war aufs Internat gegangen, sein Vater nannte ihn selbst als erwachsener Mann noch »Junge«, und er hatte früher in der City von London gearbeitet. Er stellte sich – noch die harmloseste seiner Behauptungen – als »König von Cala Fonts« vor, dem wohlhabenden Hafenviertel von Es Castell, das bei Auswanderern sehr beliebt ist, und erzählte mir, dass er oft an dieser Bucht hier anhielt, um auf dem Weg zu Carmens Haus kurz schwimmen zu gehen.

Anfangs verabredeten wir uns nicht, wir waren immer zufällig beide um die Mittagszeit hier. Allmählich wurde es zur Gewohnheit und dann zur Regel, und wir schickten uns eine SMS, wenn sich einer von uns verspätete. Normalerweise war nur Andrew da, obwohl Carmen manchmal am Wochenende zu uns stieß. Manchmal nahm er mich mit, wenn es zu stark regnete, um mit dem Fahrrad zu fahren.

Ich merkte schnell, dass Andrew ein Mann mit strengen Routinen war. Zuerst setzte er sich auf »seinen« Platz in unserer Bucht, ein winziger, nicht ganz so unbequemer Felsvorsprung. Ich durfte mich dort nicht hinsetzen, sondern musste mit einem der unbequemen Felsen in der Nähe vorliebnehmen. Dann legte er seine drei Handtücher in einer bestimmten Reihenfolge aus, die mir trotz der vielen Zeit, die wir miteinander verbrachten, ein Rätsel blieb, bevor er sich das Gesicht großzügig mit Aloe Vera einrieb. Als ich ihn danach fragte, sagte er, es sei wie Sonnencreme und biete den gleichen Schutz (nein und nein). Schließlich kämmte er sorgfältig seine weißen nackenlangen Haare.

Dann war er bereit zum Nacktsonnenbaden, und während er sich auszog, erzählte er mir alle Horrorgeschichten, die ihm einfielen.

»Ein fast zwei Meter langer Blauhai wurde an der Küste bei Cala Galdana gesichtet, einer beliebten Touristenbucht. Er war ausgehungert und sehr angriffslustig. Die Leute haben ihn gefilmt« – Andrew zeigte mir ein Video auf seinem Handy –, »dann starb er, weil die Behörden zu lange damit gewartet hatten, ihn ins tiefere Wasser zurückzutreiben. Das hat mich richtig geärgert.«

»Heute mag das Wetter ja noch schön sein, aber es wird nicht halten. Morgen wird es stürmisch werden, wusstest du, dass die Selbstmordrate bei Tramontana auf den Inseln steigt?«

»Man hat eine Kinderleiche in einem Koffer gefunden, das schwerste Verbrechen auf Menorca. Es ist bis heute nicht aufgeklärt.« (Später fand ich heraus, dass das über dreißig Jahre her war. Bei ihm hatte es nach einem recht aktuellen Ereignis geklungen.)

»Jemand war schwimmen und hatte den Mund offen, und dann waren da Quallen, und eine …«

Bei der Geschichte hielt ich mir die Ohren zu und rief, er solle aufhören. Ich wollte einfach nur in geselligem Schweigen dasitzen, aufs Meer schauen und so gut wie möglich seine immer brauner werdenden Genitalien ignorieren, doch der nackte

Andrew ließ sich nicht mit beschaulicher Stille von einem guten Gespräch abhalten.

An den meisten Tagen sah das Meer so unwirklich aus, als wäre es retuschiert und mit Airbrush bearbeitet worden, wie ein Model in einem Hochglanzmagazin. An sonnigen Tagen wirkte es verlockend tropisch, wie ein schmelzender Sommercocktail, eine Illusion, die sich schnell in Luft auflöste, wenn ich mich keuchend in die Kälte hinabließ und dabei gleichzeitig kreischte und sang – »Wie eine verdammte Banshee«, kommentierte Andrew.

An manchen Tagen vermisste ich es, allein zu schwimmen, doch meistens genoss ich seine Gesellschaft. Andrew ging schneller als ich ins Meer und zog mich als Feigling, Weichei und unzulängliches Alpha-Weibchen auf, während ich mich zitternd ins Wasser wagte, aber dafür schwamm ich länger. Manchmal versuchte ich, früher hier zu sein, um noch zu meditieren, doch immer kam Andrew auch schon unter begeisterten Rufen die steilen Steinstufen hinunter und redete bereits, obwohl ich ihn noch gar nicht hören konnte. Das ausgelassene Wasser, das weiß schäumend über die Felsen und in die Luft spritzte, war wie Konfetti auf einer Hochzeit, an die man wirklich glaubte. Es wurde allmählich wärmer, mit jedem Tag konnte ich länger im Wasser bleiben und zitterte weniger, wenn ich wieder herauskam.

»Was für ein Tag, um am Leben zu sein!«, rief ich Andrew zu, unser ritueller Austausch im Wasser, sobald sich meine Atmung normalisiert hatte.

»Was für ein Tag, um am Leben zu sein!«, brüllte er zurück, während ich mich immer wieder in den Wellen drehte.

Geschichten zwischen den Zeilen kann man sich leicht ausdenken, doch die Realität ist nie ganz so, wie ich sie mir vorstelle. Andrews Geschichte, die oberflächlich betrachtet wie eine Komödie wirkte, war in Wirklichkeit tragisch. Jahrelang hatte er mit seiner erfolgreichen Börsenmaklerehefrau in Nottingham gearbeitet. In den Achtzigern kamen sie zufällig auf die Insel, nachdem ihnen ein Reisebüro einen falschen Urlaub verkauft hatte, verliebten sich in Menorca und beschlossen, keine Kinder zu bekommen, um so früh wie möglich hier ihren Ruhestand genießen zu können. Ein Jahr vor dem Datum, auf das sie lange hingearbeitet hatten, wurde seine Frau schwer krank. Sie bat ihn, sie nach Menorca zu bringen. Als sie hier im Sterben lag, wies sie Andrew an, sich eine spanische Freundin zu suchen, und ein Jahr nach ihrem Tod lernte er Carmen kennen, eine buddhistische Innenarchitektin, die, wie Andrew es ausdrückte, »eine große Anhängerin von Verschwörungsmythen« war. Carmen glaubte unter anderem, dass die Erde flach und die Mondlandung eine Fälschung sei, und sie hatte ein großes Interesse an der Nanotechnologie von Graphen, aus Gründen, die sie für sich behielt. »Ich bin furchtbar in Carmen verliebt, das Leben mit ihr ist einfach so interessant«, sagte Andrew, und ich hörte die Wahrheit darin, die Weichheit. Er sagte, die Einsamkeit habe während des Trauerjahres wie Mäuse an ihm genagt, er habe zugenommen und zu viel getrunken. »Du wirst vermutlich nicht verstehen«, sagte er, »wie es ist, so allein zu sein.« Doch, ich wusste es, sagte aber nichts dazu. Dafür zog ich ihn erbarmungslos mit den Mäusen der Einsamkeit auf.

Ich wollte diese einzigartige Zeit festhalten und Andrew nackt in der Bucht fotografieren. Künstlerisch in Schwarz-Weiß, wobei ich eine bestimmte Hand- und Oberschenkelhaltung vorschlug, um wenigstens etwas der Vorstellung zu überlassen. Ich probierte verschiedene Blickwinkel aus, bis ich ihn endlich auf dem Display hatte. Meine Kamera fing seine königliche Haltung ein, er blickte hinaus aufs Meer, einen Fuß aufgestützt, seine Haut und die Felsen schienen ineinander überzugehen. Ein Küstenwesen.

»Nicht schlecht in Schuss für einen Siebzigjährigen, was?«

»Keine Ahnung, Andrew, ich habe leider noch nicht viele nackte Siebzigjährige gesehen und keinen Vergleich.«

»Also, ich finde, ich sehe gut aus«, sagte er, riss mir wie ein kleines Kind das Handy aus der Hand und musterte blinzelnd das Foto. »Richtig gut«, bestätigte er sich selbst. »Schick es mir, Mädchen.«

»Das ist so komisch«, sagte mein Vater, als ich ihm die letzte Folge der Naked-Andrew-Soap erzählte. »Du schwimmst im Meer, und ich sitze neben Bertha.« Bertha war der Holzofen bei meinen Eltern im Haus, benannt nach einer Maschine in einem Comic, den ich als Kind gemocht hatte. Erst später wurde mir klar, wie viele Namen mein Vater Dingen und Menschen gegeben hatte. Alle, die er richtig gern mochte, hatten einen Spitznamen, einen Kosenamen, oft in Kombination mit einem Zusatz. Meine Freundin Katharine war für ihn nie einfach nur »Katharine«, sondern immer »Katharine, das Pferd«, weil sie bei ihrer ersten Begegnung zusammen mit mir in einem Theaterstück an der Universität gespielt hatte. Ihr Auftritt als Pferd hatte ihn sehr beeindruckt.

Wir sprachen nicht lange, weil er müde war. »Ich liebe dich«, sagte ich jetzt jedes Mal, wenn ich anrief, und er erwiderte es umgehend, was er früher nie getan hatte. Vermutlich war das eine der krebsbedingten Veränderungen, mehr Liebe, oder zumindest die Fähigkeit, sie leichter auszudrücken, trotz allem. Er war mir dadurch näher und gleichzeitig weiter von mir entfernt.

~

Als ich die Inselumrundung fast abgeschlossen hatte, wich ich an einem Wochenende etwas vom *Camí* ab und besuchte Torre d'en Galmés, ein prähistorisches Dorf aus der Talayoten-Kultur, die auch Cales Coves zu einer Totenstadt gemacht hatte. Die Talayoten lebten in der Bronzezeit auf der Insel und hatten eine Vorliebe für T-förmige Steine, errichteten monumentale Trockenmauerstrukturen ohne Mörtel, indem sie jeweils zwei riesige Steine aufeinanderstapelten – jeder bis zu fünf Meter hoch und bis zu dreizehn Tonnen schwer –, was man heute als »Zyklopentechnik« (das einäugige Ungeheuer wieder) bezeichnet. Die Legende besagt, es seien Tische für Riesen gewesen, und auch wenn Archäologen verschiedene Theorien zu ihrer Funktion haben, gefällt mir am besten der Ansatz, dass sie Türen zur Welt der Götter repräsentieren – geschlossene Türen, die niedere Sterbliche nicht einfach durchschreiten können, durch die die Götter aber nach den richtigen Ritualen unsere Welt betreten können. Die Sonne brachte eine Ecke der Tempelruinen zum Strahlen, während ich an Riesen dachte, die hier herumliefen, und dem Licht auf den Steinen zusah. Plötzlich brachte mich dieser uralte heilige Ort, der vor langer Zeit für unbekannte Götter errichtet worden war, aus der Fassung. Ich hatte meinen Vater seit fast acht Monaten nicht mehr gesehen.

Was tat ich hier eigentlich? Was war der Sinn darin, die ganze Zeit im Kreis zu gehen?

Ich ging zurück zum Wanderweg und dachte an die Zeile eines Gedichts, das ich in der Schule gelernt hatte:

Was ich versprochen, muss ich tun,
und Meilen gehen, dann kann ich ruhn

Langsam ging ich zurück, während die Sonne durch die Kiefernzweige fiel und das Wasser in verschiedenen Blauschattierungen leuchtete.

Erst nachdem ich die Wanderung abgeschlossen hatte, wurde mir klar, dass ich den Camí anstelle des Camino gegangen war. Ich überlegte, wie oft ich in meinem Leben im Kreis um die wichtigsten Dinge herumgegangen war und nie eine endgültige Entscheidung getroffen hatte. Wie viel Zeit ich vergeudet hatte.

~

»Er hat nur noch ein paar Monate«, sagte meine Mutter. Der Anruf war top secret, sie hatte sich in ihrem Wagen in der Garage eingeschlossen, damit er sie nicht hören konnte, und trotzdem flüsterte sie. »Drei bis sechs, wir hoffen auf sechs.«

Vor Entrüstung und Verletztheit blähte ich mich auf wie eine Giftschlange, wie hatte er mir das nur verschweigen können?

»Er hat dir gesagt, was er dir sagen wollte«, erwiderte sie, und ich hörte das Schulterzucken in ihrer Stimme. »Wir müssen seine Wünsche respektieren.« Meine Mutter, eine ausgebildete Krankenschwester, wusste, dass der Patient das Sagen hatte. Doch in diesem Fall war der Patient mein Vater, und sie sollte meine Mutter sein. Diese Rolle hatte sie nach seiner Erstdiagnose abgegeben und war wieder zu seiner Partnerin, seiner Frau geworden, wie früher. Jeglicher Raum, um eine erwachsene Tochter zu bemuttern, war eingenommen. Ein normaler Vorgang, wie mir einige meiner ältesten Freundinnen aus dem Club der toten Väter erzählten, als ich sie um Rat fragte. Ich brauchte meine Mutter immer noch, hatte aber auch Verständnis. Alles zur gleichen Zeit, alles auf den Kopf gestellt.

»Soll ich heimkommen?«

Sie sagte, ich solle bleiben. Er wollte seine Privatsphäre, ich könnte nicht viel tun, müsste woanders in Quarantäne gehen, könnte nicht bei ihnen wohnen, und wo war da der Sinn? »Ich sage dir, wenn du kommen musst. Versprochen.«

»Warum Privatsphäre?«, fragte ich.

»Nun, Schatz, er muss sich oft übergeben.«

Monate, dachte ich. Sechs.

Ringeltauben gurrten in den Bäumen, der Klang meiner Kindheit. Ich hatte Heimweh, ich wollte, dass alles wieder normal war.

Ich rief meinen Bruder an, auch ein Arzt. Er sagte, mein Vater müsse sich nicht nur wegen der Chemo übergeben, auch wegen des Krebses an sich. Er sagte, meine Mutter würde ihn oft vom Auto aus anrufen. Er versuchte, jeden Tag mit beiden zu sprechen. In der Beziehung war mein Bruder besser als ich.

Er schickte mir ein Foto von meinem Vater mit Willow, meiner kleinen Nichte. Theo, ihr Bruder, war nicht im Bild. Das Baby war rund und rosig, mein Vater hielt es in die Höhe, und der

Kontrast zwischen den beiden machte etwas deutlich, das ich bisher ignoriert hatte. Ich hatte meine Sinne umgestellt, hatte eine Sprache gehört, aber mich geweigert sie zu verstehen, ich hatte meine Augen angepasst, damit ich die Verschlechterung nicht sehen musste. Wenn man nicht hinschaut, sieht man es auch nicht. Ich hatte nicht wissen wollen, wie ihn das unausweichliche Versagen der Medikamente schrumpfen ließ. So wie ich nicht den falschen optimistischen Unterton in seiner Stimme hatte hören wollen, als er vom letzten Rollen der Würfel, dem letzten Versuch sprach, dass er nicht daran glaubte, dass er für mich etwas vorspielte, die bittere Pille versüßte, ein experimentelleres Vorgehen. Ich konnte mir das Foto von ihm und dem Baby nicht lange ansehen, denn da war es. In seinen eingefallenen Wangen, als würde sich die Knochenstruktur ändern. Ich wollte ihn als das sehen, was er war, nicht wozu er wurde. Doch ich konnte dem Wissen nicht länger ausweichen. Seine Stimme war anders. Bemühter, zögernder, weniger fließend, wie in den Fotos mit meiner Nichte, sein wunderschön gemeißeltes Gesicht mit den hohen Wangenknochen war hager. Als Ausgleich sprach ich mit fröhlicherer, wärmerer Stimme. Ich wurde lustiger, ich überlegte, wie ich ihm Geschichten erzählen, ihn zum Lachen bringen könnte. Ihn lächeln hören könnte. Ein Lächeln zu hören ist sogar noch schöner, als eines zu sehen, finde ich. Für mich gibt es kaum etwas Schöneres als den Klang eines Lächelns.

Er hielt sie hoch in die Luft und lächelte, lächelte. Wahrscheinlich meinen Leute das, wenn sie sagen, dass in der Rückschau alles klarer ist.

Bis heute kann ich mir das Foto nicht ansehen.

~

Ich sprach mit meinem Vater über langweilige Dinge wie Hypotheken und fragte ihn um Rat.

Danach rief ich Katharine an.

»Ich glaube, das könnte das letzte Mal gewesen sein, dass mein Vater mir sagt, was ich tun soll«, sagte ich.

»Ich weiß«, antwortete sie.

»Er hat keine fünf Jahre Mindestlaufzeit«, sagte ich.

»Das ist ein sehr schlechter Witz«, erwiderte sie.

Ich brach in Tränen aus, schluchzte, sah hinauf zum Himmel.

»Ich hasse Weinen«, sagte ich weinend, »es ist so albern.«

»Ich weiß.«

Manchmal hatte sie genau die richtigen Worte.

Alles war schlimm. Ich fühlte mich schlecht, weil ich nicht mehr mit meinem Vater sprach. Wenn wir telefonierten, fühlte ich mich auch schlecht, weil ich über alltägliche Dinge sprach, mich dazu zwang, gute Laune zu zeigen, ihn zu unterhalten, für ihn zu steppen. Ich fühlte mich schlecht, wenn ich die neuartige Unsicherheit in seiner Stimme hörte, die Müdigkeit. Ich hatte das Gefühl, wir sollten eigentlich wichtige, ausufernde Gespräche führen. Wir sollten in Versen sprechen, mit Rhythmus und Betonung, und nichts ungesagt lassen, aber ich war so müde, ich wollte einfach immer nur schlafen. Offenbar einer der größten Zauber der Insel. »Die Leute hier haben die höchste Lebenserwartung in Spanien«, erzählte mir Francesca. »Weil sie so viel schlafen.« Schlaf ist Flucht. Aber auch Vorbereitung.

»Er schläft jetzt viel«, sagte meine Mutter. »Manchmal wacht er auf und sagt, er weiß nicht, ob er geschlafen hat oder nicht. Er tut mir so leid.«

Da ging etwas in mir kaputt. Die ganze Zeit dachte ich daran, dass er so viel schlief und aufwachte und nicht wusste, ob er geschlafen hatte. Die Kälte stieg von tief unten durch den Boden in dem ungeheizten Sommerhaus. Der Himmel wurde grau.

Wann werde ich aufhören, an Märchen zu glauben?

Wann werde ich aufhören, Geschichten mit anderen Ausgängen zu erfinden?

Die Dämmerung brach blau und schwer herein, kündigte duftend den Frühling an, während ich zwischen den weißen Häusern von Sant Lluís Richtung Sommerhaus ging, eine Tüte Orangen im Arm, um daraus am nächsten Morgen Saft fürs Frühstück zu pressen. Meine Haare waren im Nacken noch salzig und nass vom Schwimmen, meine Beine schmerzten von der langen Wanderung am Nachmittag, aber auf eine angenehme, erschöpfte Art. Alles fühlte sich leicht an, als die Halbmondsichel am Himmel aufging und die Sterne zu funkeln begannen. Ein Hund bellte eine Warnung in die Nacht, das Handy vibrierte in meiner Tasche.

»Du musst nach Hause kommen.«

»Was?« Mein Bruder, in seiner Stimme schwang zwingender Ernst mit.

»Sein Zustand verschlechtert sich rapide.« Er klang komisch. »Komm einfach so schnell wie möglich heim.«

Ich hatte es gewusst, als mein Rotkehlchen ins Haus geflogen war. Da hatte ich es gewusst.

Der Tod aber wird dich ereilen
außerhalb des Meers und ganz sanft; der wird dich dann töten,
bist du geschwächt vom begüterten Alter; die Völker um dich her
werden gesegnet sein. Untrüglich künd' ich dir dieses.

Der Prophet Teiresias zu Odysseus

KAPITEL ZEHN

Der Beginn meiner Rückkehr

Oxfordshire, England

KAPITEL ZEHN

»Sein Zustand verschlechtert sich«, sagt meine Mutter bei meiner Ankunft.

Sie ist Krankenschwester. Mein Bruder ist Arzt. Die Verlobte meines Bruders ist Ärztin. Mein Vater war Arzt, bevor er Patient wurde. Meine ganze Familie spricht in klinischen Fachbegriffen miteinander.

»Was heißt das?«, frage ich.

»Er ist unsicherer auf den Beinen. Treppen fallen ihm schwerer. Er kann nicht mehr lange telefonieren. Er denkt langsamer. Die Schmerzmittel machen ihn müde. Ich will dich nur vorbereiten, Schatz, bevor du zu ihm gehst.«

Ich bin nicht vorbereitet. Er ist ein Vogelmann in einem Krankenhausbett. Sein Mund steht offen, die Augen sind geschlossen, er sieht aus wie eine gruselige viktorianische Illustration vom Tod.

Ich weiß noch, als meine Katze im Sterben lag, wollte sie immer noch gestreichelt werden und stieß mit ihrem Köpfchen in meine Handfläche, doch da ich die Knochen unter ihrem Fell spürte, berührte ich sie nicht gern am Rücken. Ich hätte sie streicheln sollen. Sie war eine gute Katze. Jetzt sollte ich ein besserer Mensch sein.

***

»Er hat Beschwerden. Wir versuchen, die Schmerzen in den Griff zu bekommen. Die Entzündungsmarker sind hoch. Wir haben seinen Bauch abgetastet und keine Verhärtungen gespürt«, sagt mein Bruder.

Er spricht mit dem Arzt meines Vaters, der gekommen ist, um ihn zu untersuchen.

»Wir versuchen, das Kontrollierbare zu kontrollieren«, sagt mein Bruder zu mir.

»Die Palliativversorgung war für euren Vater der liebste Teil der Arbeit als Hausarzt«, sagt meine Mutter. »Für ihn war es eine ganz besondere Zeit.«

Er kannte sich mit Palliativversorgung aus. Er wusste, was mit ihm passieren würde. Er wusste es. Meine Kehle wird eng.

»Ich finde, er sieht jetzt etwas entspannter aus«, sagt der Arzt meines Vaters.

Er liegt auf dem Rücken, die Beine angezogen. Auf mich wirkt das nicht entspannter. Hier ist eine Verschwörung am Werk: Jeder sagt dem anderen, was er hören muss.

»Er ist stoisch«, sagt meine Mutter, und zumindest das stimmt.

***

Am Morgen setzen wir ihn in den Rollstuhl und bringen ihn in die Küche, in die Sonne. Drei Leute sind für den Transfer nötig, um ihn hochzuheben, zu drehen, ihn aufrecht zu halten, den Stuhl hinter ihn zu schieben, ihn hineinzusetzen.

»Gib mir deine Hand, Dad«, sage ich, als wir endlich in der Küche sind.

»Hast du klebrige Finger?«, fragt er. »Ich will nicht, dass meine Hand auch klebrig wird.«

Das ist der längste Satz, den er zu mir sagt.

Draußen beschwere ich mich bei dem Pfleger, dass er seine wenigen Worte auf so etwas verschwendet, es gäbe doch sicher so viele wichtigere Dinge zu sagen?

»Menschen, die im Sterben liegen, sehen nur noch ihre direkte körperliche Umgebung«, erklärt er mir. »Seine Hände sollen nicht klebrig werden, weil er sie nicht mehr selbst waschen kann.« Und das stimmt, mein Vater war schon immer penibel gewesen, aber trotzdem. Ich sehnte mich so verzweifelt danach, etwas anderes zu hören. »Wenn du in Zukunft an klebrige Hände denkst, wird dich das an deinen Vater erinnern«, sagt der Pfleger. Er erklärt, dass Menschen am Ende ihres Lebens oft nicht mehr mit der Familie sprechen, sondern sich die Kraft für die Ärzte oder den Priester aufsparen.

»Das ist mir egal«, erwidere ich. »Er ist ein Arsch.«

Der Pfleger nickt. Er ist der Beste. Mein Vater hat jahrelang mit ihm gearbeitet und jetzt am Ende explizit darum gebeten, von ihm versorgt zu werden. Dieser Pfleger hat ihn jeden Tag besucht. Dieser Pfleger hat mir seine Telefonnummer gegeben und gesagt, ich kann ihn jederzeit anschreiben oder anrufen. Aber ich will ihn nicht jedes Mal anschreiben oder anrufen. Ich will schreien, und ich kann das Haus nicht verlassen, und ich kann nirgends schreien. Mir ist heiß.

»Ich habe immer im Auto in der Garage geschrien«, sagt meine Mutter, »wo er mich nicht hören konnte.«

***

Ich halte meinem Vater das Telefon ans Ohr. Er sitzt im Rollstuhl und lächelt sein schiefes Lächeln, während er unserem Cousin John aus Irland zuhört. Er sieht wieder wie ein Junge aus.

»Er kann nicht mehr sprechen«, erkläre ich Irish John. »Aber er lächelt.«

Er lächelt.

***

»Ich erkläre Ihnen mal, wie das Krankenhausbett funktioniert. Sehen Sie diese Fernbedienung?« Die Krankenschwester ist einer der nettesten Menschen, die ich je getroffen habe. Sie ist fröhlich, aber nicht zuckersüß, nicht falsch. Diese Menschen, die ihr Leben so nah am Tod verbringen, faszinieren mich. Sie sind so voller Gnade, kümmern sich um die Schwelle zwischen den Lebenden und den Toten, erleichtern ihnen den Weg. Ich verstehe nicht, wie sie diese Arbeit machen können. »So gehen die Seitengitter hoch und runter, sehen Sie? Versuchen Sie es mal.«

Ich drücke auf den jeweiligen Knopf, fahre sie hoch und runter. Ein Bett. Eine Liege. Hoch und runter. Sicherheit. Gefängnis.

»Wir können ihn nicht mehr in den Rollstuhl setzen und zur Toilette fahren, dafür ist er zu wackelig«, sagt mein Bruder. »Wenn er hinfällt, bricht er sich die Hüfte, kommt ins Krankenhaus, und dort stirbt er dann. Wir müssen die Risiken so klein wie möglich halten. Er will zu Hause sterben.«

Die Schwester nickt und zieht die Seitengitter hoch.

Innerlich zucke ich zusammen.

Später:

»Mach die runter«, sagt mein Vater herrisch. Ich soll die Gitter hinunterfahren, damit er aus dem Bett aufstehen kann. Seine blauen Augen schimmern gräulich von den Medikamenten.

Langsam greift er nach den Gittern.

»Schon gut«, sage ich, »du musst im Bett bleiben, wir können dich nicht herausholen, es ist zu gefährlich. Schon gut.«

Wie ein Idiot wiederhole ich immer wieder, dass es schon gut ist. Natürlich ist es das nicht, er will aus dem Bett.

Seine fischweißen Hände klammern sich an die Gitter.

Ich löse seine Hände und nehme sie in meine.

Ausgehungerte Hände.

So weich und genauso groß wie meine.

Das habe ich früher schon einmal gemacht, um sie zu vergleichen, seine Hand an meiner. Von den Fingerspitzen bis zur Handfläche sind meine die perfekte Kopie.

»Du hast Männerhände«, sagte meine Freundin Pella lachend, als sie uns vor Jahren beim Essen dabei zugesehen hat.

Es ist mir egal. Ich habe gern seine Hände.

Mein Vater war schon immer sehr auf seine Privatsphäre bedacht gewesen. Meine Mutter und mein Bruder ziehen ihn um. Ich darf dabei nicht im Raum sein.

»Er würde es nicht mögen«, sagt mein Bruder.

»Sie sind so gut zu mir«, sagt mein Vater zu mir, eines der seltenen Male, dass er spricht. Ich erzähle es meiner Mutter, die wie der Morgenhimmel strahlt.

»Hat er das wirklich gesagt?«

Später:

Wir wechseln die Bettwäsche. Der Pfleger hat uns gezeigt, wie das Laken gleitet, sodass wir meinen Vater nur auf dem Bett drehen müssen und dabei unsere Rücken nicht überanstrengen.

»Bereit?«, fragt mein Bruder.

Meine Mutter und ich nicken, beide das Laken in den Händen.

»Bei drei heben wir ihn an und ziehen ihn nach Norden«, sagt mein Bruder. »Verstanden?«

Meine Mutter und ich müssen lachen und können nicht mehr aufhören. Wir lassen das Laken los.

»Was ist so lustig?«

»Ziehen ihn nach Norden«, keuche ich zwischen Lachsalven. »Wir ziehen ihn einfach im Bett hoch.«

»Hört mal, wenn ich hier das Sagen habe …«, beginnt mein Bruder.

»Du hast nirgends das Sagen«, erwidere ich. Mein Bruder verdreht die Augen.

Später:

»Als Arzt hat er einfach das Gefühl, eine große Verantwortung zu tragen«, sagt meine Mutter. »Für ihn ist es schwer, er ist gestresst.«

Und dann tut mir mein kleiner Bruder leid, und ich bin froh, dass er Arzt ist, worauf er sich immer viel eingebildet hat, aber als er ins Zimmer kommt, sage ich trotzdem: »Oh, tut mir leid, sollen wir nach Norden gehen?« Meine Mutter prustet los, und er wirft mir einen bösen Blick zu.

***

»Wann stirbt Opa?«, fragt Theo. Er beugt sich über das Seitengitter, spielt auf der Bettdecke.

»Wenn er so weit ist«, erwidert mein Bruder.

Die perfekte Antwort.

Theo hält die Hand meines Vaters. Ihm scheint es nichts auszumachen, wie er sich verändert hat oder dass er nur mit geschlossenen Augen daliegt. Er akzeptiert ihn, wie er ist, zeigt ihm das Lego-Auto, das er gebaut hat.

»Schau, es hat Räder auf dem Dach!«

Mein Vater kann die Augen nicht öffnen.

»Räder auf dem Dach sind eine tolle Idee«, sage ich an seiner Stelle.

Später:

Theo hält meine Hand.

Etwas bewegt sich über meine Handfläche.

»Was machst du da?«

»Dich streicheln.« Immer wieder streicht er mit dem Daumen über meine Hand.

Ich umarme ihn. Er macht sich los und läuft davon.

***

»Das würde ihm gefallen«, sagt meine Mutter, »wir alle wieder zusammen zu Hause. Er will bei uns bleiben. Ich glaube, er genießt es. Wie an Weihnachten.«

Es ist nicht wie an Weihnachten.

***

Mein Bruder bringt meine kleine Nichte herein, die noch ein Baby ist. Wegen der Pandemie hat mein Vater sie nur einmal getroffen. Sie schläft. Seit Tagen hat er die Augen nicht mehr geöffnet, doch als er ihren Namen hört, schlägt er sie auf.

Sie öffnet ebenfalls die Augen.

Lange sehen sie sich an.

Mustern einander.

Das Licht im Raum verändert sich.

An diesem Abend sitzt er im Rollstuhl und umarmt meine Mutter, die neben ihm kniet. Streicht ihr über die Haare. Lässt sie nicht los.

***

Nach und nach wird ihm alles genommen. Die Krebsmedikamente werden abgesetzt. Schlucke werden zu Strohhalmen zu Spritzen mit Wasser, das wir ihm vorsichtig in den Mund geben. Er kann nicht mehr schlucken. Wir tauchen rosafarbene medizinische Lutscherschwämme in Eiswasser und streichen damit wie ein Zahnarzt seinen Mund aus. »Mundpflege ist sehr wichtig«, sagt mein Bruder. »Er soll keine offenen Stellen bekommen, weil sein Mund die ganze Zeit offen steht und austrocknet.«

***

Er hat die Beine angezogen, wie ein Fötus. Nimmt immer weniger Raum im Bett ein. Manchmal zittern sie. Ich habe Angst, dass er Schmerzen hat und es uns nicht mitteilen kann, weshalb ich seine Beine festhalte und sie mit Yogakissenrollen abstütze, die ich zu einem Dreieck aufbaue. Nach und nach lässt das Zittern unter meinen Händen nach. Seine Beine sind so dünn geworden. Er wird immer mehr zu einem Vogel.

***

Eine Woche ist vergangen, mehr als eine Woche, und ich frage jeden, der kommt, Priester, Pflegepersonal, Palliativspezialisten, den Hausarzt, wann er sterben wird.

»Wahrscheinlich dauert es nicht mehr lange, aber es lässt sich nicht genau sagen«, lautet der griechische Chor, das tiefe Murmeln respektvoller Kirchenstimmen. Am liebsten hätte ich sie mit vorgehaltener Pistole gezwungen, mir eine ordentliche Antwort in verdammt noch mal normaler Lautstärke zu geben.

»Dein Vater muss Löwenblut oder Drachenblut oder so in sich haben«, sagt mein Lieblingspfleger. »Er ist so stark.«

Ich erzähle Theo, dass in ihm Löwen- und Drachenblut fließt. Theo brüllt wie ein Löwe. Ich brülle zurück.

»Sag deinem Vater gute Nacht«, fordert mich meine Mutter auf, jeden Abend, falls er am nächsten Morgen nicht mehr da ist. Es ist so anstrengend.

Eine der Pflegerinnen sagt zu mir, »die meisten Menschen gehen um vier Uhr morgens auf die andere Seite«. Ruhig sitzt sie an seinem Bett, strickt, behält ihn im Auge, kann ihn jederzeit beruhigen. »Nachts regen sie sich auf, wollen aus dem Bett, als wollten sie flüchten«, sagt sie. Ach was.

***

Wir sind allein. Ich lege seinen Arm über mich und liege da, unbequem an die hochgezogenen Seitengitter seines Krankenhausbetts gedrückt. Eine herbeigeführte Umarmung.

***

Im Zimmer steht eine Vase mit Glockenblumen. Sie wachsen im Wald, in dem wir immer spazieren gegangen sind. Diese Tage sind von einer wilden Schönheit. Der Frühling ist wundervoll. Draußen blühen Glockenblumen.

***

»Kannst du mich zum Altar führen?«, fragt Sarah, die Verlobte meines Bruders, als sie oben ins Arbeitszimmer meines Vaters stürzt, wo ich mich verstecke/arbeite.

»Wie bitte?«

»Wir heiraten! Jetzt!« Sie lächelt breit, strahlt, greift nach meiner Hand und zieht mich mit.

Im Erdgeschoss ist ein Priester, den keiner von uns kennt, ich erfahre nicht einmal seinen Namen. Ich weiß, dass er hier ist, um die Letzte Ölung durchzuführen und meinem Vater die letzte Ehre zu erweisen, aber irgendetwas muss passiert sein.

»Was ist denn los?«, frage ich.

»Schatz, kannst du mein Handy halten, Moment, wie kann Sarahs Mum über Video zuschauen?«, fragt meine Mutter. »Oh, muss ich hier drücken? Kannst du mich hören?«

»Ich kann dich hören!«, ruft Sarahs Mutter auf Trinidad. »Hallo zusammen!«

»Es ist keine offizielle Zeremonie«, erklärt der Priester, »aber zumindest ist Ihr Vater dabei. Die Vermählung ist nicht rechtskräftig, ich kann nur einen Segen durchführen, weil ich wegen so etwas nicht schon wieder Ärger mit dem Erzbischof riskieren kann.« Dann zwinkert er meinem Buder zu, und mein Bruder grinst, bevor er wieder ernst und nervös dreinblickt.

Meine Mutter beginnt zu weinen. »Ist das nicht wunderschön?«, schluchzt sie.

Ich weiß nicht, was ich sagen soll.

»Willst du, Douglas, diese Frau …«, setzt der Priester an.

»Duncan«, fällt ihm mein Bruder ins Wort.

»Willst du, *Duncan,* diese Frau, Sarah, zu deiner rechtmäßig angetrauten Ehefrau nehmen?«, deklamiert der Priester. Er steht am Totenbett meines Vaters, mein Bruder und Sarah auf der anderen Seite.

Mein Vater liegt da wie immer, Mund offen, die Augen geschlossen.

Mein Arm mit dem Handy schmerzt, weil ich ihn in einem bestimmten Winkel halten muss, damit Sarahs Mutter alles sehen kann. Die beiden hätten eigentlich in dem Frühjahr auf Trinidad heiraten sollen, als die Pandemie ihre Klauen ausgefahren hat.

Der Priester arbeitet sich durch die gesamte Hochzeitszeremonie. Es klingt nicht nur wie ein Segen, sondern als sei mein Bruder schließlich doch verheiratet.

»Amen«, sagt der Priester abschließend.

»Amen«, wiederholt mein Vater kaum hörbar, und alle reißen wie bei einem Tennismatsch gleichzeitig den Kopf herum. Er hat seit Tagen nicht gesprochen. »Macht den Champagner auf!«, sagt er mit dieser neuen, flüsterleisen Stimme.

»Habt ihr das gehört?«, fragt mein Bruder. »Er hat gesagt, wir sollen den Champagner aufmachen! Sarah, hast du das gehört?«

Mein Vater ist von den Medikamenten nicht völlig ruhiggestellt, auch wenn es so wirkt. Er ist noch hier, bei uns, er ist *hier.*

Alle lachen, der Champagnerkorken knallt. Meine Mutter ist überglücklich. Die Augen meines Bruders sind gerötet, wie bei einem Albinokaninchen. Er umarmt Sarah, meine Mutter spricht am Handy mit Sarahs Mutter, der Priester faltet die Hände meines Vaters. Ich atme schnell, abgehackt, bekomme zu wenig Luft. Ich muss nach draußen in den kühlen Abend gehen, um mich wieder zu fassen.

Ich glaube, ich habe eine Panikattacke. Allmählich atme ich wieder normal.

Später:

»Wir hatten eine Hochzeit am Totenbett«, erzähle ich Rachel später, als wir telefonieren.

»Was?«, fragt sie. »Im Ernst?«

»Immer wenn man denkt, dass es nicht melodramatischer werden kann.« Ich muss lachen. »Eigentlich war es total großartig.«

***

»Seine Organe versagen nach und nach. Man sieht, dass die Leber zu groß für die Leberkapsel wird. Ohne die starken Schmerzmittel hätte er schreckliche, quälende Schmerzen«, sagt meine Medizinermutter. Präzisionsgeschosse in Kliniksprache.

***

Er kann nicht sprechen. Mir war nie klar gewesen, dass die Medikamente ihm das nehmen würden. Ich hatte immer gedacht, wir würden miteinander reden. Im Gespräch ist mein Vater am besten. Ich hatte nicht erwartet, dass ich geknebelt sein und er unter starken Medikamenten stehen würde, dass das

Sprechen für uns beide mühsam war. Irgendwann höre ich auf, fröhliche Dinge zu sagen. Ich sitze an seinem Bett. Das ist die Bedeutung von Sitzwache, man wacht, wenn die Welten aufeinandertreffen. Die bekannte, die der Lebenden, und die der Götter, aus der Mythen und Geschichten und Babys stammen. Er gleitet darauf zu, langsam. Nichts kann ihn aufhalten, außer er selbst, und er will nicht gehen, *noch nicht, noch nicht,* sagt er, glaube ich.

***

Ich versuche, nicht zu weinen, Haltung zu bewahren. Mein Bruder weint ganz offen vor meinem Vater, was mich überrascht.

»So viel Gefühle hätte er gehasst«, sage ich später zu Katharine am Telefon. »Er findet es schrecklich, wenn jemand weint.«

Meine Mutter hat mir erzählt, dass er ihr versprechen musste, noch bevor er so krank wurde, dass sie weinen darf. Als sie das Bett ins Erdgeschoss stellten, bat mein Vater sie, nachts das Licht anzulassen und ihn nicht allein zu lassen. Sie versprach es ihm. Das ist ihre Abmachung, doch sie kann ihn nur ein Stück begleiten. Jede Nacht schläft sie neben seinem Krankenhausbett. »Ich bin hier, Schatz«, sagt sie laut, wenn sie das Zimmer betritt, alle sprechen jetzt lauter, mein Vater hatte schon davor nicht mehr gut gehört. »Du machst dich bereit für deine große Reise, nicht wahr, Schatz?« Sie streichelt seine Haare, sein Gesicht. »Du kannst jederzeit gehen, wenn du bereit bist«, sagt sie. »Ich komme zurecht, Schatz.« Der Pfleger hat gesagt, es sei wichtig, dem sterbenden Menschen die Erlaubnis zu geben, gehen zu dürfen.

»Du darfst weinen, wenn du das möchtest. Er ist nicht mehr derjenige, der er einmal war«, antwortet Katharine. »Unter der harten Schale ist er ein Mann mit tiefen Gefühlen.«

»Ich will nicht, dass er sich ändert. Er soll genauso bleiben, wie er war. Oder tot sein«, sage ich.

Ich werde nicht vor ihm weinen.

Nicht so, wie er ist: mit offen stehendem Mund, milchigen Augen, irgendwo in den Tiefen der Medikamente schwimmend, sondern wie er damals war, wie er sein sollte: lustig, angeregt ins Gespräch vertieft, neben mir im Wald, auf der Suche nach Fremden, mit denen er sich unterhalten, die er erfreuen, befragen kann, immer für Spaß zu haben.

Er destilliert sich in sich selbst, wird mit jedem Tag leichter. Verflüchtigt sich.

***

Die Tage fließen ineinander. Dieser Grenzbereich, das Abwarten, das Ende in der Schwebe, milchigweiß in einem ins Licht gehaltenen Röhrchen, ist brutal. Meine Kehle schmerzt vor ersticktem Heulen und festsitzenden Worten wie Fischgräten. Eigentlich sollte ich doch mit Worten umgehen, sie aneinanderreihen können, und trotzdem finde ich sie nicht, die letzten Worte, weiß nicht, was ich zu ihm sagen soll.

Ich frage meinen Bruder aus, das Ringen lastet schwer auf mir. »Was sagst du alles zu ihm?«

»Das ist privat und geht dich nichts an.« Stundenlang ist er bei ihm im Zimmer, spricht flüsternd mit ihm. Was redet er da bloß die ganze Zeit?

»Was soll ich sagen?«, frage ich meine Mutter.

»Was du möchtest«, erwidert sie, aber ich will, dass man es mir ganz genau sagt.

Du bist der undankbarste Mensch der Welt.

Bei der Erinnerung an den großen Streit wird mir heiß. Ich werde das Falsche sagen. Stehe unter Druck, die letzte Chance. Wie schwingende Saloontüren. Ich recherchiere. Eine Antwort wird vom Algorithmus empfohlen. Ich sage sie mir laut vor, und sie klingt völlig falsch.

Ich finde die richtigen Worte nicht.

Er ist tiefseetauchen. Wandert zwischen den Welten, wirft einen Blick hinein, kommt zurück, die Trauer meiner Mutter hält ihn fest. Er macht sich bereit, in die Welt der Unsterblichen überzuwechseln.

***

Morphin hat meinem Vater seinen Witz genommen, seinen Humor, seine Stimme. Jetzt schwimmt er langsam, atmet rhythmisch. Meine Mutter spricht zu ihm und für ihn, wie bei einem präverbalen Kind.

***

Scharfe blaue Augen, die grau geworden sind.

Ich ertrage dieses quälende Warten nicht. Keiner schläft. Das Haus ist ein Käfig. Ich sehne mich danach zu schwimmen, ins Wasser zu gleiten, nach etwas, das mein Gewicht trägt, sein Gewicht von mir nimmt.

***

Die Lebenden übersetzen die Sterbenden. Wenn sie nicht mehr reden wollen, erraten selbst ernannte Sprecher Bedürfnisse, interpretieren Emotionen, sprechen für sie, und über diese Zwischenstation sagen sie, ich liebe dich, ich freue mich, dass du zu Hause bist, auch wenn sie selbst es nicht sagen können, selbst wenn man zu lange gebraucht hat.

Laut irgendeiner Statistik, die Details habe ich vergessen, sterben Menschen, wenn ihre Lieben kurz das Zimmer verlassen, um etwas zu essen oder aufs Klo zu gehen. Dann machen sich die meisten Menschen auf den Weg. Wenn sie nicht von Liebe zurückgehalten werden, vermute ich. Wenn es leichter ist, ins Wasser zu gleiten.

***

Ich will, dass er sich beeilt und stirbt und uns alle freigibt. Ich will, dass er niemals stirbt. Einem Hund würde man das nicht zumuten, denke ich, sage es aber nicht laut zu meiner Mutter oder meinem Bruder.

***

Ich lese ihm vor, die ganzen langen lustigen E-Mails, die er aus seinen Urlauben geschickt hat. Ich lese ihm sich selbst vor, und wir reisen vom Annapurna-Gebirge in Nepal nach Kerala in Südindien, vom Genfer See in ein Gewitter in Italien, entlang eines alten Pilgerwegs in Spanien und auf die Straßen von Kuba. Eine letzte große Reise zu den Wundern der Welt.

***

Es klingelt an der Tür. Auf der Schwelle: ein Strauß roter Rhabarber, mit Bindfaden zusammengehalten, außerdem Blumen. »Ich dachte, die könnten euch gefallen, sie sind aus unserem Garten«, steht auf der Karte. »Wir denken an euch«, steht auf der Karte. »Bitte sagt uns, wenn wir etwas tun können«, steht auf der Karte. Aber niemand kann etwas tun.

Mein Bruder macht Rhabarbercrumble. Wir essen wie ausgehungerte Tiere. Mein Vater hat seit neun Tagen nichts gegessen. Ich habe Angst, dass er Hunger hat und es uns nicht sagen kann. Der Pfleger sagt, dem ist nicht so, aber ich weiß nicht, ob ich ihm glaube.

***

Andere Dinge passieren, die ich nicht aufschreiben kann. Unaussprechlicher Schrecken, verkohlte Überreste. Mein Geist wird schwarz, verschwommen, leer. Ich gehe nach oben, um im Arbeitszimmer meines Vaters zu arbeiten, weil ich als Freelancerin pro Tag bezahlt werde. Außerdem, wenn ich ehrlich bin, will ich allem entkommen.

Ich arbeite auf Autopilot. Später fragt mich mein Boss nach einem Meeting, an das ich mich nicht erinnern kann. »Aber du hast etwas präsentiert, auf alle Fragen geantwortet«, sagt er.

»Alles Rohypnol«, antworte ich.

Schwarz, verschwommen, leer mein Geist, um mich zu schützen. Ich sollte nicht arbeiten, aber was kann ich sonst tun? Ich liege auf dem Teppich und sehe zur Decke hinauf, ich stehe auf und betrachte seine Bücherregale. Er hat einen Zettel von mir aufgehoben, den ich ihm als Teenager geschrieben habe, und gerahmt.

»Ich nehme gerade *Kleine Morde unter Freunden* auf, schalt es nicht aus, oder hier geschieht auch ein Mord.«

***

Als Odysseus endlich nach Hause kommt, sieht er seinen alten Vater im Obstgarten »vom Alter zermürbt«, und »sein Herz« ist »so gerührt« bei dem Anblick, dass er bei einem Birnbaum stehen bleibt und weint. Dann belügt er seinen Vater, der ihn nicht erkennt, und gibt sich als Freund des vermissten Sohnes aus. Als er die Wahrheit eingesteht, wird der alte Mann von seinen Emotionen überwältigt und ohnmächtig. Super gemacht, Odysseus.

***

Sein ganzer Körper ist zu einem Herz geworden und scheint überall zu schlagen. Sein Haaransatz weicht zurück, seine Nase wird schmaler, adlerartiger. Er sieht vornehm aus. Ist Leiden vornehm? Ich glaube nicht. Ich denke an den heiligen Jesus an seinem Kreuz, wie er sich in Todesqualen windet. Wenigstens wusste er genau, wohin sein Weg führen würde.

***

Theos noch ungeformter kleiner Körper verschwimmt Hunderte Male am Tag, wenn er zwischen den Welten, den echten und denen seiner Fantasie, hin und her gleitet, ebenso wie mein Vater zwischen dieser und der nächsten wandelt. Er ist ein Lemur, eine Schnappschildkröte, ein Regenbogentiger, dann wieder ein Junge.

***

»Wir LIEBEN deinen Dad ÜBER ALLES und werden das immer tun«, schreibt meine Cousine. Immer wieder lese ich die Nachricht. Ich mag die Großbuchstaben und diese Cousine sehr, und es freut mich, dass mein Vater ihr etwas bedeutet.

***

»Ich bringe gleich den Rosenkranz deiner Urgroßmutter zur Post. Wenn du die Perlen zwischen den Fingern spürst, wirst du wissen, dass deine Großmutter und ihre Mutter damit zu unserer heiligen Mutter gebetet haben. Wir hoffen, dass dir das Trost spendet«, sagt jemand aus Irland, dem ich noch nie begegnet bin.

Der Umschlag, in dem der Rosenkranz eintrifft, ist mit *Father-Ted*-Motiv-Briefmarken frankiert. Die Serie hat mein Vater geliebt. Die kleinen Details, die Fürsorge. Ich winde den Rosenkranz um seine Hände, ich weiß nicht, wie man einen Rosenkranz betet. Vermutlich besteht er hauptsächlich aus Ave Marias.

***

»Bitte sag Paul, wir beten zum heiligen Martin, damit dieser beim Allmächtigen ein gutes Wort für ihn einlegt«, sagt der Freund meines Vaters.

***

Ich will das Meer und den Strand und den Himmel zurück.

***

»Dad hat heute Morgen ‚Ich liebe dich' zu mir gesagt«, erzähle ich meinem Bruder. »Noch ein Beweis, dass ich sein Lieblingskind bin.«

»Klar, red dir das nur weiter ein«, entgegnet mein Bruder. Er sieht aus wie mein Vater. Im Vorbeigehen legt er mir die Hand auf die Schulter, drückt sie.

»Dich habe ich am allerliebsten«, sage ich zu Theo.

»Nein, ich habe dich am allerliebsten«, sagt Theo, und dann geht es weiter so hin und her.

***

Meine Mutter hält ihren Schatz Schatz Schatz fest umschlungen.

***

Ich habe das Haus zum ersten Mal seit zehn Tagen verlassen.
15.23 Uhr.
Das Handy klingelt einmal.
»Laura?«, sagt mein Bruder.
Mein brillanter Bruder.

***

Doktor Paul Coffey ist heute um 15.20 Uhr zu Hause im Kreis seiner Familie verstorben.

***

(Ich war nicht dabei.)

***

Er ist/war mein Vater.

Doch sie umflutete herzverzehrender Kummer.

KAPITEL ELF

Unter Schnee

Oxfordshire und London, England

KAPITEL ELF

In der *Odyssee* sind die Götter unmoralische Unsterbliche, doppelgesichtig, kleinlich und unfreundlich. Athene, Odysseus' Heldin, greift am Ende der Geschichte ein, um Frieden in dem von ihr verursachten Chaos zu stiften. Ein bisschen Zauberei, ein paar Fake News, aber alles klärt sich auf. So sollte ein Ende sein.

Es war eine gottlose Zeit. Ich lag schlaflos in meinem alten Bett, hörte meine Mutter weinen. Davor war ich mit ihr zum frisch ausgehobenen Grab gegangen, damit sie mit ihm reden konnte. »Hallo, Schatz. Ich hoffe, du bist jetzt frei. Ich hoffe, du hast keine Schmerzen mehr, und dir ist nicht mehr schlecht.«

Die Welt öffnete sich, erwachte nach Aufheben der Pandemiebeschränkungen wieder zum Leben, und ich war unter Schnee begraben. Im Lockdown war ich frei gewesen, jetzt war ich in dem Haus meiner Kindheit gefangen, war nach Hause gereist, um bei meinem sterbenden Vater zu sein, nur um den wichtigsten Teil zu verpassen. Welche Ironie. Es hätte lustig sein sollen, aber lustig war überhaupt nichts mehr.

In der Kirche zuckte meine Mutter zusammen, als ich den Arm um sie legen wollte. Ich fürchtete, die Leute in den Reihen hinter uns könnten es seltsam finden, grausam, wenn ich sie nicht berührte. Die böse, herzlose, kaputte Tochter. Ich versuchte es noch einmal, und wieder versteifte sie sich. Da wurde mir klar, dass sie sich mit letzter Kraft zusammenriss, mit Knochen, Sehnen, Bändern. Meine Berührung könnte ihre Fassung zum Einsturz bringen. Sie musste dieses neue Alleinsein genau so durchstehen – allein. Sie war sehr mutig.

»Ich wünschte, er wäre einfach tot umgekippt.«

Das durfte ich nicht sagen. Es war nicht nett. Mein Bruder zensierte diesen Satz. Dabei meinte ich damit nur, dass ich ihm gern die Vorahnung erspart, ihm lieber einen Blitzschlag gewünscht hätte anstatt des langsamen Dahinsiechens. Lieber ein plötzlicher Tod als das Abwägen von Behandlungsmöglichkeiten, bis sie alle nacheinander nicht mehr wirkten und erst von Gift und dann Opiaten ersetzt wurden. Ich meinte doch nur, dass ich glühend eifersüchtig auf eine Freundin gewesen war, die ihren Großvater in der Pandemie plötzlich verloren hatte. Ich war neidisch gewesen, auch wenn ich natürlich sah, unter welchem Schock sie stand. Wie ein Tier saß ich in der weihrauchgeschwängerten Kirche und erwog, es bei meiner Trauerrede trotzdem zu sagen, doch ich tat ich es nicht und hatte das Gefühl, mich betrogen zu haben, betrogen worden zu sein. Unvollendete, aufgeschobene Trauer überwintert im Schnee.

Um uns sicher zu fühlen, tun wir alberne kleine Dinge. Mein Bruder hatte, als er sehr klein und sehr blond und wunderschön war, eine große Steinsammlung, die er auf etlichen Spaziergängen gesammelt hatte. Sie war so groß, dass sie eine Art Installation in seinem Zimmer bildete. Bevor er das Zimmer verließ, das Haus, musste er sie alle in einer bestimmten Reihenfolge berühren. Ein magisches Ritual, gewissermaßen, und nach dem Tod meines Vaters machte meine Mutter das Gleiche. Berührte einen bestimmten Schalter ein paarmal, bevor sie das Licht ausschaltete.

Zurück in London erledigte ich alles geistesabwesend, mechanisch, ein trauerschweres Spielzeugmädchen. Ich landete falsch auf meinem Lockdown-Trampolin, hörte ein lautes Knacken und radelte mit dem anderen Fuß ins Krankenhaus. Mein Knöchel war gebrochen. Sport ist meine Art, mich abzulenken, zu regulieren, mich besser zu fühlen, ein »Bewältigungsmechanismus«, sagte der Arzt, und jetzt ging das nicht mehr. Von ständiger Bewegung zu Stillstand und Warten, für acht bis zwölf Wochen. Ich saugte den Schmerz in mich hinein, die Schärfe verlieh mir Kanten. Vielleicht hatte ich mir wehtun wollen. Es wäre zu simpel zu sagen, dass ich meinen festen Stand in der Welt verloren hatte, zu offensichtlich, es als äußere Manifestation von etwas zu sehen, das tief in mir zerbrochen und voller Schmerzen war, die Beobachtung zu banal, dass ich nicht mehr verankert war.

Ich ging mit dem Schuh herum, den der Arzt mir verpasst hatte, doch er stellte die Knochen nicht richtig ruhig, hielt mich nicht fest genug. Der Schmerz arbeitete sich hindurch. Mein Bruder kam mit einem besseren Schuh und gurtete mich in die Klettverschlüsse wie ein kleines Kind.

Die Monate glitten dahin, der Himmel wurde grau und farblos, als der Sommer den Frühling überblendete, und ich spürte, wie dünn und zart alles war. Ich war zu einer Insel geworden, abgelegen, unerreichbar, unter Meeresnebel verborgen.

»Ich weiß, warum du traurig bist, Daddy«, sagte Theo zu meinem Bruder, »du vermisst Grandad und willst in den Himmel, um ihn dort zu finden.«
Ich vermisste Theo.

»Vertrau darauf, dass dein Sinn für Humor wiederkommt«, sagte ein alter Ex-Freund.
»Wird er das denn?«
»Versprochen.«
»Wann?«
Ich hatte nicht das Gefühl, als würde sich jemals etwas ändern. Ich humpelte in meinem Schuh herum.

Ich ging schwimmen, bahnauf, bahnab, drehte mich in dem künstlich blauen Chlorwasser in überhitzten Schwimmbädern statt im kalten, weiten Meer. Ich schlug mit meinem Knöchel aus, trotz der Schmerzen. Ein Roboter in einer Menschenfrau, auf

Automatik, doch etwas in mir wusste, wie ich stärker werden konnte.

Manchmal überlegte ich, wen ich gegen ihn eintauschen würde. Wem ich stattdessen den Tod wünschen würde. Wenn ich die Wahl gehabt hätte. Wenn ich wählen könnte.

Ich wollte immer noch meine Hochzeitsrede, auch ohne Hochzeit.

»Schatz, er konnte sie dir nicht mehr schreiben, er konnte in den letzten Wochen kaum mehr schreiben oder sprechen«, sagte meine Mutter.

»Ich habe ihn schon vor Jahren darum gebeten«, erwiderte ich erstickt.

Sie, offizielle Sprecherin und glühende Verteidigerin der kanonisierten Erinnerung an meinen verstorbenen Vater, verstand nicht, warum mich das so traf. Unser gegenseitiges Verständnis war schon immer lückenhaft gewesen. Ich bin eher so, wie mein Vater ist. War. Wir hatten einander besser verstanden.

»Er hat sich länger mit der Wohltätigkeitsorganisation beschäftigt als mit meiner falschen Hochzeit«, sagte ich zu Pella und hörte selbst, wie absurd das klang, und sie erklärte mir freundlich, leise, »vielleicht war es zu traurig für ihn, vielleicht konnte er es einfach nicht ertragen«.

Es war zu traurig für ihn.

Es war zu traurig für mich.

Im Grunde wusste ich, dass ich eigentlich nicht wegen der Rede böse war. Ich war auf ihn böse. Weil er nicht mehr da war.

Ich liege im Schnee, halte meinen Splitter fest, den er mir damals gegeben hat, ist/war.

Was ich zum Thema »unbewältigte Trauer« las, machte mir Angst. Wie sollte man so etwas bewältigen können? Nur einmal war ich an seinem Grab. Er war nicht da.

Ich fuhr mit dem Fahrrad zu Katharine, mit dem Schuh an meinem Knöchel, was natürlich richtig dumm war. Ich brauchte mein Fahrrad, musste mich bewegen, trotz der Angst, mich wieder zu verletzen. Ich wusste, dass ich keine gute Gesellschaft war, wusste, ich war nur eine leere Hülle. Katharine zündete eine gelbe Kerze auf ihrem Tisch an und nannte sie KerzenDaddy. Es war verrückt und perfekt.

»Gegrüßet seist du, Paul Coffey«, sagte sie. »Wie zum Teufel geht es dir?«

Wir sprachen zu KerzenDaddy, und die Flamme verbreitete flackerndes Licht. Katharine zwang mich dazu, etwas Ordentliches zu essen, verbrannte Salbei und reinigte mich, bis sie fürchtete, der beißende Geruch und der graue Rauch könnten den Feuermelder in Gang setzen. Ich fuhr durch den grünen schwarzen Park zurück. Die Sterne waren durch die Lichtverschmutzung nicht zu sehen, doch der rote Mond hing schwer am Himmel.

Als ich zu Hause war, schrie ich laut, einmal, und stritt es ab, als ein Nachbar besorgt bei mir klopfte und fragte, ob ich auch jemanden im Haus hätte schreien hören.

»Nein«, sagte ich.

»Ich mache mir wirklich Sorgen. Da ist einem das Blut in den Adern gefroren. Und Sie haben ganz sicher nichts gehört?«

»Der Schall ist komisch hier im Haus.« Ich zuckte die Schultern.

»Ich hoffe, es ist alles in Ordnung«, sagte der Nachbar und warf mir einen seltsamen Blick zu.

Ich sah ihn an, bis er sich verabschiedete.

In einer Stadt kann man nirgends schreien.

Ich ließ ein Weinglas in der Küche fallen, und es zerbrach in eine Million winziger Scherben, die sich auf dem ganzen Boden verteilten. Ich schloss die Küchentür, ging aus der Wohnung, stieg auf mein Fahrrad und fuhr davon. Als ich zurückkam, war der Boden immer noch voller Scherben. Knirschend lief ich mit meinem Schuh darüber und holte mir ein Glas Wasser. Ging ins Bett.

Mein Gehirn funktionierte seltsam. Ich hatte gelesen, dass die kognitiven Funktionen bei trauernden Menschen eingeschränkt sind. Was war der Unterschied zwischen innerer und äußerer, ritualisierter Trauer? Einzelne Erinnerungen kamen zurück: seine zitternden Beine, eine Nachbarin, die mich fragte, wie es mir ging, und meine Antwort, dass ich das keinem Hund zumuten würde, und wie sie buchstäblich vor mir zurückzuckte, weil meine Worte so brutal waren. Glockenblumen im Wald.

Meine Freundin Ros, auch ein Mitglied im Club der toten Väter, sagte, ich dürfe nicht vergessen, dass Trauer etwas Körperliches ist und einen ermüdet. »Du glaubst, dass du klar denkst«, sagte sie, »aber das stimmt nicht.« Ich versuchte, überhaupt nicht zu denken.

In der *Odyssee* versetzt Helena von Troja den Wein beim Abendessen mit einer Droge, durch die man keine Trauer mehr spürt, keine Wut, keinen Schmerz. Diese Droge brauchte ich.

Ich wollte mit dem Meer verschmelzen, wollte mich in Salz und Atome auflösen. Francesca sagte: »Setz dich ins Flugzeug, komm nach Menorca, ich kann dich in einem Rollstuhl abholen«, doch der Schnee war zu tief, und ich konnte mich nicht bewegen.

»Ich wünschte, ich hätte ein paar Worte des Trostes für dich«, sagte mein Vater einmal an einem grünen Frühlingstag zu mir, als wir zusammen durch meinen Lieblingswald spazierten und ich mich über das Leben aufregte, das mir damals sinnlos erschien, über die Zukunft, die mir immer aussichtsloser vorkam. Er tat so, als würde er meine Tränen nicht sehen, und dann schrie ich ihn an, weil er versuchte, meine Tränen unsichtbar zu machen. Seine Standardreaktion auf alle Gefühle war, sie zu ignorieren, so zu tun, als wären sie nicht da, nicht zu fühlen, sondern zu denken, *ich wünschte, ich hätte ein paar Worte des Trostes für dich.* Eine seltsam formelle Formulierung, aber er war nun mal ein formeller Mensch. Vielleicht kann ich deshalb nicht »Dad« schreiben, sondern muss »mein Vater« sagen.

Am meisten vermisse ich unsere Gespräche. Ich hätte jetzt bessere letzte Worte gefunden. Ich könnte jetzt genau die richtigen Worte für die Liebe finden. Für die Unvollkommenheit.

Und alsbald kam die goldenthronende Eos.

KAPITEL ZWÖLF

Die Poesie der *Odyssee*

Rückkehr zu den Inseln

KAPITEL ZWÖLF

Gedichte wiederholen sich. Menschen auch. Irgendwann heilte mein Knöchel. Irgendwann brach ich auf.

Auf der Autofahrt von Palermo nach Trapani zur Fähre überfiel mich ein plötzlicher Gedanke: Was, wenn es dieses Mal nicht funktionierte? Mein Magen verkrampfte sich – wenn meine Inseln mich nicht wieder in Ordnung bringen konnten, was dann? Unter normalen Umständen will ich nie an einen Ort zurück, alles noch einmal erleben. Ich reise lieber weiter, erforsche Neues. Die Pandemie sollte angeblich vorbei sein. Ich bewegte mich nicht mehr auf Odysseus' Spuren – eine Frau war nach einem Sturm auf dem Meer verschollen, aber was war, wenn ich sie nicht einmal hier wiederfinden konnte? Mir war übel und heiß, ich legte mich auf den Rücksitz und schloss die Augen. Die dunkle sizilianische Nacht drehte sich warm und endlos unter den Reifen.

Wenn man einen Menschen in der Welt nicht finden kann, dann findet man eine Landschaft. Ich wollte dieses Mal von Raum gehalten werden, nicht ständig in Bewegung sein, doch bei meiner Ankunft war die Insel fremdartiger als erwartet. Vertraut und doch auch wieder nicht. Die Umrisse waren gleich, doch in ihnen hatte sich alles verändert. Ein seltsames, entwurzeltes Gefühl, wie die Rückkehr nach New York und die Feststellung, dass die Restaurants und Läden, die ich geliebt hatte, umgezogen oder geschlossen waren, die Stadt sich weiterentwickelt hatte. Nichts bleibt für immer gleich außer in der eigenen Fantasie.

In Favignana war alles offen und leicht, die Außenbereiche der Bars und Cafés waren voller Touristen, Strohkörbe vor Schaufenstern schaukelten im Wind, im Caffè Aegusa am zentralen Platz aßen Einheimische *brioche con gelato* zum Frühstück, die Strände waren ein einziges Meer aus Sonnenschirmen und sonnengerösteten Körpern und bunt gestreiften Handtüchern und orangefarbenen Liegestühlen mit Blick zum Wasser. Alles fühlte sich leicht und sommerhaft an, es war heiß, obwohl fast schon Herbst, und ich war schwer und ein halber Geist, der an den Orten seiner Vergangenheit spukte, auf der Suche nach Erlösung. Das Meer strahlte in allen Sommerblauschattierungen und noch nicht kalt genug, um mir einen Schock zu versetzen. Alles wirkte normaler. Ich suchte das Fremdartige, sehnte mich nach der Kälte, die mich durchströmte, nach dem Kick, dem Gefühl, wieder einen Körper zu haben, nicht nur einen heiß gelaufenen Geist in meinem schweren Kopf. Jetzt, da alles wieder normal war, war überhaupt nichts wieder normal. Der nackte Andrew schrieb, er sei im Krankenhaus gewesen, und sie würden Tests durchführen.

Ich ertrug es nicht, dass noch jemand in meinem Umkreis krank war, möglicherweise Krebs hatte.

Ich hätte wissen müssen, dass ich mich nicht wiederholen, nicht zurückreisen kann. Mythische Inseln sind qua Definition besonders schwer fassbar. Wenn man denkt, man hat sie vermessen, verändern sie sich. Ich fühlte mich fehl in der Zeit, fehl am Platz, zerrissen.

In der *Odyssee* gibt es viele Wiederholungen. Homer verwendet eine formelhafte Sprache, beschreibt Dinge auf eine bestimmte Weise, und diese Ausdrücke ziehen sich durch das Epos. Das Meer ist zum Beispiel immer »weindunkel« und »mondgerufen«, Athene ist »eulenäugig«, Eos ist »neugeboren« und »rosig«. Emily Wilson bemerkt, dass Wiederholungen bei der mündlichen Überlieferung wichtig waren, da sie »einem Zuhörer einen Anker in einer sich schnell entwickelnden Geschichte bieten«. Heutzutage lesen wir Poesie aber, anstatt sie zu hören, und Emily gibt zu, dass die ständigen Wiederholungen langweilen. Deshalb rafft sie, wählt moderne Formulierungen und Umschreibungen, spielt mit dem, was innerhalb des Rahmens eines bestimmten Ausdrucks möglich ist. In ihrer Übersetzung wird Eos launenhaft, ändert sich jedes Mal, wenn sie den Himmel von Neuem erhellt und ihren »goldenen Thron« besteigt. »Schon bald erschien Eos und berührte den Himmel mit Rosen« oder »wenn Eos früh aufleuchtete« oder »Eos auf ihrem goldenen Thron begann zu leuchten« oder »Eos, die auf den Wiesen tanzt mit den Strahlen des Helios«, obwohl immer noch verstörende Beschreibungen von Eos' »rosigen Fingern« und, besonders merkwürdig, »der rosenfingrigen Eos« zu lesen sind, die öfter vorkommen als mir lieb ist.

Früher hatte ich eine Übersetzung nie für etwas Kreatives gehalten – nicht, dass ich besonders viel darüber nachgedacht hätte –, doch als ich das Epos noch einmal las und das Spiel mit Worten bemerkte, wurde mir klar, dass Emily ihre Macht demonstrierte und mir zeigte, wie ein Übersetzer einen Text einfärben kann, indem er durch eine Sprache in eine andere gleitet. Ein Übersetzer entscheidet, was betont, was gerafft werden soll, wie umgangssprachlich und locker, wie formelhaft und streng die Sprache zu sein hat. Emily bestimmt über Struktur und Tonfall – eine Übersetzung ist sehr viel mehr als eine einfache Übertragung. Sie sagt, »es gibt keine Übersetzung, die dem Leser ein durchsichtiges Fenster auf das Original bietet«, und bei ihrer Version der *Odyssee* erkannte ich, wie viel Spaß sie hatte, sich Worten und Versmaß zu stellen, wie herausragend ihre Fähigkeiten waren, die etwas bei mir bewirkten. Ich dachte mehr über Übersetzungen und den Entstehungsprozess von Übersetzung nach. Man stellt den Leserinnen und Lesern eine Interpretation des Originals zur Verfügung, die natürlich auch noch von uns selbst gefärbt ist. Schicht auf Schicht. Es ergibt Sinn, dass Penelope ständig webt und alles wieder auflöst, denn so funktioniert eine Geschichte. Es gibt keine allgemein gültige Übersetzung, keine bestimmte Art, Text wiederzugeben, ihn zu verstehen. Es werden immer Lücken in der Bedeutung zwischen den Worten bestehen bleiben, in der Wahrheit der Dinge. Es besteht immer das Risiko, missverstanden zu werden, dass eine Übersetzung missglückt.

Ich brauchte Meerwasser, um die letzten Monate aus mir herauszutrösten, mich zu betäuben, in Salz aufzulösen, zu schwimmen, meinen Knöchel wieder einzusetzen, den Boden unter mir wieder zu verfestigen. Jeden Morgen schlüpfte ich in den Sonnenaufgang und schwamm im rosigen Licht, im glühenden Meer. »Opacarophilie«, die Liebe zu Sonnenuntergängen, eine Mischung aus Lateinisch und Altgriechisch. Für mich klingt dabei noch etwas Vampirhaftes mit. In London waren mir Sonnenauf- oder -untergänge selten aufgefallen. Ich hatte keine Verbindung zum Mondzyklus und dem Nachthimmel, zum Meer und den Gezeiten, wusste nie die Windgeschwindigkeit oder die Richtung, aus der er wehte. Zurück auf der Insel, stand ich jeden Tag früh auf, um den Sonnenaufgang anzusehen, wie rosa Zungen über den milchig grauen Himmel leckten und wieder verschwanden. Man muss im richtigen Moment nach oben blicken, um Eos zu sehen und wie sie sich über den Himmel bewegt, mit Blumen im Arm.

Odysseus wiederholte Teile seiner Reise, wie ich kehrte auch er zurück, allerdings ungewollt. Die Heimat war schon in Sichtweite, da öffnete die Mannschaft den Beutel mit Winden, die das Schiff zurück übers Meer wehten, an den Anfang ihrer Fahrt. Als Odysseus zum zweiten Mal an seinem Ufer angespült wurde, reagierte Äolus, der Herrscher der Winde, deutlich ungnädiger.

> *Troll dich geschwind von der Insel, du Schändlichster derer, die leben!*
> *Troll dich, da du als ein den Göttern Verhasster hierherkamst!*

Theo liebt Wiederholungen. Immer wieder will er dieselben Geschichten hören. In Kinderbüchern kann man immer zurück an den Anfang. Am Tag nach der Beerdigung waren wir im Wald unterwegs, sammelten Zweige und tauchten sie in Pfützen und den Fluss. Doppelter Schutz gegen Monster.

»Was hat dir gefallen? Als wir Lieder gespielt oder als wir Geschichten über Grandad erzählt haben?«

»Als wir Grandad eingesetzt haben.«

Er meinte die Bestattung, als der Sarg langsam an Seilen ins Grab hinabgelassen und mit Erde und Gras bedeckt wurde. Eingesetzt. Wie eine Pflanze. Was für eine schöne Übersetzung. Jahre später wird mir eine Arbeitskollegin vom Tod ihres Babys erzählen und wie schrecklich es für sie war, ihren Sohn beerdigen zu müssen. »Du hast ihn eingesetzt«, werde ich sagen, und Theos Formulierung wird auch etwas in ihr auslösen. Sprache ist wichtig. Ereignisse können auf vielfältige Weise interpretiert werden, und mit dem richtigen Übersetzer gibt es da auch immer Worte des Trostes.

Warum war ich auf die Insel zurückgekehrt? Ich versuchte so sehr, die Dinge anders zu sehen oder, besser gesagt, eine neue Art des Sehens zu finden. Oder vielleicht war es auch viel einfacher: Ich wollte zurück in die Vergangenheit, weil die Zukunft zu gebrochen erschien.

~

Es war wieder Dezember auf Menorca, wieder kurz vor Weihnachten und der kalte Himmel strahlend blau. Jeden Morgen trank ich Kaffee auf der Dachterrasse, in Jacke und Schal gewickelt, und sah zu, wie sich die Wetterfahne drehte. Ich las ein Gedicht und weinte, unterdrückte Emotionen, wie Origami in die

Verse gefaltet, in mir. Weinen und Gedichte lesen. Ich weiß, wie das klingt, doch bei der Beerdigung hat mir jemand gesagt, wir haben alle ein Kontingent an Tränen, die geweint werden müssen, daran kann man gar nichts ändern. Als ich daran dachte, fühlte ich mich besser, während Tränen über meine Wangen und meinen Hals liefen und ich sie ungeduldig abwischte.

Ich weiß nicht, ob mein Vater an die katholische Version des Lebens nach dem Tod geglaubt hat. Er hat es mir nie erzählt, auch wenn ich ihn auf verschiedene Arten danach gefragt habe. Nach der Beerdigung hatte ich sogar seinen Priester in der Sakristei abgefangen und gefragt, doch er wollte mir keine Antwort geben. Das Beichtgeheimnis galt zu meinem Ärger offenbar über das Grab hinaus. Ich wollte, dass er mir meinen Vater zurückbrachte, schlichtete, seinen Glauben auf eine Art erklärte, die ich verstand. Ich bin mir nicht sicher, was ich eigentlich glaube, aber die Vorstellung von Grenzbereichen, Korridoren und Schwellen, die Zwischenräume, Vergänglichkeit, Durchgangs- und Übergangsorte markieren, hat etwas für sich. Das Wachen über die Sterbenden. Ich hatte gesehen, wie die Palliativpflegekräfte sich voller Gnade in diesen Bereichen bewegten und die Türen zwischen den Welten öffneten.

Ich ging zurück in das Dorf Sant Lluís mit seinen kleinen weißen Häusern, durch Straßen, die ich schon so oft entlanggelaufen war. Wie das auf Inseln so ist, traf ich sofort Javier, den Ornithologen, der mir erzählte, er sei gerade auf dem Weg zum Vogelberingen. Einen Moment dachte ich an den Sport Ringen, doch natürlich meinte er damit die kleinen Ringe, die man Zugvögeln verpasste, um ihre Migrationsmuster zu verfolgen, und aus Artenschutzgründen.

»Darf ich mitkommen?«, platzte ich heraus.

Javier sah mich mit schräg gelegtem Kopf an, wie ein Vogel, und lächelte. »Ich behalte den Wetterbericht für nächste Woche im Auge und sage dir, an welchem Tag ich unterwegs bin.«

Ich hielt mich daran fest, an diesem vagen, wetterabhängigen Plan. Der Ruf der Zukunft anstatt des erschöpfenden Sogs der Vergangenheit. Ich wartete auf Javiers Nachricht, sah mit der Besessenheit einer neuen Liebe auf mein Handy. Als seine Anweisungen endlich eintrafen, war ich zu aufgeregt, um schlafen zu können. Ich musste am nächsten Morgen sehr früh aufstehen, weil die Netze im Dunklen gespannt wurden, bevor die Vögel aufwachten. Vor dem Haus in der Dezemberdunkelheit auf Javiers Scheinwerfer zu warten, mit müden Augen und Atemwolken vor dem Gesicht, war wie ein Anfang, ein Versprechen von etwas Neuem.

Im grünen Schein unserer Stirnlampen spannten Javier und ich Netze auf einem Milchbauernhof und stapften dabei durch Disteln und Nesseln. Meine Finger waren irgendwann taub, die Füße nass vom hohen Gras, und ich stolperte ständig über irgendwas, während Javier, dessen Augen grün in der Schwärze leuchteten, sicher voranschritt. Die Netze fühlten sich klebrig an und blieben an den Fingerspitzen haften. Javier sagte, sie seien aus Japan, offenbar waren die spanischen Netze nicht so gut. Als wir fertig waren, hingen überall lange Netze, etwas höher und länger als die, an denen man an einem faulen Sommertag barfuß im Garten Badminton spielte. Sie mussten jedes Mal an exakt derselben Stelle angebracht werden, um die Kontinuität zu gewährleisten. Das hier war schließlich Wissenschaft. Ich fragte, warum die Vögel nicht einfach über die Netze hinwegflogen. »Aber sie sehen sie ja nicht«, antwortete Javier langsam, als hielte er mich für wirklich sehr schwer von Begriff. Vögel flogen offenbar viel näher am Boden, als ich gedacht hatte. Vor dem Bauernhaus warteten wir auf den Sonnenaufgang und die ersten Vögel.

Der Sonnenaufgang an sich war nicht spektakulär, nur ein träges Eigelborange. Angespannt wie ein Tier verlagerte ich das Gewicht von einem Fuß auf den anderen gegen die Kälte, während der Himmel sich gegen die dunklen Bäume hinter den Feldern drängte und ihre Umrisse immer sichtbarer wurden. Meine Beine waren von den Nesseln verbrannt, meine Füße nass, meine Arme zerkratzt und blau gestoßen, und ich war glücklich.

Die Bäuerin erbarmte sich und brachte uns dampfend heißen Kaffee und Kekse in einer roten Dose. Ich wärmte meine Hände so lange an der Tasse, bis meine Finger so weit aufgetaut waren, dass ich mir die durchweichten Schuhe und Socken ausziehen konnte. Lieber hatte ich kalte als nasse Füße. Ich kratzte mich an den Beinen und wusste, dass ich eine Grenze überschritten hatte. Vögel zu beringen war definitiv ganz weit oben auf der Vogelnerdskala. Ein paar Kratzer waren da ein geringer Preis.

Hier bei diesem Hof mussten die Netze dreimal im Winter und siebenmal im Sommer gespannt werden. Es dauerte einen ganzen Tag, alles aufzubauen, die Stangen aufzustellen, und einen zweiten Tag, um die Netze zu spannen, die Vögel zu fangen und zu zählen und die Ergebnisse festzuhalten. Javier überprüfte diverse Orte auf der Insel und machte die ganze Arbeit normalerweise allein.

»Wirst du dafür bezahlt?«

»Genug, um kaputte Netze zu ersetzen.« Er hob die Hand, um mich zum Schweigen zu bringen. »Hörst du das?«

Ein Ruf in der Dunkelheit, leise und nachdrücklich.

»Ein Rebhuhn«, erklärte Javier erfreut, als hätte er den Vogel nicht schon unzählige Male gehört.

Wieder lauschten wir in die Stille. Ein anderer Ruf, dieses Mal eher ein quietschendes Heulen, durchdrang den frühen Morgen.

»Das ist ein Triel, ein Stelzvogel, der in der Nacht jagt. Gerade sucht er nach einem Platz, an dem er den Tag verbringt und sich erholt.«

»Sich erholt?« War das wirklich der Plan des Vogels für den ganzen Tag?

»Ja, genau.«

Ich fand es wunderschön, wie Javier die Geräusche der Nacht übersetzte, Rufe Vögeln zuordnete. Dechiffrierte. Wie Sterne in Astrologie auszudrücken. Ich bewegte meine tauben Füße und hielt die Kaffeetasse an den Bauch. Nach Javiers Anweisung trug ich mehrere Schichten Kleidung, die feuchte Winterkälte drang trotzdem hindurch.

Während die Sonne aufging, wurde Javier immer ernster und schärfte mir ein, dass wir die Netze jede Stunde überprüfen mussten. »Die Vögel dürfen nicht länger als nötig darin festhängen«, sagte er eindringlich, als wollte ich gerade vorschlagen, sie dort für lange Zeit zu lassen. »Ihre Gesundheit hat oberste Priorität.« Ich nickte feierlich. Wir warteten darauf, dass es heller wurde.

Die Morgendämmerung tauchte die Netze in goldenes Licht, während Javier unseren Arbeitsplatz auf einem Tisch vor dem Melkschuppen einrichtete. Vogelringe in sieben unterschiedlichen Größen, die auf großen Spiralen steckten, legte er klirrend neben einen messerscharf angespitzten Bleistift. Drei Bücher über Vögel, der Größe nach gestapelt, darunter der *Collins Bird Guide,* die Bibel. Zwei unterschiedlich große Zangen, wie sie Juweliere verwenden, ein Metalllineal, eine kleine Digitalwaage, zwei Plastikbecher: ein blauer und ein viel kleinerer weißer. Ein schwarzes Klemmbrett mit einem Stapel Papier mit schmalen Spalten, bereit zum Ausfüllen.

Schrille Schreie ertönten im frühen Morgen, sie klangen wie ein Mensch, ein Baby, überhaupt nicht wie ein Vogel. Flügel schlugen gegen das Netz, Krallen klammerten sich fest, verhakten sich, der braune Vogel wurde immer wilder, je näher wir kamen. Erst beschimpfte er uns lautstark, und als das keine Wirkung zeigte, änderte er seine Taktik und stieß stattdessen klägliche Schreie aus. Er schrie, als würden wir seine Küken ermorden und ihn dabei zusehen lassen, schrie, als würden wir seine Eier vor seinen Augen zerschlagen, sie zum Frühstück als Rühreier essen und uns die Lippen lecken. »So sind sie immer«, sagte Javier mit einem Schulterzucken. Der Mann war die Ruhe selbst.

Es war eine Singdrossel, die etwa so groß wie eine Amsel und recht schwer war. Als ich sie in freier Wildbahn gesehen hatte, fand ich sie nicht besonders auffällig – ihre Flügel sind mattbraun –, aber aus der Nähe sah ich den dicken Bauch mit weißen Sprenkeln in Form von Tränen, die im Morgenlicht wunderschön waren, und die leuchtend gelbe Innenseite des Schnabels. Javier befreite den Vogel vorsichtig aus dem Netz, aber ich musste mich abwenden. Es war wie in einem Horrorfilm, wenn der Angreifer immer näher kommt und die Heldin versucht zu fliehen, aber ständig die Autoschlüssel fallen lässt, und man sitzt atemlos und schwindelig davor. Die Panik des Vogels hatte sich auf mich übertragen. Ich wollte, dass Javier sich beeilte, die Singdrossel schneller befreite, doch er blieb ruhig und methodisch, Wissenschaftler durch und durch. Der Vogel wusste es nicht, aber er war in erfahrenen Händen.

Als Javier meine Verzweiflung sah, wurde er philosophisch. »Der Stress ist es wert, damit wir die nötigen Informationen bekommen, um sie und ihren Lebensraum zu schützen.« Mir war irgendwie gar nicht in den Sinn gekommen, dass es zu einem Kampf kommen würde, zu Angst und Schreien. Was hatte ich mir nur gedacht? Dass wir mit Schmetterlingsnetzen herumhopsen und hübsche Vögelchen fangen würden, denen das nichts ausmachte? Ich würde auch schreien, wenn mich im Flug irgendetwas Unsichtbares festhalten würde. »Natürlich gefällt ihnen das überhaupt nicht«, sagte Javier, »wie würdest du dich fühlen, wenn dich jemand fangen, in einen Beutel stecken und dir ein Armband anlegen würde?«

Ich stellte mir vor, wie ich mich erst in einem Netz verheddern und dann kopfüber in einen Beutel gesteckt werden würde.

Ich hielt einen weichen Baumwollbeutel mit Zugband und violetten Flecken von verängstigten Vorgängern, die sich in die nicht vorhandenen Hosen gemacht hatten, und Javier steckte die immer noch jämmerlich schreiende Singdrossel kopfüber hinein. Sie schrie und zappelte, wehrte sich unermüdlich. Ich bewunderte diese Wut, kannte sie gut. Javier und ich bewegten uns im Uhrzeigersinn um die Netze herum und befreiten die Vögel. Ein winziges, würdevolles Rotkehlchen, still, ruhig, weniger panisch und daher leichter zu befreien, kam in einen anderen Beutel. Meine Aufgabe war es, die Säckchen für Javier aufzuhalten und sie dann zu tragen. Ich streckte den Arm aus, und Javier schob einen Beutel nach dem anderen darauf. Am Ende hielt ich beide Arme steif ausgestreckt, wie ein Zombie, und ging vorsichtig zu unserem Arbeitsplatz zurück, mir des Flatterns, der Federgewichte, der Bewegungen wie bei Goldfischen in einer Plastiktüte bewusst.

Wir beringten die Vögel in der Reihenfolge, in der wir sie eingefangen hatten. Mein Beitrag beschränkte sich auf die Dateneingabe – für Javiers Teil der Arbeit waren zwei verschiedene Prüfungen und eine Genehmigung nötig. Ich notierte die Seriennummer auf dem Ring, den Javier schon bereitgelegt hatte, verschiedene Größen für die unterschiedlich großen Vögel. Rotkehlchen bekamen die kleinsten und leichtesten. Die erste Singdrossel schwieg keinen Moment, wehrte sich lautstark, als er sie aus dem Beutel nahm, sie vermaß und wog, sie schrie, als Javier den winzigen Ring so schnell wie möglich anbrachte, und die ganze Zeit hackte sie mit ihrem starken, schneckenzerstoßenden Schnabel nach seinen Fingern. Javier sah die vor Wut tobende Drossel liebevoll und nachsichtig an, während ich eine Null aufschrieb, den Vogelcode für geschlechtslos, ein »es«, weil man im Winter das Geschlecht nicht bestimmen kann. Im Sommer ist das offenbar einfach, weil die Weibchen ihre Brustfedern ausreißen, um die Eier zu wärmen, während die Männchen ein vollständiges Brustgefieder haben.

»Bringt der Ring die Vögel aus dem Gleichgewicht?«, fragte ich Javier.

»Nach ein paar Tagen haben sie sich daran gewöhnt, er ist sehr leicht.« Moderne GPS-Tracker, erklärte er mir, bieten eine überlegene Technologie, aber ihre Kosten verhindern eine breite Einführung, und selbst die kleinsten sind noch zu schwer für die leichteren Vögel.

In schmalen Spalten notierte ich das Alter des Vogels, das Javier anhand der Federn, der Flügelspannweite und der Länge der längsten Feder bestimmte. Außerdem verzeichnete ich Fett- und Muskelmasse, die Javier durch sanftes Blasen auf den Bauch des Vogels und einen Blick auf das gelbe Fett bestimmte. Er zeigte mir, wie fett und kräftig einige Vögel waren, winterfest, während andere »sehr bald fressen müssen, wenn sie den Winter überstehen sollen«. Anhand der Vogelbäuche konnte er sogar das Wetter vorhersagen: »In den nächsten Nächten wird es kalt werden«, verkündete er geheimnisvoll wie ein Wahrsager. Die Vögel hatten bereits mehr Fett eingelagert, um sich zu schützen. Sie spüren das Wetter schon, bevor es umschlägt, und bereiten sich darauf vor. Ich hoffte auf hohe Gewichts- und Fettwerte und damit robuste Vögel, hoffte, dass Javier kein F4 vergeben würde, was ein Problem kennzeichnete: Parasiten oder Pilzinfektionen. F4 schien hauptsächlich Rotkehlchen zu betreffen. Die meisten Rotkehlchen, die wir gefangen hatten, waren gesund, doch ein winziges Exemplar war gefährlich untergewichtig, hatte sehr niedrige Werte, und ich machte mir Sorgen um den kleinen Kerl. Für die Singdrosseln zog ich eine extra Spalte, in der ich ihre Schreie von eins bis fünf bewertete. Unsere erste Singdrossel bekam fünf Sterne.

Den Gesang von Vögeln einzufangen, kommt mir vor wie der Versuch, den Duft eines Parfüms zu beschreiben, unmöglich wiederzugeben. Der selbstherrliche Collins hat kein Problem damit, die Worte zu finden, die mir fehlten, und erklärte, dass die Singdrossel »eine aufgeregte Reihe von ‚elektrisch' schimpfenden Lauten von sich gibt, tix-ix-ix-ix-ix … überheblich und rechthaberisch«. Rechthaberisch ist das perfekte Wort. »Sie schreien und beißen immer«, sagte Javier. Im Gegensatz zu den hysterischen Singdrosseln gerieten Rotkehlchen nie in Panik. Ruhig und würdevoll warteten sie, während Javier sie vermaß. Nachdem Rotkehlchen ja angeblich die Seelen von Toten in sich tragen können, waren da wohl mehr als Lineale und Waagen nötig, um sie aus der Ruhe zu bringen. Aus der Nähe sind ihre roten Federn genauso fröhlich, wie man es von ihrem Ruf als Weihnachtsvogel erwarten würde, und ihre Augen sind rund, glänzend und wach. Der Collins schreibt über das Rotkehlchen: »Es macht einen Knicks, und sein kurzer Schwanz zuckt … Sein Ruf ist ein kurzes, hartes ‚tick', wenn es nervös ist … Die tickenden Rufe sind lang gezogen … klingen wie Großvaters Uhr, wenn sie aufgezogen wird.« Sie sind sehr territorial, Männchen kämpfen bis zum Tod um einen Garten.

Um sie zu wiegen, wurden die Vögel kopfüber in einen der beiden Plastikbecher gesteckt, der dann auf die Waage gestellt wurde. Oben schaute ihr Hinterteil heraus, und sie zappelten mit den Beinen. Die letzte Demütigung, bevor Javier sie mit ihren neuen Fußfesseln freiließ. Dafür legte er die Vögel vorsichtig auf den Rücken auf seine Handfläche. Dort blieben sie einige Sekunden lang liegen und starrten in den blauen Himmel, bevor sie sich wie auf Kommando herumwarfen und davonflatterten. Er arbeitete so effizient wie möglich und rief mir die Daten in schnellem Stakkato zu. Ich dachte an Marilyn Monroe, 90–60–90, während ich versuchte, mit ihm mitzuhalten. Javier wollte sie so schnell wie möglich wieder in die Freiheit entlassen. Während all der Jahre, in denen er schon

Vögel beringte, hatte er erst einen in den Netzen verloren – weit unter dem Durchschnitt von einem toten Vogel auf hundert gefangene, und dieser eine war auch nur gestorben, weil ein Raubvogel den zappelnden Vogel im Netz gesehen und ihn zum Mittagessen verspeist hatte. Manchmal denkt Javier noch daran.

Mittlerweile war die Sonne aufgegangen, und es wurde langsam wärmer. Ich war barfuß und ließ meine Socken und Schuhe in der Sonne trocknen. Mary Oliver hat einmal gesagt, »in einem Gedicht sollten immer Vögel vorkommen«. Die *Odyssee* ist voller Vögel, sie sind Boten, Omen und Symbole. Athene, die grauäugige Göttin, wird durch eine Eule symbolisiert und verwandelt sich an verschiedenen Stellen der Geschichte in eine Schwalbe und einen Seeadler. Durch Vögel werden Ereignisse angekündigt und Warnungen ausgesprochen. An einer Stelle träumt Penelope von einem »riesigen Adler mit spitzem Schnabel«, der zwanzig Gänse tötet, was (offensichtlich) den bevorstehenden Tod aller ihrer potenziellen Freier symbolisiert. Als Odysseus nach seiner Flucht von Kalypsos Insel auf See verschollen ist, erscheint ihm die Göttin Ino in Gestalt einer Möwe. Vögel sind mystisch, sie können zwischen den Welten wechseln, zwischen unserer Welt der Sterblichen und der der Götter. Ihre Symbolik in der Geschichte ist komplex, ihre Fähigkeit zu fliegen suggeriert Freiheit und Hoffnung, doch ihre Anwesenheit kann auch die Hand der Götter in menschlichen Angelegenheiten aufzeigen, ein Symbol für Schicksal und Vorsehung. Vögel können die Zukunft vorhersagen.

Wir kehrten jede Stunde zu den Netzen zurück. Im Lauf des Tages nahm die Zahl der gefangenen Vögel ab, da sie in der Morgendämmerung am aktivsten sind. Ein Hausspatz hatte sich mit der winzigen Zunge im Netz verfangen. Ich musste schon vom Zuschauen würgen, doch Javier befreite ihn ruhig und sanft wie ein Chirurg. Die winzige rosa Zunge des Vogels blieb unversehrt. Auf dem Weg zum Mittagessen beim Bauernhaus deutete Javier, dem nichts entging, auf eine Schildkröte, die so groß wie mein Daumen war. Ganz vorsichtig hob er sie auf und legte sie in einen Sonnenfleck. »Sie braucht Wärme.« Der Panzer der Schildkröte war eher gelb als grün. Ich wusste nicht, dass sie so klein und zart sein können.

Ich durfte auch einen Vogel freilassen. Das Rotkehlchen lag auf meiner Handfläche, benommen, fühlte sich wie eine Puppe an. Ich wagte kaum zu atmen.

»Wenn man sie auf den Rücken legt und der Himmel über ihnen ist«, sagte Javier, »verwirrt sie das, sie denken, sie fliegen.« Schließlich verstand mein Rotkehlchen das, warf sich wie die anderen herum und flatterte davon. Ich schickte ihm eine Nachricht, es solle über Schwellen fliegen, die ich nicht sehen konnte, und meinem Vater etwas in der Sprache zuflüstern, in der Vögel sprechen, wenn sie nicht singen.

Es gibt eine verborgene Welt von Ornithologen, die weltweit zusammenarbeiten, Vögel beringen und registrieren, ihre Daten mit gespitzten Bleistiften auf altmodischen Klemmbrettern sammeln und alles in Datenbanken eingeben, die sich gegenseitig informieren, wenn sie einen beringten Vogel finden, Seriennummern und Codes interpretieren und Flugbahnen aufzeichnen. Vögel können jedes Jahr Tausende von Kilometern entlang magnetischer Superautobahnen in der Luft fliegen, als wäre es nichts. Sie vollbringen jeden Tag außergewöhnliche Taten, und diese Menschen sind ihre Zeugen und Bewunderer. Ihre Versuche, Populationen mit gezückten Schwertern zu verfolgen und zu schützen, angesichts des Klimawandels und trotz aller Verzweiflung, erfüllen mich mit Hoffnung und Sorge zugleich, mit bittersüßer Traurigkeit.

»Ich habe eine Überraschung für dich.« Javier lächelte, als er von den Netzen zurückkam. Ich war an unserem Tisch geblieben, weil sich nur noch wenige Vögel verfingen und er meine Hilfe nicht mehr brauchte. Es war schon fast Nachmittag, und bald würden alle Vögel »Siesta machen« und wir die Netze abbauen. Langsam und mit einer theatralischen Geste zog Javier einen Wiedehopf aus dem ersten Beutel. »Auf Katalanisch«, sagte er, »ist das *una puput.*« Der Wiedehopf ist das Wahrzeichen Menorcas, und das aus gutem Grund: Er sieht aus wie ein Rockstar. Mit knapp dreißig Zentimetern ist er ziemlich groß, sein Schnabel ist lang, schmal und gebogen, er hat schwarz-weiße Flügel und eine leuchtend orangefarbene Haube. Er ernährt sich hauptsächlich von Insekten, manchmal auch von Fröschen. Ich durfte ihn für ein paar Sekunden halten, und Javier machte ein Foto von uns, der Vogel mit stolz erhobenem Kopf, seine Federn zeichneten sich feuerorange gegen das Licht ab, ich grinste wie ein kleines Kind.

Der nächste Beutel enthielt einen Grünfink, und als Javier seine Flügel ausbreitete, wurde das schimmernde Gefieder sichtbar, leuchtend grün, senfgelb und hellgrau. Der dritte Beutel enthielt einen Buchfink, der laut Javier »sehr verbreitet« war und dessen Flaumigkeit mich an die Küken erinnerte, die jedes Frühjahr bei uns zu Hause schlüpften. Ich betrachtete die Ellenbogen seiner Beine, die überraschende Robustheit seiner langen Krallen, seine dunklen, magnetischen Augen, die zugleich kühn und wehmütig wirkten. Er protestierte nicht, sondern bat nur still darum, freigelassen zu werden.

Der letzte Beutel des Tages enthielt eine winzige Mönchsgrasmücke, einen sehr kleinen grauen Vogel, der aussah, als würde er einen Minihut tragen. Bevor ich einen aus der Nähe gesehen hatte, war mein Liebling unter den winzigen Vögeln die Samtkopfgrasmücke gewesen. Die Samtkopfgrasmücke ist nicht spektakulär, nicht auffällig, sie ist einfach irgendwie unglaublich fröhlich, wenn sie in kleinen Büschen sitzt und von italienischen Inseln singt in »rauen, rasselnden Versen in hohem Tempo mit sehr kurzen eingestreuten Pfeiftönen«, wie der Collins es ausdrückt. Doch dann sah ich die Mönchsgrasmücke. Die Sonne stand hoch und ließ es so aussehen, als hätte jemand bei einer Modenschau ihre Brustfedern goldfarben angemalt. Mit ihren runden dunklen Augen sah sie direkt in meine, als könne sie tief in meine Seele blicken und alles verstehen. Der Collins kommentierte, wie üblich, geringschätzig: »eher stämmig gebaut … schmutzig grau oben und hell olivgrau unten«, aber dieser Vogel war wunderschön.

Am späten Nachmittag kehrte ich nach Sant Lluís zurück, schlammig und müde und vogelleicht. Die Erinnerung an die weichen Federn in meiner Handfläche, das trockene, holzige Gefühl der zarten Wiedehopffüßchen zwischen meinen Fingern. Wilde Vögel sind unerreichbar, unberührbar, aber ich durfte sie aus nächster Nähe sehen. Es gibt immer Parallelwelten. Eine große, geschäftige Stadt voller Ellbogen, Vereinsamung und Aggression, und daneben eine andere Welt. Eine Welt mit sonnenbeschienenen Inseln, auf denen Vögel vom Himmel genommen und wieder dorthin entlassen wurden. Eine Welt, in der man die Elemente mit Leichtigkeit wechseln kann, von der Luft ins Wasser gehen, sich aus der Schwerkraft in die Schwebe des Meeres bewegen. Weit vom Ufer wegschwimmen, während die rosige Morgendämmerung den Himmel erstrahlen lässt, ihn öffnet, so wie sich das Herz für dieses Leben und alle Menschen darin öffnet. Eine Insel, auf der Vögel schreien und schweben. Ich weiß, dass ich in dieser Nacht von den magnetischen Augen der Vögel träumen werde – von ihrer Leichtigkeit, davon, wie sich das Rotkehlchen nur kurz ausruhte, einen Moment lang auf meiner Handfläche lag, bevor es sich herumwarf und davonflatterte.

»Das war der beste Tag seit Langem«, erzählte ich Katharine am Telefon und spürte die Leichtigkeit von früher in mir. Mein Gefieder bekam wieder Farbe, die Federn glänzten wieder ein bisschen. Ich erzählte ihr von der hysterischen Singdrossel und dem würdevollen Rotkehlchen.

»Du wärst definitiv eine Drossel«, sagte sie.

Mein Vater war ein Rotkehlchen.

Die Leichtigkeit hielt den ganzen Tag an und bis in die nächste Woche. Vögel kamen vom Himmel zu mir und holten mich unter dem Schnee hervor. Zum ersten Mal hatte ich mich wieder wie ich selbst gefühlt, präsent in der Welt. Während ich an einem Tisch im Garten in mein Journal schrieb, in Jacke und Schal gewickelt, sah ich, wie ein Rotkehlchen Katzentrockenfutter aus der Schüssel stahl, und applaudierte ihm stumm. Es zuckte mit dem Schwanz und verbeugte sich. Es trug keinen Ring.

Als nun der leuchtendste Stern emporstieg, welcher vor allen
durch sein Kommen das Licht der frühgeborenen Eos
kündet, da nahte das meerdurchquerende Schiff sich der Insel.

KAPITEL DREIZEHN

Porträt einer Orange

London, England

KAPITEL DREIZEHN

Auf dem Weg zur U-Bahn gehe ich an einer Reihe Plakate für die Cézanne-Ausstellung in London vorbei. Weiße Buchstaben über den berühmten Orangen, auch wenn das e seinen Akzent verloren hat. Sie dringt in mich ein, diese Orangigkeit, trotz meiner Bemühungen, sie abzuwehren. Ich senke den Blick zum Boden, mustere die schwarzen zerfaserten Ränder eines Kaugummis auf den nassen, grauen Gehwegplatten, und frage mich zum fünfzigmillionsten Mal, warum ich eigentlich hier wohne. Auch wenn ich sie nicht direkt angesehen habe, sitzen den ganzen Tag pralle Orangen am Rand meines Unterbewusstseins. Orangen sind ungewöhnlich schwer, gewichtig.

Ich weiß, was Cézannes Orangen mir sagen wollen, aber ich rolle sie immer wieder von mir weg. Weiche aus. Schmolle. Dann mache ich, was ich immer mache, gerate in Panik und schwitze und kralle mich in die allerletzte Minute, voller Adrenalin, wie ein

Kind plötzlich voll übermächtigem Verlangen, aber die Ausstellung ist komplett ausgebucht. Ich schicke Emojis mit großen flehenden Augen an Freunde, schrecke auch vor emotionaler Erpressung nicht zurück, mache versteckte Anspielungen auf letzte Wünsche, ganz offene auf den Tod und seine Folgen. Schließlich organisiert Rachel irgendwie ein Ticket, weil sie so eine Freundin ist, aber sie kann mich nicht begleiten. Es gibt nur noch ein Ticket für einen Zeitslot am Nachmittag. Unter einem Vorwand verlasse ich die Arbeit, unter einem gestohlenen Schirm bei strömendem Regen. Folge den orangefarbenen Laternenpfählen, und dann bin ich da. Vor der Tate Modern. Vor den Orangen.

»Mit einem Apfel will ich Paris in Erstaunen versetzen«, hat Cézanne gesagt. Seine Worte prangen hoch oben über dem Eingang zur Ausstellung an der Wand.

Orangen und orangefarbene Laternenpfähle.

Paul und Paul.

Der Maler und mein Vater.

Ich reise innerlich zurück, suche nach dem Anfang.

Ich weiß nicht, wie alt ich bin. Natürlich könnte man das überprüfen, einordnen, wissen, aber mir ist die Unbestimmtheit einer Erinnerung lieber. Jedenfalls war es lange vor deprimierenden, genauen digitalen Zeitstempeln. Wenn ich schätzen würde, war ich vermutlich zwischen zehn und dreizehn Jahre alt. Ich weiß noch, dass ich unbeholfen und teenagerhaft war, als ich lange in der Ticketschlange vor der Tate Gallery in London stand. Die Unsicherheit wuchs. Weil ich allein mit meinem Vater war, und ich war nie allein mit meinem Vater, unsere Kindheit war klassisch nach Geschlechtern aufgeteilt – mein Bruder ging mit ihm auf den Golfplatz, ich blieb bei meiner Mutter und machte, was Mädchen eben so machten – daraus wurde ich nie so richtig schlau.

In meiner Kindheit war mein Vater launenhaft, unberechenbar, einem Wutanfall so nahe wie einem Witz. Er konnte unheimlich lustig, aber auch einfach nur unheimlich sein. Das verunsicherte mich, und ich wusste nicht, wie der Tag werden würde. Seine Wut kündigte sich immer an, durch kaum wahrnehmbares Anspannen der Kiefermuskeln, das ständige Kreisen mit dem Zeigefinger beim Sprechen, immer nachdrücklicher und schneller. Ich hatte nicht direkt Angst vor ihm, auch in meinen Handflächen konnte die Wut brennen und ich falls nötig ebenso aufbrausend sein wie er, aber ich war auf der Hut, beobachtete ihn aufmerksam, so wie man Wölfe darauf trainiert, einen nicht aus den Augen zu lassen, indem man sich unberechenbar verhält. Bis jetzt schien er nicht ungeduldig und gereizt auf die lange Schlange zu reagieren, was gut möglich gewesen wäre. Wir waren nicht an London gewöhnt, an viele Menschen, Tagesausflüge, Kunst, Kultur, Galerien. Meine Mutter muss mit meinem kleinen Bruder irgendwo anders in der Stadt unterwegs gewesen sein.

Nur ich, mein Vater und Cézanne – der damals noch den Akzent auf dem e hatte. Ich war auf dem menschenleeren grünen Land aufgewachsen, hatte Defizite in fast allen kulturellen Bereichen, abgesehen von Brontë-würdigen nassen Spaziergängen. Das war mein erster Besuch in einem Kunstmuseum. Sobald wir es hineingeschafft hatten, war ich doppelt unsicher, wie ich mich in dieser Welt des Betrachtens verhalten sollte. Orangen waren auf Tischdecken verteilt oder stapelten sich in Schalen, zusammen mit Äpfeln und Birnen. Die Bilder strahlten Freude aus, da war ich mir sicher, damals mein gesamtes Repertoire als Kunstkritikerin. Mein Vater wirkte glücklich, und ich war glücklich, mit ihm zusammen alles anzusehen. Ihn anzusehen. Ihn nachzuahmen: wie man die Bilder musterte, wie man die Arme hinter dem Rücken hielt, die Handfläche über den Fingerknöcheln, wie man sich interessiert vorbeugte. Ich war erleichtert, weil alles gut abzulaufen schien. Er hatte die Ausstellung ausgewählt, wollte sie mir aus irgendeinem Grund zeigen. Ich fühlte mich seltsam erwachsen, ihm gleichgestellt.

Im Museumsshop tat mein Vater allerdings etwas Seltsames. Meine Mutter hätte mir irgendetwas gekauft, etwas Kleines, Billiges, aber immerhin. Ich wollte gern ein Poster der Orangen, eine greifbare Erinnerung an diesen denkwürdigen Tag, doch er entschied sich für einen Druck von *Der Gärtner Vallier* und ignorierte meinen Wunsch vollkommen. Für sich selbst kaufte er ein Geschenk, für mich jedoch nicht. Das verblüffte mich. Ein solches Verhalten war ich von Erwachsenen nicht gewöhnt. Andererseits wusste ich sowieso nie, was ich von ihm erwarten konnte, in dem Alter verbrachte ich wenig Zeit mit ihm. Die Rückfahrt im Zug trat ich mit leeren Händen an, er hingegen mit einer langen Papprolle. Zu Hause wurde das Poster ausgerollt, gerahmt, aufgehängt. Bis zu seinem Tod blieb es im Wohnzimmer. Als er in diesem Zimmer starb, hing es an der Wand neben ihm.

Drucke und Originale. Eltern und Kinder. Vielleicht ist das zu vereinfacht, reduziert. Auch wenn er ein Original war, mein Vater. Nicht exzentrisch, aber er war etwas, für das ich gern ein besseres Wort als schrullig finden würde. Ein Charakterkopf, nehme ich an. Er blieb in Erinnerung, nicht nur mir. Nach seinem Tod trafen sie mich wie Pfeile, die Erinnerungen seiner Freunde, Patienten, Kollegen. Er war natürlich mehr als ein Vater, der volle Umfang zeigte sich mir erst in seiner Abwesenheit. Ich sammelte sie alle, las noch einmal die Briefe, Nachrichten, E-Mails. Versuchte wohl zu verstehen, wer er eigentlich war. Eine revisionistische Geschichte. Nichts geht über die Originale. In Gemälden erkennt man Details, die selbst hoch auflösende Drucke nicht wiedergeben können. Details und Maßstab.

Als ich schließlich wieder vor *Der Gärtner Vallier* stehe, so vertraut und doch wieder nicht, überrascht es mich. Es zeigt einen Mann in blauer Hose und gelbem Hemd, der vor dunklem Hintergrund auf einem Holzstuhl sitzt, doch links von ihm sind blaue und gelbe Flächen, vielleicht eine Verbindung zwischen Person und Umgebung. Es ist sehr viel kleiner als erwartet, der Druck musste eine Vergrößerung gewesen sein. Die Augen des Gärtners sind unter der Strohhutkrempe verborgen, dennoch strahlt sein Gesicht Erwartung oder Erheiterung aus, was mir bisher nicht aufgefallen war und was sich nicht in den Druck hatte übertragen lassen. Auch sein Fuß fällt mir auf, den er steif in einem leicht verlegenen, sogar theatralischen Winkel hält. Der Schuh ist ebenfalls anders als auf dem Druck, heller. Streng genommen ist es natürlich kein Bildnis meines Vaters, aber ich sehe darin ein Porträt von ihm.

Einmal hat er auch Modell gesessen. Während des Lockdowns saß er in derselben Pose wie der Gärtner auf einem Stuhl im frisch angelegten Gemüsegarten meiner Mutter. Den Stuhl mussten sie extra hinausgestellt haben. Sein Fuß zeigt nach unten.

Er lächelt sein schiefes Lächeln, trägt einen blauen Pullover. Das Foto taucht vor meinem inneren Auge auf. Mein Bruder hat es auf die Rückseite des Kirchenhefts für den Trauergottesdienst drucken lassen. Ich betrachte das Originalbild, kann mich nicht bewegen, werde wie von Magneten auf dem Boden festgehalten, weigere mich, Platz zu machen. Lasse die anderen Besucher um mich herumströmen. Ich blicke immer weiter auf das Bild. Nichts klärt sich.

Ich gehe zurück zu den Orangen am Anfang und mustere die verschiedenen Versionen, versuche herauszufinden, welche wohl in der damaligen Ausstellung gehangen haben. Welche wir wohl zusammen angesehen haben. Ein nervöses Mädchen mit langen Teenagerbeinen und Brille und vor Anspannung verkrampftem Magen neben seinem Vater, stolz, etwas mit ihm zu unternehmen. Ich beschließe dann einfach, welche Bilder damals dabei gewesen sein mussten, und betrachte sie akribisch. Welche ihm wohl am besten gefallen hatten? Ein Fischerdorf auf einer Klippe, so französisch wie aus dem Bilderbuch. Er hat Frankreich geliebt. Manche Darstellungen von Orangen und Birnen und Äpfeln sortiere ich aus, werde von anderen mehr angezogen. Die Badebilder ignoriere ich, da sie meiner Überzeugung nach nicht Teil der damaligen Ausstellung waren. Einen Beweis dafür habe ich nicht. Ein Stillleben mit rollenden Früchten bannt mich lange, ich starre es unverwandt an. Um mich herum werden Babys vorbeigefahren und ihnen etwas erzählt, ein Mann spricht laut und nachdrücklich mit einer Frau, erklärt ihr Cézannes gesamtes Leben und gibt eine Reihe von – vermutlich unverlangten – Beobachtungen zur Anordnung der Bilder nach Entstehungszeit und Thema zum

Besten. Ich wende mich ab, will das alles nicht hören, will keine Interpretationen zwischen mir und meinem Betrachten. Ich gehe zurück zum *Gärtner.* Taste es mit Blicken ab. Es ist kein Bildnis meines Vaters, aber ein Porträt von ihm.

Der Tod ist der Punkt. Wenn ich einfach nur schreiben würde, oh, dieses Bild hat mich an meinen Vater erinnert, wäre das wenig bemerkenswert, doch mein toter Vater – das hat das Gewicht von Orangen. Jetzt, da er tot ist, kann er mich nicht mehr selbst an sich erinnern, das müssen andere Dinge übernehmen. Macht wohnt einem Ende inne, toten Dingen, solchen, die wieder zum Leben erwachen. Einen auf diese ganz besondere Weise heimsuchen. Für keinen anderen Besucher ist mein Vater wiederauferstanden. Nur für mich. Das ist so viel mächtiger als der beiläufige Stich, den einem Dinge im Alltag verpassen, die Erinnerungen wecken.

Ich rief ihn an, und er kam. Inmitten der Orangen und ihrer Freude. Ich rechnete nach: Er starb hundertfünfzehn Jahre, nachdem Paul Cézanne seine Pinsel niedergelegt hatte. So funktioniert das Numinose. So funktioniert Trauer. Sie hält dich unten, aber manchmal hält sie dich auch aufrecht, trägt dich wie der Blitz durch die Stadt in Kunstausstellungen, um in Pinselstrichen nach Geistern zu suchen. Sie bringt dir Orange, Orange, Orange.

du bist wirklich
außergewöhnlich

Odysseus zu Penelope

KAPITEL VIERZEHN

Ja ist eine Welt

London und überall

KAPITEL VIERZEHN

Mit einem Mann begann es, mit mir endet es jedoch, mit mir und wie ich Tatsachen in Geschichten verwandle, sie nach meinem Willen umschreibe, genau wie der listige alte Odysseus – aber sollte eine Heldin nicht genau das tun? Ihren eigenen Text gestalten?

Ich vermisse meinen Vater in aller Schärfe und Stumpfheit. Die Schärfe attackiert mich mit unerwarteten Erinnerungen und schnürt mir die Kehle zu – ich lasse Toast anbrennen, und da ist er, hält seine Toastscheibe über die Spüle, kratzt mit dem Messer verbrannte Stellen ab, überall sind schwarze Krümel. Mein Handy überfällt mich hinterrücks mit einem Foto, und wieder bin ich in Oxfordshire, wieder gehen wir spazieren, und ich lache darüber, wie er sich vorsichtig über die unter Wasser stehenden Felder tastet, weil er sich auf gar keinen Fall die Schuhe nass machen will. Jemand zwinkert in einem Film, und mir stockt der Atem, weil er mir auch immer zugezwinkert hat, als Verbündeter über den Esstisch hinweg, wenn ich mich heißblütig mit meinem Bruder stritt. Ich nahm eine leere Schachtel Kaffeefilter von zu Hause mit, weil ich dachte, er könnte sie als Letztes berührt haben. Sie liegt auf meinen Tassen, ich kann sie nicht wegwerfen. Nur eine leere Pappschachtel, aber eines Tages fällt sie mir in die Hände, ohne jeden Grund.

Die Stumpfheit ist eher ein dumpfer Schmerz, das Echo einer Prellung, auf die ich drücke, um zu prüfen, ob sie noch wehtut, während sie sich verfärbt und allmählich verblasst. Ich ziehe seinen beerenfarbenen Kaschmirpullover an, näher kann ich ihm nicht mehr kommen. Kleidungsstücke auf der Haut zu tragen, die geliebte Menschen gewärmt haben, bedeutet, immer noch eine Verbindung zu spüren. Vielleicht ist es eine Form der Hingabe, eine Beschwörung. Indem ich über ihn schreibe, ist er noch einmal da. Er war kein Held, nicht einmal ein niederer Gott, nur ein Mensch mit Fehlern.

»Der Druck ist zu groß«, sagte mein Vater, »jeden Tag zu leben, als sei es der letzte.« Mit der Zeit hasste er diese Redewendung. Aber da sind die kleinen Freuden, Schwimmen im Salzwasser und Vögel. Eos, die Arme voller Rosen. Mein Vater wollte, dass ich schrieb, das sagte er mir immer wieder, bis zum Ende.

»Du musst dein eigener Rettungshubschrauber sein«, sagte eine Freundin zu mir, als ich unter dem Schnee gefroren war. Zu dem Zeitpunkt klang es brutal, unmöglich. Doch jetzt verstehe ich es, glaube ich. Zumindest lerne ich.

»Du bist schon ganz groß und erwachsen«, sage ich zu Willow, meiner zweijährigen Nichte, die manchmal ein kleines Baby und manchmal ein großes Mädchen sein möchte. Ich weiß, wie es ihr geht.

Wenn das hier ein ordentlicheres Ende wäre, würde ich Ihnen von den Lektionen erzählen, die ich gelernt habe, wie die Reise mich verändert hat, wie ich mir jetzt selbst genüge und in einem Haus am Meer wohne. Oder wie ich die Liebe meines Lebens kennengelernt habe, praktischerweise, während ich gerade dieses letzte Kapitel schreibe, und wir gehen ins Wasser, halten uns an den Händen, vor uns glänzt golden der Horizont, zusammen und glücklich bis ans Ende unserer Tage. So fortschrittlich glauben wir zu sein, und doch kann die Geschichte einer Frau nur auf zwei Arten enden: feministisch oder mit der großen Liebe. Vielleicht lehne ich dieses falsche Dilemma ab und schreibe lieber darüber, welche Weisheit in der Trauer liegt, wie mich die Begegnung mit dem Tod verändert hat und ich einen Weg gefunden habe, einen Verlust zu verarbeiten, ihn zu akzeptieren, ihn in Antrieb umzuwandeln. Dass ich jetzt anders lebe, radikaler, mutiger. Ja, werde ich sagen, ich bin davongelaufen, aber jetzt laufe ich zu mir, so etwas in der Art. Aber das stimmt auch nicht so ganz.

Wenn ich könnte, würde ich alles für Sie hübsch verpacken und mit einer Schleife schmücken, würde Eisvögel für Sie übers Wasser huschen lassen. Ich würde Ihnen sagen, dass alles gut werden wird. Aber die Wahrheit ist sehr viel weniger zufriedenstellend als ein Bilderbuchabenteuer, das Leben chaotischer als die Mythen. Ich hatte Enden immer gefürchtet, die endgültig waren, keine Chance mehr auf anderes ermöglichten. Und manchmal ist weglaufen das Beste, was man machen kann.

Nachdem Odysseus Penelopes Freier abgeschlachtet hatte, ging er mit ihr ins Bett. Sie liebten sich, und danach

> *schwelgten sie in den Geschichten, die sie einander erzählten:*
> *sie, wieviel sie, die herrliche Frau, ertrug in den Hallen,*
> *immer, wenn den verderblichen Schwarm der Freier sie ansah,*
> *die allezeit ihretwegen viel Vieh, fette Schafe und Rinder*
> *schlachteten, und viel Wein wurde abgeschöpft aus den Krügen.*
> *Aber der zeusentsprossne Odysseus erzählte, wie viele*
> *Leiden den Menschen er schuf und wie viele er selber erduldet;*
> *all dies erzählte er ihr, und sie lauschte voll Freude; kein Schlaf fiel*
> *ihr auf die Augenlider, eh nicht er ihr alles berichtet.*

Süße Vertrautheit, das lange Jahre getrennte Paar ist endlich wieder vereint, liegt zusammen im Bett, erzählt sich gegenseitig von den Erlebnissen, hört sich zu. Es ist nicht ganz das Ende der *Odyssee,* aber an diesem Punkt verabschiede ich mich. Unsere Geschichten und wie wir sie einander erzählen sind wichtig, sogar Odysseus weiß das. Seine lange Irrfahrt hat ihn demütig gemacht, und nachdem er so »viele herzzerreißende Verluste« erlitten hat, kehrt er als weiserer Mann zurück, der sich geändert hat, zum Besseren. Doch in gewisser Weise war es für ihn nicht schwer, denn sein Zuhause war an einem festen Ort, das Ziel seiner Suche klar definiert.

Schiffbrüche und Stürme wird es immer geben, unsere Helden werden sterben. Manchmal sind wir lange auf der falschen Insel gefangen, Landkarten sind fehlerhaft, der Kompass defekt – der geografische Norden ein paar Grad verschoben. Das Zuhause ist nicht immer ein fixer Punkt, nicht immer leicht zu finden. Für mich gehört eine emotionale Bindung dazu, das haben mir die Menschen, die ich kennengelernt habe, gezeigt. Ich lerne, meiner eigenen Geschichte zu vertrauen, mehr als den Geschichten und Fehlübersetzungen anderer Leute.

Wir leben in unserer eigenen Geschichte, spinnen unsere eigenen Mythologien, jedes Leben ist sein eigenes Epos mit Meeresungeheuern und Trickster-Göttern, Liebe und Verrat und Reisen in die Ferne. Den Sorgen der Welt und ihren Schönheiten. Den ewigen Schönheiten. Ich glaube, wir haben die Wahl, worauf wir unsere Aufmerksamkeit richten: die Insel oder das Gefängnis in ihrer Mitte. Alles existiert nebeneinander, das Paradies und das Gegenteil. Wir können nicht unser ganzes Leben unter einem Zauber verbringen. Schmerz und Leid und Tod gehören auch dazu, aber ebenso die Inseln dazwischen, wenn man weiß, wie man zu ihnen gelangt. Diese hart erkämpften Orte voller Wunder, an denen die Zeit träumt, das Wetter immer strahlend ist und das tiefblaue Meer einen umhüllt.

Ich weiß, ich muss die Mythen beiseitelegen und in die Zukunft blicken, in meinen eigenen Geschichten leben.

Neue Welten öffnen sich, Liebe und Abenteuer rufen in den Wind, pflügen durch die Wellen, bringen den Mond zum Strahlen. Ich will meine Kleider abstreifen, ins schwarze Meer gleiten, in der Nacht schwimmen, mich selbst spüren, wie ich mich durch die Dunkelheit bewege, mich auf den Rücken drehen und zu den Sternen hinaufblicken, von den Wellen gehalten, von allem. »Ja ist eine Welt«, hat einmal ein Dichter geschrieben.

»Finde den Anfang«, trägt der Dichter der Muse am Anfang der *Odyssee* auf. Eos wird jeden Tag aufs Neue rosig wiedergeboren. Wir können einen Neubeginn wagen. Auf gewisse Weise ist das hier eine Liebesgeschichte – zumindest hoffe ich es.

~

In meinem smaragdgrünen Badezimmer trage ich Make-up auf, mir gelingt ein perfekter Schwung mit dem flüssigen Kajal. Ich weiß nicht, wie es enden wird, aber ich will es herausfinden. Mir ist ganz schwindelig vor Verlangen – ich könnte diesen neuen Mann wirklich mögen, denke ich mir, vielleicht könnte ich verschneite Berge mit ihm hinaufsteigen, aber dann rufe ich mich zur Ordnung. Dafür ist es noch zu früh, ich kenne ihn ja noch nicht einmal richtig, und ich habe zu lange in einer Geschichte gelebt. Ich hole tief Luft, atme lange aus, komme zurück zu mir im silbergerahmten Spiegel. Sie sieht mich an, in ihren Augen steht die Herausforderung.

Für dieses nächste Stück gibt es keine Karte. Ich gehe die Straße entlang, meine Absätze klappern auf dem Asphalt, rufen meine Gedanken: Ich bin hier, ich bin hier, ich bin hier. Eine Frau, die durch die Stadt läuft, auf dem Weg zu einem Fremden, der in einer Bar wartet. Meine Lederjacke lässt mich härter wirken, als ich mich fühle. Ich gehe weiter, von Osten nach Westen. Die blaue Nacht liegt vor mir mit all ihren Möglichkeiten, im orangefarbenen Licht der Straßenlaternen, alles ist wie von einem weichen Schleier überzogen. Ein Fahrrad huscht in einem weiß-roten Blitz vorbei, und hinter ihm erhasche ich den Blick auf etwas. Ich beginne zu laufen, zu rennen, immer schneller, nach vorn in die Zukunft.

Nachwort

ja ist eine welt
& in dieser Welt des
ja leben
(und gelten)
alle welten

Ich habe dieses Buch zwei Jahre nach dem Tod meines Vaters geschrieben, so wie er mir damals erschien, näher und gleichzeitig viel weiter entfernt. Es ist meine Version eines »komplizierten Mannes« – ich habe ihn nicht als eindimensionalen Heiligen dargestellt, weil ich ihm damit einen schlechten Dienst erweisen würde. Er war viel interessanter.

Ich habe in diesem Buch auch nicht viel über die Pandemie geschrieben, und es ist nicht leicht, die Schwere dieser Zeit zu würdigen, unsere kollektive Trauer, meine persönliche Trauer, meine privilegierte Position, die Komplexität der ganzen Situation, und dabei nicht so zu klingen, als wolle ich mich rechtfertigen. Ich habe diese Passage sehr oft neu formuliert, weil ich nicht missverstanden werden möchte – und bin mir immer noch nicht sicher, ob ich die richtigen Worte gefunden habe.

Es war eine schreckliche, aufwühlende Zeit für die Welt. Ich hatte das große Glück, reisen und mir die Aufenthalte mit Freelance-Arbeit finanzieren zu können und rechtzeitig vor dem Tod meines Vater wieder zu Hause zu sein. Andere Menschen haben größere Verluste erlitten, viele konnten nicht bei ihren

Familien sein, konnten sich nicht von geliebten Menschen verabschieden.

Wie ich im Vorwort bereits kurz erwähnt habe, war ich mir des Privilegs, reisen zu können, extrem bewusst, ebenso wie der damit verbundenen Risiken, sowohl für mich als auch für andere. Ich habe mich gefragt, ob ich das Richtige tue, auch wenn ich mir ziemlich sicher war, dass ich mich bei einer Rückkehr nach London infizieren und meine Gesundheit auf jeden Fall anderweitig riskieren würde. Ich habe mich nach Kräften bemüht, die Risiken beim Reisen klein zu halten, und alle offiziellen Vorschriften an den jeweiligen Orten befolgt. Fast alle in diesem Buch geschilderten Begegnungen haben im Freien stattgefunden, auch die Mahlzeiten, die Leute trugen Masken, desinfizierten sich die Hände, hielten Abstand. Diese Vorsichtsmaßnahmen bildeten den Hintergrund der Geschichte. Die Reisen fanden im Einvernehmen mit den Einreisebestimmungen der jeweiligen Länder statt, die nach den Risikoeinschätzungen der entsprechenden Regierungen erlassen wurden.

Wir haben alle unser Bestes gegeben. Alle haben während der Pandemie auf unterschiedliche Weise zu kämpfen gehabt. Schmerz hat natürlich keine Hierarchie. Mich von zu Hause fernzuhalten, war zu der Zeit das Beste, was ich für meine seelische und körperliche Gesundheit tun konnte. Als extrovertierter Charakter, der immer Leute um sich versammelt, war es furchtbar für mich, im Lockdown allein zu sein, auch wenn mir natürlich klar ist, dass andere es viel schwerer hatten. Die plötzliche Zerbrechlichkeit der Welt rückte den Umstand, dass ich allein war, unübersehbar in den Fokus. Das Privileg und die Freiheit, an nichts und niemanden in London gebunden zu sein und mir dadurch die

Flucht zu ermöglichen, war gleichzeitig abgrundtiefe Traurigkeit. Wir sehnen uns so oft nach dem, was andere Menschen haben. Diese Zeit mit einem Partner und Kindern durchgestanden zu haben, könnte man auch als Privileg sehen – über das nicht oft gesprochen wird.

In einem anderen Leben hätte ich mit einem geliebten Menschen den Lockdown verbracht und von zu Hause gearbeitet. In einer anderen Welt wäre mein Vater nie krank geworden, doch in dieser Realität war ich mit meinen eigenen Grenzen und der unmöglichen Tatsache der Sterblichkeit meines Vaters konfrontiert. Daher verließ ich mein Zuhause und suche in gewisser Weise immer noch nach dem Weg zurück.

Meine Flucht und Odysseus' Irrfahrt waren zu Beginn eine interessante Parallele und wurden allmählich zu etwas Größerem. Odysseus wollte unbedingt nach Hause zurückkehren, wohingegen ich nicht ertrug, was mich dort erwartete. Aber ich bin keine Gräzistin, meine Interpretationen sind vereinfacht und laienhaft. Ich habe Textabschnitte aus dem Kontext gerissen, um sie besser den Inseln, auf denen ich mich gerade befand, zuzuordnen. Sie sind nicht chronologisch, und dieses Buch will auch nicht die gesamte *Odyssee* oder alle geografischen Theorien nacherzählen, die dazu aufgestellt wurden. Einige der weniger bekannten habe ich erwähnt. Manchmal habe ich Frauen und Göttinnen als heiß oder sexy beschrieben, um zu provozieren und bewusst die Sprache und Begrenzungen des Patriarchats bloßzustellen. Meine Interpretation der Handlung und die Darstellung einiger Theorien haben garantiert ihre Grenzen, wofür ich mich entschuldigen möchte. Alle Fehler sind allein auf mich zurückzuführen.

Ich hoffe, meine Herangehensweise an die *Odyssee* inspiriert Sie, das Epos zu lesen und möglicherweise für sich selbst etwas darin zu finden. Schließlich ist es eine der ältesten Abenteuergeschichten der Welt und nimmt Sie vielleicht mit auf Ihren eigenen Weg.

Emily Wilsons herausragende Übersetzung ins Englische wurde zu meinem Reiseführer, und ich empfehle sie allen, die sich eingehender mit der Thematik befassen wollen.

Teile dieses Buches sind bereits als Artikel im *Guardian* und im *Condé Nast Traveller* erschienen.

Laura Coffey,
November 2023

Danksagung

Dieses Buch war ein Versprechen an meinen Vater. Damals wusste ich nicht genau, was ich ihm versprach und wie ich es einhalten sollte. Zum Glück haben mir all diese Menschen dabei geholfen. Jess Molloy, mit dir zu arbeiten, nicht nur an diesem Buch, sondern generell, ist eine große Freude, unsere Arbeit wird dadurch besser, und wir haben so viel Spaß – wir sollten dabei immer während einer Hitzewelle in London mit Frozen Margaritas auf einer Terrasse sitzen. Debbie Chapman, danke, dass du an meine Fantasieinseln glaubst, danke für deine unglaubliche Unterstützung, für deine Überarbeitungen, die Struktur und Klarheit in den Text gebracht haben, und für deinen sorgsamen Umgang mit diesem Buch.

Rachel Wilkinson, ich danke dir dafür, dass du mich gefunden hast, wenn es mir schlecht ging, ich voller Angst und allein war, und dass du mir Licht gebracht hast – du bist wirklich außergewöhnlich.

Katharine James, danke, dass ich durch dich während der Pandemie nicht (völlig) den Verstand verloren habe, danke für deinen Humor und dass du manche Textteile so oft gelesen hast. Danke für deine entscheidenden Hinweise, für KerzenDaddy und weil du mich mehr zum Lachen bringst als jeder andere Mensch.

Professorfrey Hawthorn (GPH), ich danke Ihnen für alles, was Sie mir in Cambridge beigebracht haben, vor allem zum Thema Glauben. Ich wünschte, ich könnte Ihnen ein Exemplar dieses Buches zukommen lassen – ich denke so oft an Sie. Stuart Oliver, danke für deine wunderbare Pflege, die nicht besser hätte sein können. Großer Dank geht auch an »die Engel, die in der Nacht kamen« von MacmillaCurie. Ich danke dem gesamten Team von Summersdale, dass sie auf eine neue Autorin gesetzt haben: Marianne Thompson für das Meer-der-Träume-Cover, außerdem Ross Dickinson, Emma Stuart, Ben Ottridge, Jasmin Burkitt, Hannah Hargrave, Vanessa Schnall, Claire Bradley, Jess Zahra und Philippa Painter. Vielen Dank, Lisa Babalis, dass du auf deinem weißen Pony nach einer wackligen Lesung zu meiner Rettung gekommen bist. Noah Charney. Hannah Adams. Lucy Pearson. Bonnie Galvin. Laura Barrowcliffe, Mick Hegarty und Nick Brown, ich danke euch für eure Unterstützung und dass ihr mir Arbeit gegeben habt, wodurch ich reisen konnte. Mario Rauter – Vogel an Basis, ein letztes Mal. Rupert Lancaster – danke für deine Weisheit. Jide Fadojutimi, ich danke dir von Herzen. Pella Frost, danke fürs Eisschwimmen mit Pudelmützen – eine Sucht, die mich aufrecht gehalten hat. Alison Francis. Sue Golder. James Willliams. Izzy Coburn. Amme Poulton. Kate Scott. May Kwong. Sarah Harvey – danke für die rosa Tulpen und die Gebrochener-Knöchel-Abendessen. Simone Maini, Carrie Babcock und Thish Nadesan. Der Club der toten Väter – Ros Wall, Jill Worsley, Ruth Brock. Sophie, Matthew und Danny Green – danke für eure Unterstützung, für die Musik. Claudia Nielsen. Billy Palmer. Mohan Mahadevan. Laura und Neal Cohen. Nick Higham. Emma Lindley. Bruce Rigal. Kat Helm – ich danke dir für verträumte New-Court- und Baker-Street-Tage. Charlie Owen. Ed Vaizey. Michael Buffham-Wade. Jane Kersel, danke für den magischen Realismus. Marisa Levi, danke für die Beratung in Sachen Cover und Spaziergänge von Wasser zu Wasser in New York.

An meine Nachbarn in unserem gemeinsamen Hof in dem verrückten Frühling 2020, als ich auf meinem Trampolin herumhüpfte, mich auf meiner Yogamatte dehnte und unaufmerksam draußen in der Sonne las – danke, dass ihr für die Blumen gesorgt und mir Abstandsgesellschaft geleistet habt. Bev, Mo, Val und alle anderen – mit euch war London weniger einsam, und ich hatte weniger Angst.

Ich danke allen bei Trailfinders, die sich mit mir durch sich ständig ändernde Flugbeschränkungen und Einreisebestimmungen gekämpft, die Routen und Wege gefunden haben, immer fröhlich waren, mich mit Therapie und Tickets versorgt, mir über Grenzen hinweg und dabei geholfen haben, nicht den Mut zu verlieren, obwohl ein großer Teil des Teams beurlaubt war. Danke, dass ihr mich sicher überallhin und wieder zurückgebracht habt.

Ich danke dem St John's College, eines meiner liebsten Zuhause. Danke, Arvon und Diana Evans, James Kay und Elizabeth Jenner. Ich danke dem Woodstock Bookshop dafür, dass ihr mich darin bestärkt habt, Emily Wilsons Übersetzung zu kaufen, als ich gezögert habe. Ich danke auch allen unabhängigen Buchläden und Bibliothekarinnen und Bibliothekaren. Danke, Elizabeth Taylor.

Ich danke allen, die ich auf meiner Reise kennengelernt habe, dafür, dass sie mir ihre Geschichten erzählt, ihre Türen geöffnet, mir Fahrräder geliehen, mich eingeladen, mir die Wunder ihrer Inseln gezeigt und erlaubt haben, dass ich darüber schreibe. Danke, Sonia Rocher und Liz Gireaux, für das wunderschöne

Sommerhaus auf Menorca. Dank und Liebe geht an alle meine Favi-Freunde, die nicht im Buch auftauchen, Silvano (Lo Squalo) Cannistraro und Beppe Figliomene – danke fürs Fischen, Geburtstagsfeiern und *cena*. Elisabetta Molla – danke für deine Großzügigkeit und das Strandhaus, in dem ich in Schönheit schreiben konnte. Viviana Filippini – danke für deine unglaublich warme, lustige Freundschaft. Saskia Bogaarts. Fabrizio Pellegrino. Graziella und alle anderen vom Caffè Aegusa. Maria, Daisy und Lorenzo vom La Bettola – *grazie*.

Ich danke meiner irischen Familie für das Stürmen des Himmels, für Weihnachtsfeiern in Dublin und Bäder im Dezembermeer – Mona, Anna, Lisa, Patrick, Paul und Irish John – Paul England hat euch geliebt.

Danke, Mama, dass ich schreiben durfte, was ich sagen wollte, dass du mir als Kind die Liebe zu Geschichten und das Lesen beigebracht hast. Patrick. Duncan und Sarah. Lucia – danke für die wunderschöne Kalligrafie. Willow, Martha und Marlow.

Dr. Paul P. Coffey (PPC), ich wünschte, ich könnte dir dieses Buch in die Hände legen. Danke, dass du mir in jenem letzten Jahr immer wieder gesagt hast, dass ich schreiben soll. Du hast eine Rohfassung des Anfangs gelesen, nur ein paar Seiten per E-Mail, mein letztes Geburtstagsgeschenk an dich. Ich habe dir nicht gesagt, was ich schreibe, nur dass ich an etwas arbeite. Du würdest dich freuen, dass Fremde von dir lesen, auch wenn dir ein paar Details vielleicht nicht gefallen würden und du eine bereinigte, schmeichelhaftere Darstellung verlangen würdest. Dass ich über eine Leiter in mein Zimmer einsteigen musste, ist nach wie vor völlig irre.

Mein Schatz Theo, du kleinste Muse, danke für deine Übersetzungen der Welt und dass du mir ihre Wunder zeigst. Bleib wild.

Zitatnachweis

Die Passagen aus der *Odyssee* sind zum größten Teil entnommen aus:

Homer: *Odyssee.* Aus dem Griechischen übersetzt und kommentiert von Kurt Steinmann, Nachwort von Walter Burkert. München, Penguin Verlag 2007, TB-Ausgabe 2016. Die Rechte an der deutschen Übersetzung von Kurt Steinmann liegen beim Manesse Verlag, Zürich, in der Penguin Random House Verlagsgruppe GmbH.

Die Autorin bezieht sich allerdings in ihrer Darstellung auf die moderne Übertragung von Emily Wilson:

The Odyssey – Homer. Translated by Emily Wilson. W. W. Norton & Company, New York 2017.

Daher wurden einige Textstellen von Sabine Thiele direkt nach dieser englischen Fassung übersetzt (gekennzeichnet).

S. 8 Tennessee Williams: *Die Glasmenagerie.* Fischer Taschenbuch Verlag, Frankfurt a. M. 2004, S. 111

S. 8 Albert Camus: *Die Pest.* Übersetzung des Zitats aus der ersten englischen Übersetzung (Hamish Hamilton, 1948) von Sabine Thiele

S. 10 *Odyssee, Erster Gesang,* Vers 1–10, S. 5

S. 30 William Shakespeare: *Antonius und Kleopatra.* Aus dem Englischen übertragen von Wolf Heinrich Graf Baudissin. Textrevision und Nachwort von Alfred Günther. Philipp Reclam Jun., Stuttgart 1964, S. 20

S. 36 *Odyssee, Erster Gesang*, Vers 96–98, S. 8
S. 38 *Odyssee, Zehnter Gesang*, Vers 1–3, 18–20, 25–27, S. 141/142
S. 53 *Odyssee, Zweiundzwanzigster Gesang*, Vers 481–482, S. 339
S. 65 Marilynne Robinson: *Gilead*. Farrar, Straus and Giroux, New York 2004
S. 69 Lara Feigel: *The Group*. John Murray, London 2020. Übersetzung von Sabine Thiele
S. 69 f. Ein Zitat von A. de Saint-Exupéry, Übersetzung von Sabine Thiele
S. 72 *Odyssee, Dritter Gesang*, Vers 1–3, S. 31
S. 75 *Odyssee, Zwölfter Gesang*, Vers 314, S. 186
S. 89 Eliza Griswold: *Wideawake Field*. Farrar, Straus and Giroux, New York 2007. Übersetzung von Sabine Thiele
S. 94 *Odyssee, Vierter Gesang*, Vers 795, S. 68
S. 106 *Odyssee, Neunter Gesang*, Verse 21, 25–27, S. 124
S. 117 Aus dem Gedicht »*Ithaka*« von Konstantinos Kavafis. In: Konstantinos Kavafis; *Das Gesamtwerk*. Griechisch und Deutsch. Aus dem Griechischen übersetzt und herausgegeben von Robert Elsie. Ammann Verlag, Zürich 1997, S. 99
S. 118 *Odyssee, Neunter Gesang*, Vers 152/153, S. 128
S. 128 *Odyssee, Neunter Gesang*, Vers 161–163, S. 128
S. 154 *Odyssee, Fünfter Gesang*, Vers 57–67, S. 72/73
S. 160 *Odyssee, Fünfter Gesang*, Vers 60/61, S. 72/73
S. 161 *Odyssee, Fünfter Gesang*, Vers 116–120, S. 74
S. 161 *Odyssee, Fünfter Gesang*, Vers 211–213, S. 77
S. 162 *Odyssee, Fünfter Gesang*, Vers 226–227, S. 77

S. 172 Chris Agee: »*Is it*«. In: *Blue Sandbar Moon, A micro-epic.* The Irish Pages Press, Belfast 2018. Übersetzung von Sabine Thiele

S. 180 *Odyssee, Neunter Gesang,* Vers 252–254, S. 131

S. 180 *Odyssee, Neunter Gesang,* Vers 396–397, S. 135

S. 184 *Odyssee, Neunter Gesang,* Vers 528–530, S. 139

S. 184 *Odyssee, Erster Gesang,* Vers 68, S. 7

S. 202 *Odyssee, Elfter Gesang,* Vers 204–208, S. 164

S. 225 Aus dem Gedicht »*Ein Halt am Waldrand an einem verschneiten Abend*« von Robert Frost. In: Robert Frost; *Promises to keep.* Poems/Gedichte. Übersetzung und Nachwort von Lars Vollert. Langewiesche-Brandt, Ebenhausen 2008, S. 111

S. 230 *Odyssee, Elfter Gesang,* Vers 134–138, S. 162

S. 250 *Odyssee, Vierundzwanzigster Gesang,* Vers 233, S. 357

S. 250 *Odyssee, Vierundzwanzigster Gesang,* Vers 318, S. 360

S. 254 *Odyssee, Vierter Gesang,* Vers 716, S. 66

S. 264 *Odyssee, Zehnter Gesang,* Vers 541, S. 156

S. 270 *Odyssee, Zehnter Gesang,* Vers 72, 75, S. 143

S. 286 *Odyssee, Dreizehnter Gesang,* Vers 93–95, S. 193

S. 296 *Odyssee, Dreiundzwanzigster Gesang,* ab Vers 173. Übersetzung von Sabine Thiele nach der Neuübersetzung von Emily Wilson, die auch hier stark von der ansonsten verwendeten Übertragung ins Deutsche abweicht.

S. 301 *Odyssee, Dreiundzwanzigster Gesang,* Vers 301–309, S. 348

S. 301 *Odyssee, Erster Gesang,* Vers 4. Hier auch direkt nach Emily Wilsons Text übersetzt von Sabine Thiele, da die dt. Übersetzung (»viel Qual in seinem Gemüte«) nicht so treffend ist.

S. 305 Aus dem Gedicht *»liebe ist ein platz«* von e. e. cummings. In: e. e. cummings; *so klein wie die welt und so groß wie allein.* Gedichte. Herausgegeben, mit einem Nachwort und Anmerkungen versehen von Klaus-Dieter Sommer. Verlag Volk und Welt, Berlin 1986. Übersetzung dieses Gedichts von Kurt Erich Meurer, S. 109